Vertigem digital

Andrew Keen

Vertigem digital

Por que as redes sociais estão nos dividindo, diminuindo e desorientando

Tradução:
Alexandre Martins

ZAHAR

Para MK e HK

Título original:
Digital Vertigo
(How Today's Online Social Revolution Is Dividing, Diminishing, and Disorienting Us)

Tradução autorizada da primeira edição americana,
publicada em 2012 por St. Martin Press, de Nova York, Estados Unidos,
em acordo com o autor, representado por LevelFiveMedia, LLC

Jorge Zahar Editor Ltda.
rua Marquês de S. Vicente 99 – 1º | 22451-041 Rio de Janeiro, RJ
tel (21) 2529-4750 | fax (21) 2529-4787
editora@zahar.com.br | www.zahar.com.br

Grafia atualizada respeitando o novo
Acordo Ortográfico da Língua Portuguesa

Preparação: Angela Ramalho Vianna
Revisão: Lucas Bandeira de Melo, Eduardo Farias | Indexação: Nelly Praça
Capa: adaptada da arte de Jason Ramirez | Composição: Letra e Imagem

CIP-Brasil. Catalogação na fonte
Sindicato Nacional dos Editores de Livros, RJ

Keen, Andrew
K34v Vertigem digital: por que as redes sociais estão nos dividindo, diminuindo e desorientando / Andrew Keen; tradução Alexandre Martins. – Rio de Janeiro: Zahar, 2012.

Tradução de: Digital vertigo: how today's online social revolution is dividing, diminishing, and disorienting us
Inclui índice
ISBN 978-85-378-0891-7

1. Internet – Aspectos sociais. 2. Mídia social. 3. Sociedade da informação. I. Título.

12-4529 CDD: 303.484
CDU: 316.42

Sumário

"Oi, oi/ Eu estou num lugar chamado Vertigem/ Isso é tudo que eu queria não saber."*

U2, "Vertigo", 2004

"Numa ocasião ela me perguntou se eu era jornalista ou escritor. Quando lhe disse que nem um nem outro termo me definia com precisão, indagou em que eu estava trabalhando; respondi que eu mesmo não tinha certeza, mas suspeitava cada vez mais de que poderia se tornar uma história policial."

W.G. Sebald, *Vertigo*, 1990

"Tenho de fazer uma última coisa, e então estarei livre do passado. ... Não é sempre que se tem uma segunda chance. Quero parar de me sentir aterrorizado. Você é minha segunda chance, Judy. Você é minha segunda chance."

Alec Coppel e Samuel A. Taylor, *Vertigo*, 1958

* "Hello hello/ I'm at a place called Vertigo/ It's everything I wish I didn't know." (N.T.)

Introdução

Hipervisibilidade

"@alexia: Teríamos vivido vidas diferentes se soubéssemos que um dia elas poderiam ser vasculhadas."

ALEXIA TSOTSIS, 30 de outubro de 2010

Um homem que é sua própria imagem

Alfred Hitchcock, que nunca se referiu aos filmes como *movies*, mas como *pictures*, disse certa vez que por trás de todo filme bom havia um grande cadáver. Hitchcock – velho mestre em ressuscitar os mortos em filmes como *Um corpo que cai* (*Vertigo*), sua aterradora produção de 1958 sobre o caso amoroso de um homem com um cadáver – estava certo. A verdade é que um grande cadáver cria um quadro tão bom que pode ajudar até a dar vida a um livro de não ficção como este.

Por trás deste livro está o cadáver mais visível do século XIX – o corpo do filósofo utilitarista Jeremy Bentham, um morto que tem vivido em público desde seu falecimento em junho de 1832.[1]

Buscando imortalizar sua reputação com o qualificativo de "benfeitor da raça humana", que atribuiu a si mesmo, Bentham deixou seu corpo e "Dapple", sua bengala favorita, para o University College de Londres, com a orientação de que deveriam ser expostos de forma permanente numa caixa de madeira com porta de vidro que ele chamou de "Autoícone" – neologismo para "um homem que é sua própria imagem".[2]

A busca de atenção de Bentham hoje continua em exposição dentro de uma caixa pública que, segundo a estimativa de Aldous Huxley, autor de *Admirável mundo novo*, é maior que uma cabine telefônica – porém menor que um banheiro-químico.[3] Hoje ele e Dapple estão num corredor, no claustro sul do prédio Bloomsbury do University College, na Gower

Street, estrategicamente localizados para serem vistos por todos que trafegam nesse movimentado campus metropolitano. Portanto, Bentham, que acreditava ser "a pessoa efetivamente mais bondosa" que já existiu,[4] hoje nunca está sozinho. Por assim dizer, ele eliminou sua própria solidão.

A ideia deste livro surgiu pela primeira vez nesse corredor londrino. Por um feliz acaso, vi-me, numa recente tarde chuvosa de novembro, com um smartphone[5] BlackBerry da Research In Motion (RIM) numa das mãos e uma câmera digital Canon[6] na outra, observando o Autoícone. Mas quanto mais eu olhava para o perturbador Jeremy Bentham aprisionado em sua máquina da fama, mais suspeitava de que nossas identidades de fato haviam se fundido. Vejam, como o utilitarista solitário que havia sido exposto publicamente por toda a era industrial, eu me tornara pouco mais que um cadáver em exposição perpétua numa caixa transparente.

Sim, como Jeremy Bentham, eu me transferira totalmente para outro local. Estava num lugar chamado mídia social, aquela zona permanente de autoexposição de nossa nova era digital onde, por intermédio de meu BlackBerry Bold e os outros mais de 5 bilhões de aparelhos hoje em nossas mãos,[7] publicamos coletivamente o retrato de grupo em movimento da humanidade. Esse lugar é construído sobre uma rede de produtos eletrônicos cada vez mais inteligentes e móveis que estão ligando todos no planeta por serviços como Facebook, Twitter, Google+ e LinkedIn. Em vez de vida virtual ou de uma segunda vida, a mídia social de fato está se tornando a própria vida – o palco central e cada vez mais transparente da existência humana, o que os investidores de risco do Vale do Silício hoje chamam de "internet de pessoas".[8] Como a versão ficcionalizada do presidente do Facebook, Sean Parker – interpretado com grande elegância por Justin Timberlake –, previu em 2010, no filme *A rede social*, indicado ao Oscar: "Nós vivemos em aldeias, depois vivemos em cidades, e hoje vamos viver na internet!" Portanto, a mídia social é como estar em casa; é a arquitetura em que habitamos. Há até um jornal comunitário chamado *The Daily Dot* que é o periódico local da web.[9]

Agachado em frente ao Autoícone de mogno, focalizei a lente de minha câmera em Bentham, fazendo um zoom para inspecionar intimamente seus olhos pequenos e brilhantes, o amplo chapéu castanho de abas largas que cobrem os cabelos grisalhos, compridos até os ombros, a camisa branca bordada e o paletó simples que vestem seu tronco dissecado, e Dapple, apoiada na mão enluvada. Virando minha câmera para o rosto pálido, mirei os olhos do inglês morto o mais perto possível, com minha tecnologia invasora. Estava procurando o homem privado por trás do cadáver público. O que – eu queria saber – levara "O ermitão de Queen's Square Place",[10] como Bentham gostava de chamar a si mesmo, mais conhecido por seu "princípio da maior felicidade", pelo qual os seres humanos são definidos segundo o desejo de maximizar seu prazer e minimizar a dor,[11] a preferir o olhar eterno da exposição pública à eterna privacidade do túmulo?

Na outra mão eu tinha meu BlackBerry Bold, o aparelho de bolso da RIM que, transmitindo minha localização, minhas observações e intenções à rede eletrônica, me permitia viver sempre em público. Minhas obrigações com a mídia social me atormentavam. Como *networker* estabelecido no Vale do Silício, meu trabalho – na época e agora – é captar a atenção das outras pessoas no Twitter e no Facebook de modo que eu me torne onipresente. Eu sou um influenciador, um pretenso Jeremy Bentham – o que os futuristas chamam de *supernode* –, a vanguarda da força de trabalho que, segundo se prevê, irá dominar cada vez mais a economia digital do século XXI.[12] Portanto, naquela tarde, como em todas as tardes de minha vida de construção de uma fama, eu precisava ser a imagem na tela de todo mundo. Não que alguém, dentro ou fora de minha rede social, conhecesse minha localização exata naquela tarde de novembro. Por acaso eu estava no centro de Londres por algumas horas, em trânsito entre uma conferência sobre mídia social que acabara de terminar, em Oxford, e outra que iria começar na tarde seguinte em Amsterdam, perto do Rijksmuseum, o museu de arte que abriga muitas das imagens mais atemporais da condição humana, pintadas por artistas holandeses do século XVII, como Johannes Vermeer e Rembrandt van Rijn.

Mas em Londres meu interesse era a metrópole viva, aquilo que o escritor anglo-americano Jonathan Raban chama de "cidade suave" de permanente reinvenção pessoal – mais que as imagens de artistas mortos. Era meu dia de folga na tarefa expositiva de falar em público, minha oportunidade de escapar um pouco da sociedade e ficar sozinho na cidade onde eu nascera e estudara, mas na qual não morava mais. Como escreveu Georg Simmel, sociólogo alemão do século XIX, a cidade "concede ao indivíduo um tipo e uma dose de liberdade pessoal que não tem analogia sob quaisquer outras circunstâncias".[13] Assim, minha ilegibilidade naquela tarde representava minha liberdade. Liberdade significava ninguém saber exatamente onde eu estava.

"Viver numa cidade é viver numa comunidade de pessoas estranhas umas às outras",[14] escreve Raban sobre a liberdade de viver na cidade grande. E eu sem dúvida passei aquela tarde gelada de novembro como um excêntrico no meio de uma comunidade de estranhos desconectados, ziguezagueando pelas ruas sinuosas de Londres, entrando e saindo de ônibus e trens, parando aqui e ali para reexplorar lugares conhecidos, lembrando a mim mesmo como a cidade se gravara em minha personalidade. Afinal, como costuma acontecer a alguém que vaga por Londres, eu me vi na região de Bloomsbury, onde, cerca de trinta anos antes, frequentara a universidade como estudante de história moderna. Ali eu caminhei pela Senate House – o prédio monolítico que abrigara minha faculdade e que teria servido de modelo para o Ministério da Verdade no livro *1984*, de George Orwell[15] – antes de subir a Gower Street, rumo ao cadáver de Jeremy Bentham no University College.

@quixotic

Eu chegara a Londres naquela manhã vindo de Oxford, onde passara os dias anteriores num congresso intitulado "O Vale do Silício vem a Oxford". Tratava-se de uma programação organizada pela Said Business School da Universidade, e os empreendedores mais influentes do Vale do Silício tinham se reunido na cidade fechada e assombrada de Oxford para festejar a franqueza e a transparência da vida social no século XXI.

Em Oxford, eu debatera com Reid Hoffman, o multibilionário fundador do LinkedIn e um dos mais prodigiosos progenitores de redes on-line do Vale do Silício, brilhante visionário da mídia social conhecido como @quixotic por seus seguidores no Twitter. "Quando me formei em Stanford, meu projeto era me tornar professor e intelectual", confessou Hoffman certa vez. "Isso não tem nada a ver com citar Kant. Tem a ver com colocar uma lupa sobre a sociedade e perguntar 'Quem somos?' e 'Quem deveríamos ser como indivíduos e como sociedade?'. Mas me dei conta de que professores escrevem livros que cinquenta ou sessenta pessoas leem, e eu queria ter mais impacto."[16]

Para ter mais impacto, Reid Hoffman ampliou de forma fenomenal a lupa com a qual estudamos a sociedade. Em vez de escrever livros para cinquenta ou sessenta pessoas, ele criou uma rede social para 100 milhões de pessoas, que atualmente ganha 1 milhão de novos integrantes a cada dez dias.[17] Hoje, alguém se junta ao LinkedIn a cada segundo[18] – isso significa que, enquanto você leu este parágrafo, @quixotic exerceu seu *impacto* sobre outras cinquenta ou sessenta pessoas ao redor do mundo.

Não, ele certamente não é um Don Quixote investindo contra moinhos de vento. De fato, se a mídia social – o que @quixotic apelidou de "Web 3.0"[19] – tem um pai, ele poderia ser Hoffman, o "anjo" investidor inicial de aparência querubínica que a *San Francisco Magazine* identificou como um dos mais poderosos *arcanjos* do Vale do Silício;[20] que a *Forbes*, em 2011, situou na terceira posição em sua lista de Midas[21] dos investidores em tecnologia de maior sucesso em todo o mundo; que o *Wall Street Journal* descreveu como "a pessoa mais conectada do Vale do Silício";[22] e que o *New York Times* coroou, em novembro de 2011, como o "rei das conexões".[23]

O empreendedor formado por Oxford e Stanford, hoje sócio da empresa de capital de risco Greylock Partners e multibilionário tanto em termos de valor em dólares quanto de rede global de relações empresariais e políticas, enxergou o futuro social antes de qualquer outro.[24] "Retrospectivamente, eu percebi que o que mais me motiva é construir, projetar e aperfeiçoar ecossistemas humanos", confessou Hoffman em janeiro de 2011.[25] E, sendo um arquiteto de espaços de "ecossistema humano de primeira categoria" para o século XXI, @quixotic se tornou um dos homens mais ricos e poderosos do planeta. Ao compreender a transformação da internet, de uma plataforma de informações em plataforma de pessoas reais, Hoffman não apenas criou o primeiro negócio contemporâneo de mídia social, em 1997 – um serviço de encontros chamado SocialNet –, como também foi um dos primeiros investidores do Friendster e do Facebook, além de fundador, diretor executivo e atual presidente executivo do Conselho da LinkedIn, a segunda rede social em termos de tráfego nos Estados Unidos,[26] cuja oferta pública inicial (IPO, na sigla em inglês) de ações em maio de 2011 foi, na época, a maior desde a IPO do Google, em 2004.[27]

"O futuro sempre é mais cedo e mais estranho do que você pensa", observou certa vez Hoffman, que se tornou multibilionário da noite para o dia depois da IPO meteórica do LinkedIn.[28] Mas nem @quixotic teria imaginado, em 1997, quando criou a SocialNet, a rapidez com que iria se tornar dono desse futuro. Vejam, seis anos depois, em 2003, Hoffman – em sociedade com seu amigo Mark Pincus, outro pioneiro da mídia social estabelecido no Vale do Silício, um dos fundadores da Tribe.net e hoje diretor executivo da rede multibilionária de jogos Zynga[29] – pagou US$ 700 mil, num leilão, por uma patente intelectual de rede social, o que fez desse polímata plutocrata, em certo sentido, um dos proprietários do próprio futuro.

A questão oficial de meu debate com Hoffman em Oxford havia sido se as comunidades nas redes sociais iriam substituir o Estado-nação como fonte de identidade pessoal no século XXI. Mas o verdadeiro cerne de nossa conversa – de fato, o tema central de todo o congresso sobre "O Vale do Silício vem a Oxford" – fora saber se o homem digital seria socialmente mais conectado que seu antecessor da era industrial. Em contraste com minha própria ambivalência acerca das vantagens sociais do mundo virtual, Hoffman sonhou abertamente com o potencial que a revolução da rede tinha de nos aproximar. A mudança de uma sociedade baseada em átomos para outra fundamentada em bytes, insistiu o arcanjo em nosso debate de Oxford, nos tornaria mais conectados e, portanto, socialmente mais unidos como seres humanos.

Em particular, o afável e – tenho de admitir – simpaticíssimo Hoffman também era comprometido com esse ideal social.

– Mas e quanto às pessoas que não querem entrar na rede? – perguntei-lhe enquanto tomávamos café na manhã de nosso debate.

– Como assim?

– Vamos encarar as coisas, Reid, algumas pessoas simplesmente não querem estar conectadas.

– Não *querem estar conectadas*? – murmurou o bilionário em voz baixa. A incredulidade que nublava seu rosto querubínico era tal que por um momento temi ter estragado seu café da manhã de salmão grelhado e ovos mexidos.

– É – confirmei. – Algumas pessoas simplesmente querem ficar sozinhas.

Tenho de confessar que minha tese carecia de originalidade. Eu apenas repetia as preocupações de defensores da privacidade como os juristas Samuel Warren e Louis Brandeis, que em 1890 escreveram o hoje atemporal artigo "O direito à privacidade" na *Harvard Law Review*, reagindo às então incipientes tecnologias de comunicação de massa como fotografias e jornais e definindo a privacidade como "o direito que o indivíduo tem de ser deixado em paz".[30]

Aquela podia ser uma observação do século XIX reciclada, mas pelo menos eu a fizera num ambiente do século XIX reciclado. Reid Hoffman e eu estávamos comendo nosso salmão com ovos na Destination Brasserie, no porão do hotel Malmaison de Oxford, uma prisão do século XIX construída por um discípulo das teorias arquitetônicas de Jeremy Bentham sobre vigilância e reinventada como hotel de luxo no século XXI, caracterizado pelos quartos no estilo de celas, com as portas de ferro e as grades originais da antiga casa de detenção.[31]

– Afinal, Reid – acrescentei, olhando ao redor, para as antigas celas solitárias agora ocupadas por hóspedes isolados –, algumas pessoas preferem a solidão à conectividade.

@quixotic engoliu uma garfada de ovos e salmão antes de me contestar com sua própria sabedoria reciclada. Mas enquanto eu citara uma dupla de juristas americanos do século XIX, Hoffman – que, como bolsista em

Oxford durante os anos 1980, fizera mestrado em filosofia – recuou ainda mais na história, até os antigos gregos do século V a.C., até Aristóteles, fundador do comunitarismo e filósofo que mais influência exerceu sobre o período medieval.

– Você precisa se lembrar – disse @quixotic, valendo-se de palavras muito conhecidas da *Política* de Aristóteles – que o homem é por natureza um animal social.[32]

O futuro será social

Reid Hoffman sem dúvida não estava só ao reciclar essa fé pré-moderna de que o social está entranhado nos homens em geral. Todos os figurões do Vale do Silício que tinham ido a Oxford e, como Hoffman e eu, estavam hospedados na prisão reciclada – magnatas da internet, como Biz Stone, um dos fundadores do Twitter, Chris Sacca, o investidor peso-pesado,[33] Philip Rosedale, fundador da Second Life, e o jornalista de tecnologia Mike Malone, o chamado "Boswell do Vale do Silício" – haviam adotado o mesmo ideal aristotélico de sociabilidade natural. Mas enquanto esses arquitetos de nosso futuro social pareciam ter todas as respostas sobre esse futuro conectado, minha cabeça se via tomada por perguntas sobre para onde estávamos indo e como chegaríamos lá.

– Então, Biz, o que exatamente é o futuro?[34] – eu perguntara a Stone certa noite, quando por acaso ficamos lado a lado no velho refeitório lotado e barulhento do Balliol College, a faculdade de Oxford fundada em 1263 por John Balliol, um dos homens mais famosos da Inglaterra, proprietário feudal tão poderoso que tinha seu próprio exército particular de milhares de leais seguidores.

Aquela não era uma pergunta sem sentido. Levando em conta sua considerável participação no Twitter, Biz Stone – que, conhecido como @biz, tem quase 2 milhões de seguidores leais em sua rede – é um dos mais poderosos proprietários de terras virtuais, um verdadeiro John Balliol do século XXI, um barão da informação que sabe tudo sobre todos nós.

"Biz não apenas sabe o que todos estão pensando" – disse sobre ele Jerry Sanders, diretor executivo da San Francisco Scientific, em Oxford, durante um debate estudantil sobre se devemos confiar nosso futuro aos empreendedores – "mas também onde se encontra aquilo que estão pensando".[35]

Portanto, eu dava valor à opinião de Stone. Se alguém podia ver o futuro era aquele magnata onisciente do Vale do Silício, um dos fundadores da rede social de mensagens curtas em contínua expansão que, com sua valorização multibilionária[36] e seus mais de 200 milhões de usuários registrados enviando mais de 140 milhões de tuítes por dia,[37] está revolucionando a arquitetura das comunicações no século XXI.

Stone – um constante divulgador e propagandista da mídia social[38] que, além do trabalho cotidiano como investidor de risco,[39] exerce para sua amiga Arianna Huffington o papel de conselheiro estratégico de impacto social na AOL[40] – inclinou-se na minha direção para que eu pudesse escutá-lo por sobre o falatório nos bancos de madeira comunais.

– O futuro – disse @biz, apresentando sua ideia com a concisão de um tuíte –, o futuro será social.

– O aplicativo matador, né? – retruquei, tentando, não com muita eficácia, imitar sua concisão e sua profundidade.

Stone sorriu, com sua aparência impertinente, óculos pretos grossos e uma cabeleira de *geek*. Mas mesmo esse sorriso foi breve.

– Isso mesmo – confirmou. – O social será o aplicativo matador do século XXI.

Biz Stone estava certo. Em Oxford eu entendera que o social – tomado como o compartilhamento de nossas informações pessoais, nossa localização, nossas preferências e identidades em redes como Twitter, LinkedIn, Google+ e Facebook – era a coisa mais nova na net. Aprendi que toda nova plataforma *social*, todo serviço *social*, aplicativo *social*, página *social* estavam se tornando um pedaço desse novo mundo da mídia *social* – de jornalismo *social* a empreendedorismo *social*, passando por comércio *social*, produção *social*, aprendizado *social*, caridade *social*, e-mail *social*, aposta *social*, capital *social*, televisão *social*, consumo *social* e consumidores *sociais* no "gráfico *social*", um algoritmo que supostamente mapeia cada uma de nossas redes *sociais* únicas. Considerando que a internet estava se transformando no tecido conjuntivo da vida no século XXI, o futuro – *nosso* futuro, o seu, o meu e de todos os outros na rede onipresente – iria ser, sim, você adivinhou, *social*.

Mas enquanto eu estava sozinho naquele movimentado corredor de Londres, olhando boquiaberto para Jeremy Bentham morto, a verdade era que me sentia tudo menos *social* – em especial com aquele cadáver do século XIX. Em minha ânsia de inspecionar o reformista social falecido, eu me aproximara tanto do Autoícone que quase tocava a porta de vidro. Mas o grande exibicionismo de Bentham continuava um mistério para mim. Eu simplesmente não conseguia entender por que ele queria ser visto por uma interminável procissão de estranhos, todos olhando para dentro de seus pequenos olhos brilhantes a fim de desenterrar o ser humano por sob o cadáver.

Eu queria extrair sabedoria do velho Jeremy Bentham, alguma descoberta especial que esclarecesse para mim a condição humana. Sim, a semelhança do Autoícone com o Bentham real era legítima – uma similaridade que seu amigo lorde Brougham descreveu como "tão perfeita que parece vivo".[41] Mas quanto mais eu olhava para seu cadáver, menos podia ver o que o tornara humano.

Em minha época de estudante de história moderna, eu lera que John Stuart Mill tecia observações depreciativas sobre o filósofo utilitarista: "O conhecimento que Bentham tem da natureza humana é limitado", escreveu Mill, discípulo[42] e o maior dos acólitos de Bentham, mas que depois se tornou seu crítico mais acerbo. "É totalmente empírico, e com o empirismo de alguém que teve pouca experiência."[43]

John Stuart Mill, o mais influente pensador da Inglaterra no século XIX, via Bentham como uma espécie de computador humano, apto a coletar nossos desejos e medos, mas incapaz de compreender, além do estritamente empírico, o que nos torna humanos. "Quanto de natureza humana estava nele adormecido, ele não sabia nem nós podemos saber", escreveu Mill – que popularizou a palavra "utilitarista"[44] – sobre seu antigo mentor. O problema de Bentham, reconheceu Mill, era que, sendo alguém carente da imaginação e da experiência necessárias para compreender a condição humana, "foi um menino até o fim".[45]

Então, pensei, se o menino Bentham não podia me ensinar nada sobre a natureza humana, quem poderia?

Atualizo, logo existo

Ocorreu-me que o cadáver poderia fazer mais sentido humano depois que eu me expressasse sobre ele no Twitter de Biz Stone, onde, como @ajkeen, eu tinha alguns milhares de seguidores. Apertando o BlackBerry retangular entre os dedos, fiquei pensando em como reproduzir socialmente minha confusão acerca de Bentham em menos de 140 caracteres. Desviando os olhos do Autoícone, percebi que o corredor do University College estava lotado de estudantes saindo de uma aula vespertina para outra. Enquanto acompanhava a procissão de estranhos cruzando o campus de Bloomsbury, reparei que alguns deles olhavam para mim de modo esquisito, talvez da mesma forma como eu olhava para o cadáver de Bentham. Fiquei pensando na impressão que aqueles estudantes tinham de mim – um estrangeiro globalmente conectado, mas solitário, alguém de outro continente, anônimo na metrópole, olhando com intimidade distante para um cadáver pré-vitoriano.

Minha confusão sobre o reformista social morto me provocou uma falta de clareza sobre minha própria identidade. Em vez de avaliar o exibicionismo de Bentham, comecei a pensar em minha personalidade na ordem do mundo. Como, pensei, eu podia provar minha própria existência ao meu valioso exército de seguidores no Twitter, a imensa maioria dos quais não me conhecia nem jamais iria conhecer?

Em vez de usar o Twitter para transmitir meus pensamentos sobre o Autoícone, de confessar o que eu comera no café da manhã daquele dia (salmão grelhado de novo, na elegante prisão de Oxford) ou de contar ao mundo meus planos de ver os quadros no Rijksmuseum de Amsterdam, no dia seguinte, fui cartesiano com minha plateia global.

"ATUALIZO, LOGO EXISTO", digitei com os polegares no Tweetie, aplicativo do meu BlackBerry Bold que permite enviar um tuíte a qualquer momento, de qualquer lugar.

Esses 21 caracteres de sabedoria digital piscaram para mim da tela, com aparente impaciência para ser impulsionados até a rede, onde o mundo pudesse vê-los. Mas meu polegar pairou acima do botão de enviar do BlackBerry. Eu não estava pronto para publicar aquele pensamento privado na rede pública. Pelo menos ainda não. Baixei os olhos novamente para a tela.

@ajkeen: ATUALIZO, LOGO EXISTO

Se essas palavras realmente forem verdadeiras, perguntei a mim mesmo, o que importa? O mundo inteiro, todos os 8 bilhões de seres humanos, teria de migrar – como colonos numa terra prometida da mídia social – para esse novo sistema nervoso central da sociedade? Qual seria o destino de nossas identidades quando todos vivêssemos sem segredos, totalmente transparentes e em público, dentro da arquitetura *social* que Reid Hoffman e Biz Stone estavam construindo para a humanidade? Olhei de novo para o falecido Bentham, o pai utilitarista do princípio da maior felicidade. Imaginei: aquela sociedade eletronicamente conectada resultaria em mais felicidade? Podia levar à melhoria da condição humana? Enriqueceria nossas personalidades? Poderia criar o homem à sua própria imagem?

Perguntas, perguntas, perguntas. Meu pensamento se dirigiu para os desconectados, aqueles desinteressados ou incapazes de viver em público. Isso disparou uma sensação de tontura, como se o mundo externo tivesse se acelerado e girasse cada vez mais depressa ao meu redor. Se, como o Sean Parker ficcional argumenta em *A rede social*, nosso futuro será vivido on-line, pensei comigo mesmo, qual então será o destino daqueles dissidentes, dos que não atualizam? Num mundo em que todos existem na internet, pensei, o que será daqueles que protegem sua privacidade, que se orgulham de sua ilegibilidade, que – nas palavras atemporais de Brandeis e Warren – só querem ser deixados sozinhos e em paz?

Fiquei pensando: estarão eles vivos ou mortos?

Os vivos e os mortos

Com o tuíte ainda por ser enviado, continuei a olhar para o Autoícone em busca de luz. À medida que o quadro se tornava cada vez mais claro, minha tontura se intensificava e a sala começava a girar ao meu redor com violência. Sim, vi então, o cadáver de Bentham afinal tinha algo a me ensinar. Eu me dei conta de que o verdadeiro retrato do futuro estava me olhando nos olhos o tempo todo.

A despeito de minha própria sensação de vertigem, essa visão – um tipo doloroso de epifania – se apossou de mim com uma clareza gelada. Por um momento fiquei paralisado, a boca entreaberta, os olhos fixos no cadáver. De repente ficou evidente que eu estivera olhando para um espelho. Reid Hoffman estava certo: o futuro é sempre *mais cedo* e *mais estranho* do que qualquer um de nós pensa. Percebi que o Autoícone, aquele "homem que é sua própria imagem", representa esse futuro, e o cadáver de Bentham na verdade é você, sou eu e todos os outros que se aprisionaram na casa de inspeção digital.

O vislumbre que tive naquela tarde de final de novembro em Bloomsbury foi do futuro *antissocial*, a solidão do homem isolado na multidão conectada. Eu vi a todos nós como Jeremy Bentham digitais, isolados uns dos outros, não apenas pela crescente ubiquidade das comunicações em rede, mas também pela natureza cada vez mais individualizada e competitiva da vida no século XXI. Sim, esse era o futuro. Reconheci que a visibilidade pessoal é o novo símbolo de status e poder em nossa era digital. Como o cadáver trancado em sua tumba transparente, agora nós estamos todos em exposição permanente, todos somos apenas imagens de nós mesmos neste admirável mundo novo transparente.

Como o imodesto reformista social do século XIX trancado em sua eterna caixa de madeira e vidro, os *networkers* sociais do século XXI – em especial os aspirantes a *supernodes*, como eu – estão se tornando viciados em conquistar atenção e fama. Mas, assim como na solidão de minha própria experiência naquele corredor do University College, a realidade da mídia social é mais uma arquitetura de isolamento humano que de comunhão. Percebi que o futuro será tudo, menos *social*. Esse é o verdadeiro aplicativo matador na era da rede.

Eu me dei conta de que estamos nos tornando esquizofrênicos – a um só tempo desligados do mundo, porém de uma forma irritantemente onipresente. Críticos culturais como Umberto Eco e Jean Baudrillard usaram a palavra "hiper-realidade" para descrever como a tecnologia moderna apaga a diferença entre realidade e irrealidade, e atribui autenticidade a coisas evidentemente falsas, como o castelo de William Randolph Hearst em San Simeon, o prédio gótico no litoral californiano que se tornou famoso no filme de Orson Welles *Cidadão Kane*, de 1941. Eco define hiper-realidade como "uma filosofia da imortalidade como duplicação", na qual "o *totalmente real* se identifica ao *totalmente falso*".[46]

"A irrealidade absoluta é oferecida como uma presença real", é assim que Eco explica a hiper-realidade. Mas enquanto eu fitava o Autoícone, me veio à cabeça um neologismo também absurdo: "hipervisibilidade". Compreendi que o homem que é sua própria imagem no mundo digitalmente conectado está ao mesmo tempo em todo lugar e em lugar algum, e quanto mais completamente visível ele parece, mais completamente invisível está.

Hipervisibilidade.

Nesse mundo todo transparente, estamos ao mesmo tempo em toda parte e em parte alguma, a irrealidade absoluta é a presença real; o *totalmente falso* é também o *totalmente real*. Isso, como percebi, era o retrato mais verdadeiramente falso da vida conectada do século XXI.

Agora eu estava pronto para transmitir o tuíte. Mas, antes de apertar o botão de enviar, acrescentei uma palavra à breve mensagem que ainda piscava em meu BlackBerry. Uma só palavra, apenas três dos 140 caracteres-limites do Twitter, mas que transformou o tuíte de mensagem esperançosa de cartesianismo digital numa declaração existencial desalentadora.

@ajkeen: ATUALIZO, LOGO NÃO EXISTO

Mas o equipamento eletrônico da RIM não se chama smartphone à toa. Eu estava errado sobre ninguém conhecer minha localização naquela tarde. Quando estava prestes a mandar meu tuíte, uma mensagem não solicitada do Tweetie surgiu na tela. Era um pedido para revelar minha localização em Bloomsbury, a fim de que o aplicativo pudesse transmitir onde eu estava a meus milhares de seguidores no Twitter.

O TWEETIE GOSTARIA DE USAR SUA LOCALIZAÇÃO ATUAL – NÃO PERMITIR OU OK

Percebi que o aparelho BlackBerry queria me trair transmitindo ao mundo minha localização. Não espanta que ele seja fabricado por uma empresa chamada Research in Motion. Desliguei o smartphone, meti-o no bolso da calça e respirei fundo uma vez, depois outra. O silêncio era sinfônico. A tontura estava passando, e pensei novamente em minhas conversas em Oxford, no dia anterior, com @quixotic, um dos donos de nosso futuro coletivo. Notei que ele estava ao mesmo tempo certo e errado sobre o futuro. Sim: não há dúvida de que, para o bem ou para o mal, os átomos industriais dos séculos XIX e XX foram substituídos pelos bytes em rede do século XXI. Mas, não: em vez de nos unir entre os pilares digitais de uma pólis aristotélica, a mídia social de hoje na verdade estilhaça nossas identidades, de modo que sempre existimos fora de nós mesmos, incapazes de nos concentrar no aqui e agora, aferrados demais à nossa própria imagem, perpetuamente revelando nossa *localização atual*, nossa privacidade sacrificada à tirania utilitária de uma rede coletiva.

Compreendi que a história se repetia. Em 1890, quase sessenta anos depois de o corpo de Jeremy Bentham fazer sua primeira aparição pública no University College, Samuel Warren e Louis Brandeis argumentavam em seu icônico artigo para a *Harvard Law Review* que "solidão e privacidade se tornaram mais essenciais para o indivíduo". O direito de ser deixado em paz, escreveram Warren e Brandeis em "O direito à privacidade", era um "direito geral à imunidade da pessoa, … o direito à personalidade". E hoje, no alvorecer de nossa era de mídia social transparente, mais de um século depois da publicação do artigo jurídico, essa necessidade de solidão e privacidade – os ingredientes primários na misteriosa formação da personalidade individual – se tornou ainda mais essencial (se é que isso é possível).

Um corpo que cai, o perturbador filme de Alfred Hitchcock sobre o amor de um homem por um cadáver, é baseado no romance francês *D'Entre les morts*.[47] Mas não há nada de ficcional na embaraçosa autoiconização da vida e sua consequência trágica – a morte da privacidade e da solidão em nosso mundo de rede social. Acho que foi Hitchcock quem um dia brincou dizendo que o cadáver que mais temia era o dele mesmo. Mas não é brincadeira se este também for o cadáver da humanidade exilada não apenas de si mesma, mas também de todos os outros; de bilhões de pessoas que são suas próprias imagens disparando cada vez mais depressa ao redor umas das outras na rede transparente, hipervisíveis; de todos sempre em exposição, aprisionados num ciclo interminável de grande exibicionismo, sequiosos de atenção, construindo suas reputações autoproclamadas de benfeitores da raça humana.

Para Jeremy Bentham e sua escola utilitarista, a felicidade é uma equação matemática facilmente quantificável, subtraindo-se nossa dor de nossos prazeres. Mas essa filosofia utilitarista – satirizada por Charles Dickens de modo tão agressivo no personagem ridículo do sr. Gradgrind de *Hard Times* – não consegue captar o que nos torna humanos. Como Dickens, John Stuart Mill e muitos outros críticos contemporâneos do utilitarismo argumentaram, a felicidade não é apenas um algoritmo para nossa vontade e nossos desejos. Determinante para a felicidade é o direito não quantificável de que a sociedade nos deixe ficar sozinhos – um direito que nos permite, como seres humanos, permanecer fiéis a nós mesmos. "A privacidade não é apenas essencial à vida e à liberdade; é essencial à busca da felicidade, no sentido mais amplo e profundo. Os seres humanos não são somente criaturas sociais, mas também criaturas privadas", argumenta Nicholas Carr, um dos mais articulados críticos atuais do utilitarismo digital. "O que não partilhamos é tão importante quanto o que partilhamos."[48]

Infelizmente, porém, partilhar se tornou a nova religião do Vale do Silício. E, como veremos neste livro, a privacidade – aquela condição essencial à nossa verdadeira felicidade como seres humanos – é jogada na lata de lixo da história. "Fracassem depressa", recomenda @quixotic aos empreendedores, pois ele acredita que a privacidade é "um problema apenas para os velhos".[49] "Você salta de um penhasco e monta num avião durante a descida" – é a descrição que faz do que é criar uma *start-up*.[50] Mas o problema é que, ao socializar de modo tão radical a revolução digital de hoje, nós, como espécie, saltamos coletivamente do penhasco. Se fracassarmos na construção de uma sociedade conectada que proteja os direitos à privacidade e à autonomia individuais do culto do social, não poderemos – como o eternamente otimista Hoffman – criar uma nova empresa. A sociedade não é uma *start-up* – motivo pelo qual não podemos confiar nosso futuro inteiramente aos empreendedores do Vale do Silício como Hoffman ou Stone. Fracassar na correta aterrissagem do avião da mídia social, depois de saltar daquele penhasco e se arrebentar no chão, significa colocar em risco o precioso direito à privacidade individual, ao segredo e, sim, à liberdade que os indivíduos conquistaram no último milênio.

Esse é o medo, o alerta de fracasso e autodestruição coletiva em *Vertigem digital*. Em 2007 publiquei *O culto do amador*, meu aviso sobre o impacto da revolução da informação produzida pelo usuário da Web 2.0 sobre nossa cultura. Mas, como passamos da Web 2.0 (de Google, YouTube e Wikipédia) para a Web 3.0 (de Facebook, Twitter, Google+ e LinkedIn), e como a internet se transformou numa plataforma para o que @quixotic descreve como "identidades reais gerando enormes volumes de informação",[51] a história que você está prestes a ler revela uma mania ainda mais perturbadora: a atual tirania de uma rede social cada vez mais transparente que ameaça a liberdade individual, a felicidade e talvez a própria personalidade do homem contemporâneo.

Você tem uma opção diante desse culto: NÃO PERMITIR OU OK.

O livro que você está prestes a ler é uma defesa do mistério e do segredo da existência individual. É um lembrete sobre o direito a privacidade, autonomia e solidão num mundo que, em 2020, terá cerca de 50 bilhões de equipamentos inteligentes em rede,[52] como meu BlackBerry Bold e os aplicativos inteligentes demais. Num universo no qual quase todo ser humano do planeta estará conectado em meados do século XXI, este livro é um discurso contra o compartilhamento e a abertura radicais, a transparência pessoal, o grande exibicionismo e as outras ortodoxias comunitárias devotas de nossa época conectada. No entanto, o livro é mais que apenas um manifesto antissocial. É também um estudo de por que, como seres humanos, privacidade e solidão nos tornam felizes.

Sim, você também já viu isso antes. É um desafio à suposição equivocada de Reid Hoffman de que todos somos, a priori, animais sociais. Para começar nossa jornada por esse futuro familiar demais, no qual o inatingível mistério da condição humana individual é opacificado pelo homem transparente, vamos voltar a Jeremy Bentham, aquele prisioneiro eterno de seu próprio Autoícone, cuja "ideia simples de arquitetura" para reformar o mundo, no fim do século XVIII, é um alerta pressagioso de nosso destino coletivamente aberto no século XXI.

1. Uma ideia simples de arquitetura

> "Moral reformada – saúde preservada – indústria revigorada – instrução disseminada – fardo público aliviado – economia estabelecida, dessa forma, sobre uma rocha – o nó górdio das leis dos pobres não foi cortado, mas desfeito – tudo por uma ideia simples de arquitetura."
>
> JEREMY BENTHAM, *The Panopticon Writings*

A casa de inspeção

Se este fosse um filme, vocês já o teriam visto antes. A história, sabem, está se repetindo. Com nosso novo século digital vem um conhecido problema da era da indústria. Uma tirania social mais uma vez se instala sobre a liberdade do indivíduo. Hoje, no começo do século XXI, assim como nos séculos XIX e XX, essa ameaça social é fruto de uma ideia simples de arquitetura.

Em 1787, no alvorecer da era industrial de massa, Jeremy Bentham teve o que chamou de "uma ideia simples de arquitetura" para melhorar a administração de prisões, hospitais, escolas e fábricas. O projeto de Bentham, como observou o historiador da arquitetura Robin Evans, era uma síntese "muito imaginativa" de forma arquitetônica e objetivo social.[1] Bentham, que reunira grande fortuna pessoal ganha com sua visão social,[2] queria mudar o mundo com essa nova arquitetura.[3]

Bentham esboçou essa visão do que Aldous Huxley descreveu como um "plano para um projeto habitacional totalitário"[4] numa série de cartas "abertas"[5] escritas da cidade de Krichev, na Crimeia, onde ele e o irmão, Samuel, orientavam o regime da déspota esclarecida russa Catarina a Grande a fim de construir fábricas eficientes para a população indisciplinada.[6] Nessas cartas públicas, Bentham imaginou aquilo que chamou de "pan-óptico", ou "casa de inspeção", como uma rede física, um prédio circular de pequenos aposentos, todos transparentes e totalmente conectados, nos quais os indivíduos podiam ser supervisionados por um inspetor que tudo via. Esse inspetor é a versão utilitarista de um deus onisciente – sempre ligado, informado de tudo, com a afortunada capacidade de olhar atrás de esquinas e através de paredes. Como observou o filósofo francês Michel Foucault, essa casa de inspeção era "como tantas gaiolas, como tantos pequenos teatros, em que cada ator está só, totalmente individualizado e constantemente visível".[7]

A tecnologia de conexão do pan-óptico nos aproxima separando-nos, calculou Bentham. Transformar-nos em objetos expostos, inteiramente transparentes, seria bom para a sociedade e para o indivíduo, acrescentou ele, porque quanto mais imaginássemos que éramos vigiados, mais eficientes e disciplinados nos tornaríamos. Assim, o indivíduo e a comunidade se beneficiariam dessa rede de autoícones. "A perfeição ideal", imaginou o utilitarista, tirando dessa ideia supostamente social a conclusão mais abominável, exigiria que todos – de prisioneiros conectados a operários conectados, passando por estudantes conectados e cidadãos conectados – pudessem ser inspecionados "a cada instante do tempo".[8]

Em vez de fantasia abstrata de um inglês excêntrico, cuja experiência de vida, você se lembra, não era maior que a de um garoto, a casa de inspeção radicalmente transparente de Bentham teve enorme impacto sobre a nova arquitetura prisional do fim do século XVIII e início do século XIX. A cadeia original de Oxford onde eu tomara café da manhã com Hoffman, por exemplo, havia sido construída pelo prolífico arquiteto de prisões William Blackburn, "o pai do projeto radial de prisões",[9] que construiu mais de uma dúzia de cadeias semicirculares seguindo os princípios de Bentham. Em Oxford, Blackburn substituíra a cadeia medieval do castelo da cidade por um prédio projetado para supervisionar todos os movimentos dos prisioneiros e controlar seu tempo a cada minuto.

Mas a ideia simples de arquitetura de Bentham "reformou" mais que apenas prisões. Foi o augúrio de uma sociedade industrial intricadamente conectada por uma rede bastante concreta de ferrovias e linhas telegráficas. A era mecânica de trem a vapor, fábrica em grande escala, cidade industrial, Estado-nação, câmera cinematográfica e jornal de massas criou de fato a arquitetura física para nos transformar em eficientes indivíduos visíveis – sempre observáveis por governo, empregadores, meios de comunicação e opinião pública. Na era industrial da conectividade de massa, fábricas, escolas, prisões e, de forma mais sinistra, sistemas políticos inteiros foram construídos com base nessa tecnologia cristalina de vigilância coletiva. Os últimos duzentos anos foram a era da grande exposição.

Contudo, na era industrial, ninguém, afora exibicionistas bizarros como o próprio Bentham, queria se tornar um retrato individual nessa exposição coletiva. Na verdade, o esforço para ser deixado sozinho é a história do homem industrial. Como reconheceu o alemão Georg Simmel, sociólogo e estudioso do que se mantinha oculto na virada do século XX: "Os mais profundos problemas da vida moderna derivam do esforço do indivíduo para preservar a autonomia e a individualidade de sua existência diante das forças sociais esmagadoras da herança histórica, da cultura externa e da técnica de vida."[10] Portanto, os grandes críticos da sociedade de massa – John Stuart Mill e Alexis de Tocqueville, no século XIX, e George Orwell, Franz Kafka e Michel Foucault, no século XX – tentaram proteger a liberdade individual do olhar onisciente da casa de inspeção.

"A visibilidade é uma armadilha", alertou Foucault.[11] Assim, do livre-pensador solitário de J.S. Mill, em *Sobre a liberdade*, a Josef K., em *O castelo* e *O processo*, de Kafka, passando pelo Winston Smith de *1984*, o herói da era industrial de massa, para esses críticos, é o indivíduo que tenta proteger sua invisibilidade, que proclama sua própria opacidade, dá as costas à câmera e – nas palavras atemporais de Samuel Warren e Louis Brandeis – quer apenas ser *deixado em paz* pelas tecnologias da era industrial de massa.

Nossa era de grande exibicionismo

Agora, no crepúsculo da era industrial e no alvorecer do período digital, a ideia simples de arquitetura de Bentham voltou. Mas a história nunca se repete, pelo menos não de forma idêntica. Hoje, à medida que a web evolui de uma plataforma de informações impessoais para uma internet de pessoas, a casa de inspeção industrial de Bentham reaparece com uma variação digital de arrepiar. O que antes vimos como prisão é agora considerado um parque de diversões; o que era encarado como dor hoje é visto como prazer.

A era analógica da grande exibição é substituída pela era digital do grande exibicionismo.

Hoje a arquitetura simples é a internet – aquela rede das redes em expansão constante, combinando a rede mundial de computadores pessoais, o mundo sem fio de aparelhos portáteis em rede, como meu BlackBerry Bold, e outros produtos sociais "inteligentes", como televisores on-line,[12] consoles de jogos[13] e o "carro conectado"[14] –, na qual cerca de um quarto da população mundial já instalou residência. Em contraste com a casa de inspeção original de tijolos e argamassa, essa rede global em rápida expansão, com seus 2 bilhões de almas digitalmente interconectadas e seus mais de 5 bilhões de aparelhos conectados, pode abrigar um número infinito de aposentos. É um autoícone global que, mais de dois séculos depois de Jeremy Bentham ter esboçado a casa de inspeção,[15] afinal está realizando seu sonho utilitarista de permitir que sejamos perpetuamente observados.

Essa arquitetura digital – descrita por Clay Shirky, estudioso de mídia social da Universidade de Nova York, como "o tecido conjuntivo da sociedade"[16] e pela secretária de Estado Hilary Clinton como o novo "sistema nervoso do planeta"[17] – foi projetada para nos transformar em exibicionistas, sempre em exposição em nossos palácios de cristal ligados em rede. E hoje, numa era de comunidades on-line radicalmente transparentes como Twitter e Facebook, o social se tornou, nas palavras de Shirky, o "ambiente-padrão" da internet,[18] transformando a tecnologia digital, de ferramenta de uma segunda vida, em parcela cada vez mais nuclear da vida real.

Mas essa é uma versão da vida real que poderia ter sido coreografada por Jeremy Bentham. Como disse o criador do WikiLeaks, o autonomeado czar da transparência Julian Assange, a internet de hoje é "a maior máquina de espionagem que o mundo já viu";[19] e o Facebook, acrescentou ele, é "a mais completa base de dados mundial sobre pessoas, suas relações, seus nomes, endereços, localizações, comunicações umas com as outras e seus parentes, todo mundo nos Estados Unidos, tudo isso acessível aos serviços de informações americanos".[20]

Mas não é apenas o Facebook que está estabelecendo essa grande base de dados da raça humana. Como observa Clay Shirky, serviços de geolocalização populares[21] como foursquare, Facebook Places, Google Latitude, Plancast e Holtlist, que nos permitem "efetivamente ver através das paredes" e saber a localização exata de todos os nossos amigos, estão tornando a sociedade mais "legível", permitindo, dessa forma, que todos nós sejamos lidos, no bom estilo casa de inspeção, "como um livro".[22] Não espanta, portanto, que Katie Rolphe, colega de Shirky na Universidade de Nova York, tenha observado que "o Facebook é o romance que todos estamos escrevendo".[23]

A mídia social é o romance confessional que estamos todos não apenas escrevendo mas também coletivamente publicando para que todos os outros leiam. Todos nos tornamos *wikileakers* – em versões menos famosas e não menos subversivas de Julian Assange – das nossas próprias vidas e agora também da vida dos outros. A velha cultura de celebridade de massas industrial foi de tal forma virada de pernas para o ar pelas redes sociais como Facebook, LinkedIn e Twitter que a fama foi democratizada e nos recriamos como celebridades inventadas, chegando a ponto de utilizar serviços on-line como YouCeleb, que nos permitem assumir a aparência das estrelas da comunicação de massa do século XX.[24]

Por conseguinte, houve um enorme aumento do que Shirky chama de legibilidade "autoproduzida", tornando a sociedade tão simples de ler quanto um livro aberto.[25] Como sociedade, estamos tomando emprestadas algumas palavras de Jeremy Bentham, nos transformando em nossa própria imagem coletiva. Essa mania contemporânea de expressão pessoal é o que dois destacados psicólogos americanos, Jean Twenge e Keith Campbell, descreveram como "a epidemia de narcisismo"[26] – uma loucura de promoção pessoal alimentada, dizem eles, por nossa necessidade de fabricar continuamente nossa própria fama para o mundo. O psicólogo Elias Aboujaoude, do Vale do Silício, cujo livro *Virtually You*, de 2011, mapeia a ascensão do que ele chama de "Narciso on-line autoabsorvido", partilha o pessimismo de Twenge e Campbell. A internet, observa Aboujaoude, dá aos narcisistas a oportunidade de "se apaixonar por eles mesmos repetidas vezes", criando assim um mundo on-line de infinita "promoção pessoal" e "relacionamentos rasteiros na rede".[27]

Muitos outros autores compartilham as preocupações de Abouajoude. O historiador da cultura Neal Gabler diz que nos tornamos todos "narcisistas da informação", inteiramente desinteressados de qualquer coisa "externa a nós".[28] A cultura de rede social medica nossa "necessidade de autoestima", acrescenta Neil Strauss, autor de best-sellers, "oferecendo gratificação para conquistar seguidores".[29] O aclamado romancista Jonathan Franzen concorda, argumentando que produtos como o BlackBerry Bold dele e o meu são "grandes aliados e facilitadores do narcisismo". Esses gadgets, explica Franzen, foram projetados para se adequar à nossa fantasia de sermos "amados" e "produzir um reflexo bom de nós mesmos". Sua tecnologia, portanto, é simplesmente uma "extensão de nossos eus narcisistas. Quando olhamos para as telas na era da Web 2.0, estamos olhando para nós. Tudo não passa de um grande círculo interminável. Gostamos do espelho e o espelho gosta de nós".[30] Diz Franzen: "Ser amigo de uma pessoa é incluí-la em nossa sala particular de espelhos elogiosos."[31]

Nós nos transmitimos, logo (não) somos.

Twenge, Campbell, Aboujaoude, Strauss e Franzen estão todos certos sobre esse interminável círculo de grande exibicionismo – uma economia de atenção que, por coincidência, combina a insistência libertária na liberdade individual irrestrita com o culto ao social. É uma exibição pública de amor-próprio apresentada num espelho on-line que a editora sênior da *New Atlantis* identifica como o "novo narcisismo",[32] e Ross Douthat, colunista do *New York Times*, chama de "narcisismo adolescente desesperado".[33]

Tudo – comunicações, comércio, cultura, jogos, governo e apostas – está se tornando social. Como acrescenta David Brooks, colega de Douthat no *Times*, "realização é redefinida como a capacidade de chamar atenção".[34] Aparentemente, tudo que nós, como indivíduos, queremos fazer na rede é partilhar com nossos milhares de amigos on-line nossa reputação, nossos itinerários de viagem, planos de guerra, credenciais profissionais, nossas doenças, confissões, fotografias da última refeição, hábitos sexuais, claro, até nosso paradeiro exato. A sociedade em rede se tornou um bacanal transparente, uma orgia de superpartilhamento, um Verão do Amor* digital interminável.

Como a própria rede, nosso confessionário público de massa é global. Pessoas de todo o mundo revelam seus pensamentos mais particulares numa rede transparente que qualquer um e todos podem acessar. Em maio de 2011, quando um dos homens mais ricos da China, um investidor bilionário chamado Wang Gongquan, trocou a esposa pela amante, escreveu na versão chinesa do Twitter, o Sina Wriba (serviço que tem 140 milhões de usuários): "Estou desistindo de tudo e fugindo com Wang Qin. Estou envergonhado, portanto parto sem dizer adeus. Eu me ajoelho e peço perdão!"[35] A confissão de Gongquan explodiu de forma viral. Em 24 horas seu post havia sido republicado 60 mil vezes, e alguns de seus amigos mais íntimos e poderosos pediam-lhe publicamente que voltasse para a esposa.

Esse *love-in* – o que o escritor Steven Johnson, advogado que compartilha demais e que, como @stevenberlinjohnson, tem 1,5 milhão de seguidores no Twitter, louvou como "uma versão em rede de *O show de Truman* no qual todos interpretamos o papel de Truman"[36] – é um espetáculo público. Contudo, em vez de *O show de Truman*, essa epidemia de partilhamento exagerado, em sua preocupação com a imortalidade, poderia ter como subtítulo *Os vivos e os mortos*.

* O Verão do Amor foi um evento social em Haight-Ashbury, perto de São Francisco, Califórnia, para o qual acorreram cerca de 100 mil pessoas a fim celebrar o espírito de paz e amor dos hippies. (N.T.)

E se não houver mais segredos?

Um número cada vez maior de pessoas está interpretando Truman numa versão em rede de nosso próprio programa intimamente personalizado. "E se não houver mais segredos?", imaginou Jeff Jarvis em julho de 2010.[37] Defensor da transparência e professor da Universidade Municipal de Nova York, Jarvis popularizou o neologismo "publicalidade" num discurso que fez no mesmo ano, intitulado "Privacidade, publicalidade e pênis".[38] Ao anunciar publicamente seu câncer de próstata em abril de 2009 e transformar sua vida "num blog aberto",[39] Jarvis[40] – autor do manifesto pela transparência *Public Parts*,[41] de 2011, escrito em "homenagem" à biografia *Private Parts*, do polêmico radialista Howard Stern[42] – sem dúvida promoveu sua própria tese, ao estilo Bentham, de que "publicalidade concede imortalidade".[43] Outro apóstolo da publicalidade, o veterano teórico social Howard Rheingold, que em 1993, quando membro do pioneiro Whole Earth 'Letronic Link (o Well), criou o termo "comunidade virtual",[44] revelou on-line sua própria luta contra um câncer de cólon no começo de 2010. Um terceiro defensor da abertura, o colunista britânico Guy Kewney, que sofreu de câncer de cólon e reto, chegou até a usar a mídia social para fazer a crônica de sua morte iminente em abril de 2010.

Embora a mídia social, a despeito de sua capacidade sobre-humana de ver através de paredes, possa não garantir exatamente a imortalidade, seu impacto tem um imenso significado histórico, o que Jeff Jarvis descreve como "símbolo de uma mudança portentosa"[45] – um desenvolvimento tecnológico tão profundo, à sua própria maneira, quanto qualquer coisa inventada nos últimos cinquenta anos. Vocês decerto lembram que Reid Hoffman definiu essa explosão de informações pessoais como "Web 3.0". Mas John Doerr,[46] o mais rico investidor de risco do mundo, que Jeff Bezos, diretor executivo da Amazon, certa vez descreveu como "o centro de gravidade da internet", vai ainda mais longe que @quixotic em sua análise histórica.

Doerr argumenta que "social" representa a "grande terceira onda" de inovação tecnológica, vinda diretamente na esteira da invenção do computador pessoal e da internet.[47] O advento da tecnologia social fixa e móvel anuncia agora o que Doerr chama de uma "tempestade perfeita" para desmontar negócios tradicionais.[48] Na verdade, foi tal a confiança de Doerr e de sua empresa de investimentos de risco Kleiner Perkins nessa revolução social que, em outubro de 2010, em sociedade com o Facebook e a Zynga, da Mark Pincus, a Kleiner lançou um fundo de US$ 250 milhões dedicado exclusivamente a alocar dinheiro em negócios sociais. No dia de São Valentim de 2011, a empresa fez o que o *Wall Street Journal* descreveu como uma "pequena" aplicação de US$ 38 milhões no Facebook,[49] com os investidores de risco do Vale do Silício comprando não mais que uma participação afetuosamente simbólica de 0,073% da empresa de mídia social.[50] "Estamos apostando, ao estilo Blue Ocean, que o social está apenas no começo." Bing Gordon, outro sócio da Kleiner, explica assim o raciocínio da empresa acerca do fundo: "Os hábitos de utilização irão mudar drasticamente nos próximos quatro ou cinco anos."[51]

Mark Zuckerberg, o beneficiário do generoso presente de São Valentim de Kleiner, Personalidade do Ano de 2010 da revista *Time* e personagem semificcional, o "bilionário por acaso" do bem-sucedido *A rede social* de David Fincher, de 2010,[52] concorda com Gordon: estamos no começo de uma revolução social que irá mudar não apenas a experiência do usuário on-line, mas também toda nossa economia e nossa sociedade. Zuckerberg, que, como observa o romancista inglês Zadie Smith "usa a palavra *conectar* como os crentes usam o nome de *Jesus*",[53] é o Jeremy Bentham 2.0 de nossa era digitalmente conectada, o engenheiro social que alega estar "religando o mundo".[54] Também como Bentham, o cofundador e diretor executivo do Facebook é um "menino eterno", que carece de experiência ou conhecimento da natureza humana e quer construir uma casa de inspeção digital na qual nenhum de nós será deixado em paz novamente.

O entusiasmo de Zuckerberg com o horizonte de cinco anos sem dúvida é pueril. "Se você imaginar cinco anos adiante, todos as áreas serão repensadas de uma forma social. Você pode refazer setores inteiros. Essa é a coisa",[55] exagerou Zuckerberg em dezembro de 2010. "Não importa para onde você vá, queremos garantir que toda experiência que você tenha seja social",[56] disse ele a Robert Scoble, o grande defensor da mídia social do Vale do Silício.

O plano de cinco anos de Zuckerberg é eliminar a solidão. Ele quer criar um mundo no qual jamais precisaremos estar sós, porque sempre estaremos conectados a nossos amigos on-line em tudo que fazemos, derramando um enorme volume de informações pessoais enquanto isso. "O Facebook quer habitar o deserto, domar a malta que uiva e transformar o solitário mundo antissocial do acaso aleatório num mundo amistoso, um universo de felizes acasos", disse Lev Grossman, da *Time*, explicando por que sua revista escolheu Zuckerberg como Personalidade do Ano em 2010. "Você estará trabalhando e vivendo dentro de uma rede de pessoas, nunca vai precisar ficar sozinho. A internet, e todo o mundo, irá parecer uma família, um dormitório universitário ou um escritório onde seus colegas são também seus melhores amigos".[57]

Porém, mesmo hoje, nos primeiros estágios do plano de cinco anos de Zuckerberg para recabear o mundo, o Facebook está se tornando a própria imagem da humanidade. Atraindo 1 trilhão de visitas por mês,[58] e agora tendo mais usuários ativos que toda a população da Europa e da Rússia,[59] o Facebook é aonde vamos para revelar tudo sobre nós mesmos. Não surpreende, portanto, que o site satírico The Onion, confirmando a observação de Julian Assange sobre o Facebook como a "mais assustadora máquina de espionagem" da história, apresente a criação de Mark Zuckerberg como uma conspiração da CIA.

> Após anos monitorando o público em segredo, ficamos chocados por tantas pessoas anunciarem espontaneamente onde moram, seus pontos de vista religiosos e políticos, fornecerem uma relação alfabética de todos os seus amigos, endereços de e-mail pessoais, números de telefone, centenas de fotos delas mesmas e até atualizações de status sobre o que estão fazendo minuto a minuto.

Isso é relatado ao Congresso por um falso subdiretor da CIA na sátira do Onion. "É realmente o sonho da CIA transformado em realidade".[60]

Talvez a coisa mais perturbadora de tudo isso é o Facebook não ser uma invenção da CIA, e Mark Zuckerberg não ser um agente da contraespionagem. Ironicamente, o plano de cinco anos de Zuckerberg poderia tornar a CIA redundante ou transformá-la numa nova divisão de negócios, o que o pessoal do Vale do Silício chamaria de um projeto secreto, dentro do Facebook. Afinal, espiões profissionais têm pouco valor quando todos vivem num dormitório universal onde é possível todo mundo saber o que os outros estão fazendo e pensando.

Todos podem se tornar agentes secretos num mundo sem segredos pessoais – motivo pelo qual a CIA de fato criou um Centro de Fonte Aberta em seu quartel-general na Virgínia, onde uma equipe dos chamados "bibliotecários vingativos" espreita milhares de contas de Twitter e Facebook em busca de informações.[61] Isso talvez seja assustador para os poderes tradicionais da CIA, com suas suposições datadas da era industrial acerca da natureza hierarquizada e exclusivamente profissional do trabalho de informação; mas é ainda mais assustador para o resto de nós, que não consegue escapar da iluminação transparente de uma aldeia eletrônica global onde qualquer um pode se tornar um bibliotecário vingativo.

O tom de discagem do século XXI

Então exatamente para quem a mídia social de hoje é um "sonho transformado em realidade"?

Para os arquitetos da transparência digital, tecnólogos da abertura, investidores de risco e, claro, empreendedores como Reid Hoffman, Biz Stone e Mark Pincus, todos lucrando muitíssimo com essas identidades reais que geram um volume enorme de informações pessoais. São eles que estão transformando esse "sonho" da rede social onipresente em realidade.

Não, Mark Zuckerberg não é de modo algum o único jovem bilionário da mídia social que, com uma mistura de aura comunitária e ganância financeira, fita aquele horizonte de cinco anos em que todo o mundo terá se tornado uma versão do século XXI da casa de inspeção de Bentham.

Falando no lançamento do sFund, o diretor executivo da Zynga, Mark Pincus – como vocês se recordam, um dos donos, com seu amigo Reid Hoffman, do próprio futuro –, concorda com a visão de Zuckerberg sobre um mundo radicalmente reinventado pela tecnologia social. "Em cinco anos todos estarão sempre conectados uns aos outros, e não mais à rede", previu Pincus.[62] Empresas sociais como Zynga, Facebook, LinkedIn e Twitter, explicou, estão se tornando a estrutura central para o que chamou de "tons de discar" da experiência social onipresente de amanhã, conectando pessoas por meio de uma tecnologia móvel cada vez mais invisível que sempre estará com elas. A conectividade, prevê Pincus, irá ser a eletricidade da era social – tão onipresente e poderosa que ameaça se tornar o sistema operacional de todo o século XXI.

Mesmo hoje, contudo, é cada vez mais difícil evitar o incansável bip invasivo do tom de discagem social de Mark Pincus. A interconexão digital do mundo, essa chegada do *Show de Truman* a todas as nossas telas, é ao mesmo tempo incansável e inevitável.[63] Em meados de 2011, o Pew Research Center descobriu que 65% dos americanos adultos usavam sites de relacionamento – em comparação com apenas 5% em 2005.[64] Em junho de 2010, os americanos passaram quase 23% de seu tempo on-line em redes sociais – um aumento de impressionantes 43% em relação a junho de 2009;[65] a utilização entre adultos mais velhos (de 50 a 64 anos) quase dobrou no mesmo período, e a faixa acima dos 65 anos é aquela com crescimento mais acelerado no Facebook em 2010, com um aumento de 124% nas assinaturas em relação a 2009. No verão de 2011, o Pew Research Center descobriu que esse número aumentara de novo drasticamente, com 32% das pessoas entre 50 e 64 anos nos Estados Unidos acessando redes como Twitter, LinkedIn e Facebook diariamente.[66]

Todavia, a despeito do crescimento meteórico do Facebook entre os cidadãos digitais maduros, foram os adolescentes e jovens que adotaram mais entusiasticamente a mídia social, com Facebook e Twitter substituindo os blogs como sua principal forma de expressão pessoal on-line.[67] Como disse Mark Zuckerberg em novembro de 2010, quando introduziu a plataforma de troca de mensagens pessoais do Facebook, "estudantes não usam e-mail". Infelizmente Zuckerberg está certo. Em 2010, o e-mail – a comunicação eletrônica de uma pessoa a outra, a versão digital de escrever uma carta – teve uma queda de 59% entre adolescentes, segundo a Com-Score, substituído, claro, por plataformas públicas de troca de mensagens sociais como Twitter e Facebook.[68]

Como seus membros dedicam mais de 700 bilhões de minutos de seu tempo por mês à rede,[69] o Facebook foi o site mais visitado do mundo em 2010, com 9% de todo o tráfego on-line.[70] No começo de 2011, 57% de todos os americanos on-line entravam no Facebook pelo menos uma vez por dia; 51% de todos os americanos com mais de doze anos tinham uma conta na rede social;[71] e 38% de todo tráfego de compartilhamento da internet emanavam da criação de Zuckerberg.[72] Em setembro de 2011, mais de 500 milhões de pessoas entravam no Facebook todo dia,[73] e seus quase 800 milhões de usuários ativos na época superavam o que era toda a internet em 2004.[74] O Facebook está se tornando a própria imagem da humanidade. É onde estão agora os nossos autoícones.

Sem querer ser superado, o Twitter de Biz Stone, o mais forte concorrente do Facebook em termos de relacionamento social em tempo real, ganhou, em 2010, 100 milhões de novos membros que contribuíram para os 25 bilhões de tuítes enviados naquele ano,[75] e em outubro de 2011 produziam 250 milhões de tuítes por dia (mais de 10 mil mensagens escritas por segundo), com mais de 50 milhões de usuários entrando no site diariamente.[76] E há a empresa de comércio eletrônico social Groupon, cuja base de 35 milhões de assinantes e cujo faturamento anual em torno de US$ 2 bilhões são responsáveis pelo fato de a empresa ser aquela com crescimento mais rápido na história dos Estados Unidos. Em dezembro de 2010, o Groupon recusou uma oferta de aquisição de US$ 6 bilhões, feita pela Google, e em vez disso levantou quase US$ 1 bilhão com seus investidores antes de lançar sua própria IPO, com excesso de demanda, em novembro de 2011, quando a empresa foi avaliada em US$ 16,5 bilhões.[77] O concorrente mais direto do Groupon, o LivingSocial, com estimativa de US$ 6 bilhões e faturamento esperado de US$ 1 bilhão em 2011, também passa por um crescimento meteórico.[78] Enquanto isso, a empresa de jogos sociais de Pincus, a Zynga, continua em busca do domínio global: criada em julho de 2007, a empresa com sede no Vale do Silício, que tem em sua rede os mais populares aplicativos de Facebook, CitiVille e Farmville,[79] está gerando a impressionante quantia de 1 petabyte de dados diários, somando mil novos servidores por semana, e tem seus jogos sociais usados por 215 milhões de pessoas, o que corresponde a cerca de 10% de toda a população on-line do mundo.[80] Assim, não espanta que a empresa ainda particular de Pincus, com três anos e meio de existência, tenha levantado US$ 500 milhões com uma série de investidores de risco – entre eles, claro, Kleiner – para uma avaliação de US$ 10 bilhões,[81] antes de fazer sua própria IPO em dezembro de 2011.

A taxa de crescimento das empresas mais recentes de mídia social também é de cair o queixo. A foursquare, uma das novatas mais quentes do Vale do Silício, cresceu 3.400% em 2010, e, em agosto de 2011, o serviço de geolocalização, que tinha então apenas um ano de vida, recebia 3 milhões de acessos diários de seus 10 milhões de integrantes;[82] o número de usuários passou para 15 milhões em dezembro de 2011.[83] Outra, a plataforma de blogs Tumblr, crescia para 250 milhões de publicações toda semana no começo de 2011,[84] e em setembro do mesmo ano havia obtido US$ 85 milhões em financiamentos e tinha em média 13 bilhões de acessos por mês a seus 30 milhões de blogs.[85] Outra ainda, a rede de conhecimento social Quora, criada por ex-tecnólogos do Facebook, Adam D'Angelo e Charlie Cheever,[86] foi avaliada em US$ 86 milhões pelos investidores antes mesmo de o serviço de anúncios grátis criar um modelo de negócios para ganhar dinheiro,[87] e teria "desprezado" uma oferta de aquisição de US$ 1 bilhão.[88] Não querendo ser superado, o aplicativo de fotografia social Instagram atingiu 2 milhões de usuários em apenas quatro meses desde seu lançamento no fim de 2010 – tornando sua fenomenal taxa de crescimento três vezes mais acelerada que a da foursquare e seis vezes mais viral que o Twitter.

A internet, que antes era apenas um canal para a distribuição de informações impessoais, hoje é uma rede de empresas e tecnologias, concebida em torno de produtos, plataformas e serviços sociais – transformando-se, de uma base de dados impessoal, num cérebro digital global que transmite publicamente nossas relações, intenções e nossos gostos pessoais.

A integração de nossas informações pessoais – rebatizada pelos marqueteiros da mídia social como nosso "gráfico social" – no conteúdo on-line é o principal motor da inovação da internet na era da Web 3.0 de Reid Hoffman. Ao permitir que nossos milhares de "amigos" saibam o que fazemos, pensamos, lemos, vemos e compramos, os produtos e serviços da web fortalecem nossa era hipervisível de grande exibicionismo. Assim, não espanta que o Fórum Econômico Mundial descreva as informações pessoais como uma "nova classe de ativos"[89] da economia global.

No começo de 2011, Sergey Brin, um dos fundadores do Google, reconheceu que a empresa havia apenas "tocado" em 1% do potencial de busca social.[90] Mesmo hoje, contudo, quando o social responde por apenas alguns pontos percentuais daquilo que irá se tornar no futuro, essa revolução remodela de forma radical não apenas a internet, mas também nossas identidades e personalidades. Gostemos disso ou não, a vida no século XXI é cada vez mais vivida em público. Quatro em cada cinco departamentos de seleção de universidades, por exemplo, examinam o perfil dos candidatos no Facebook antes de se decidir pela aceitação.[91] Uma pesquisa de recursos humanos divulgada em fevereiro de 2011 indicou que quase metade dos gerentes de RH acreditava que nossos perfis de relacionamento social irão substituir nossos currículos como peça central de avaliação por parte dos potenciais empregadores.[92] O *New York Times* noticia que algumas empresas começaram até a usar serviços de vigilância como o Social Intelligence, que pode legalmente guardar dados por até sete anos para reunir informações de mídias sociais sobre futuros empregados antes de contratá-los.[93] "No mercado atual de oferta de empregos para executivos, se você não está no LinkedIn, você não existe", disse um especialista em caça-talentos ao *Wall Street Journal* em junho de 2011.[94] Hoje o LinkedIn permite até que os usuários disponibilizem seus perfis como currículos, inspirando assim um "guru de *personal branding*"* a anunciar que a rede

---

* *Personal branding* é uma espécie de marca pessoal, produzida por uma série de ações estratégicas com o objetivo de apresentar o indivíduo ao mercado salientando aquilo que o diferencia dos demais. (N.T.)

profissional de 100 milhões de integrantes está "prestes a tirar os serviços de oferta de empregos (e currículos) do mercado".[95]

Mark Zuckerberg disse certa vez que filmes são coisas "naturalmente sociais".[96] O que ele esqueceu de acrescentar foi que, nesse admirável mundo novo da informação partilhada, currículos, filmes, livros, viagens, músicas, negócios, política, educação, compras, localização, finanças e conhecimento também são coisas *naturalmente* sociais.

Então, minha pergunta para Zuckerberg – que já tem 51% de todos os americanos com mais de doze anos de idade em sua rede e acredita que garotos com menos de treze anos devem ter autorização para abrir contas no Facebook[97] – é muito simples: Mark, por favor, me diga, há algo em sua visão de futuro que *não* seja social?

Nada. Esta, claro, seria a sua resposta. Tudo está se tornando social, diria ele. Tomando emprestada uma metáfora já um pouco usada, social é o tsunami que está modificando toda a nossa paisagem social, educacional, pessoal e empresarial. Temo que Mark Zuckerberg não esteja só ao ver o social como aquela onda que, para o bem ou para o mal, arrasa tudo em seu caminho.

O mar esmeralda

Pendurado na parede de um escritório simples do quarto andar do Vale do Silício está o quadro de uma onda gigante quebrando na praia. Em sua esteira espumante e volumosa vê-se a carcaça de um pequeno barco de pesca. Esse quadro é uma cópia de *Mar esmeralda*, paisagem do litoral da Califórnia em 1878 pintada pelo artista romântico americano Albert Bierstadt, e está exposto no escritório do Mountain View da Google, a empresa líder da Web 2.0 que agora tenta agressivamente se transformar numa força de mídia social da Web 3.0.

Não, não sou apenas eu que uso a metáfora de uma grande onda para descrever a revolução social. Na segunda metade de 2010, o Google reconheceu o fracasso do Buzz e do Wave, seus produtos de mídia social de primeira geração, e percebeu que esse tipo de mídia ameaçava transformar a líder da Web 2.0 numa retardatária da Web 3.0. Então a empresa formou um exército de elite de engenheiros e executivos de negócios, comandado por Vic Gundotra (vice-presidente sênior de negócios sociais) e Bradley Horowitz (vice-presidente de produtos), incorporando dezoito produtos Google e trinta equipes de produtos tradicionais. O que Gundotra me descreveu como "projeto" se chamava Mar Esmeralda. O nome se referia à paisagem de Bierstadt idealizada no século XIX, com a enorme onda quebrando na praia. "Precisávamos de um codinome que deixasse claro o fato de que ou havia uma grande oportunidade de navegar rumo a novos horizontes e novas coisas ou iríamos ser afogados por essa onda" – foi como Gundotra explicou o projeto que, um ano mais tarde, concebeu a rede social Google+.[98]

Bradley Horowitz descreveu o objetivo mais imediato do Mar Esmeralda: transformar o Google em uma empresa social com uma meta "alucinada e estratosférica". Mas na verdade foi uma jogada inteligente daquela que um dia foi a empresa líder em buscas, agora obrigada a brincar de pique com Facebook, Zynga, Groupon, LivingSocial, Twitter e o resto da maré da Web 3.0. Como se pode ver, na internet de hoje aparentemente tudo – eu diria absolutamente *tudo* – está se tornando social. A lógica central da internet, seu algoritmo dominante, foi reinventado para operar com base em princípios sociais – motivo pelo qual alguns sábios da tecnologia já preveem que o Facebook logo superará o Google em faturamento com anúncios.[99]

O resultado é uma avalanche de novas empresas, tecnologias e redes sociais on-line com nomes cooperativos como GroupMe, Socialcast, LivingSocial, SocialVibe, PeekYou, BeKnown, Togetherville, Socialcam, SocialFlow, SproutSocial, SocialEyes e – muito adequado à nossa era hipervisível – Hyperpublic. E não é apenas a Kleiner Perkins que está derramando bilhões de dólares em investimentos nessa economia social. Todos os aplicadores mais espertos do Vale estão se tornando sociais. Na primeira metade de 2011, por exemplo, a empresa de investimento de risco de Andreessen Horowitz, com sede no Vale do Silício, administrada por Mark

Andreessen, fundador do Netscape, o tecnólogo que deflagrou a explosão original da Web 1.0 em agosto de 1995 com a IPO histórica de sua empresa, investiu centenas de milhões de dólares em Facebook, Twitter, Groupon, Zynga e Skype.[100] Depois foi Mike Moritz, o lendário investidor de risco do Vale do Silício que aplicou em Google, Yahoo!, Apple e YouTube e hoje é membro do conselho da LinkedIn de @quixotic.[101] Chris Sacca, que o *Wall Street Journal* descreveu como "possivelmente o empresário mais influente dos Estados Unidos", hoje administra um fundo de investimentos de US$ 1 bilhão do J.P. Morgan que, no começo de 2011, aplicou centenas de milhões de dólares no Twitter.[102]

Doerr, Andreessen, Moritz, Sacca e, claro, meu velho companheiro @quixotic, todos reconhecem as mudanças profundas que estão transformando a Web 2.0 na economia da Web 3.0. O velho mercado de direcionamento da internet, dominado pelo algoritmo de busca artificial do Google, está sendo substituído pela economia do "curti", simbolizado pelo primeiro produto operacional derivado do projeto Mar Esmeralda, a busca social "+1" da Google. Descrito por M.G. Siegler, da Techcrunch TV, como uma "enorme"[103] iniciativa tecnológica, o +1, prolificamente viral – que foi lançado em junho de 2011[104] e em três meses podia ser encontrado em 1 milhão de sites da internet, gerando mais de 4 bilhões de visitas diárias[105] –, acrescenta mais uma camada social de recomendações públicas de amigos não apenas ao algoritmo artificial inumano do mecanismo de busca dominante, como também acima de sua plataforma de anúncios. "Admitam eles ou não", diz Siegler sobre o +1, "o Google está em guerra com o Facebook pelo controle da rede."

Isso porque o +1 nos permite recomendar publicamente resultados de busca e sites da internet, substituindo assim o algoritmo artificial do Google como o motor da nova economia social. No mundo +1, todos acabaremos nos tornando versões personalizadas do velho mecanismo de busca do Google – orientando o tráfego na rede em torno da transparência de nossos gostos, opiniões e preferências. Siegler tem razão. O que está em jogo nessa nova guerra entre Google e Facebook é o controle da internet. Não espanta, portanto, que Larry Page, o novo diretor executivo do Google, tenha condicionado 25% de todos os bônus concedidos aos empregados da companhia ao sucesso de sua estratégia social.[106]

Gundotra e Horowitz reconheceram o papel determinante da estratégia social quando foram ao meu programa de TV, Techcrunch, em julho de 2011,[107] para debater o lançamento informal do segundo produto, uma rede social chamada Google+ que, ainda em versão beta, teve 20 milhões de visitantes em apenas três semanas;[108] e, nos sete dias seguintes ao lançamento, em junho de 2011, aumentou o capital de mercado da empresa em US$ 20 bilhões.[109] Deixando de lado a importância do algoritmo artificial da empresa, Horowitz se vangloriou de que o Google+ colocava "as pessoas em primeiro lugar", enquanto Gundotra apresentou o Google+ como "a cola" que une todos os produtos Google – da busca algorítmica ao YouTube, GMail e à miríade de produtos e serviços anunciados.

"Então o Google agora é uma 'empresa social'?", perguntei a Gundotra.

"Sim", respondeu o vice-presidente da área social do Google sobre a comunidade Google+, que, nos cem dias seguintes ao lançamento em beta, chegara a 40 milhões de integrantes[110] e que prevê ter 200 milhões de filiados no fim de 2012.[111]

Portanto, sendo uma empresa social, não surpreende que o Google tenha acompanhado o lançamento de sua rede Google+ com a introdução, em janeiro de 2012, do "Search, plus Your World" (SPYW) – um produto Web 3.0 que Steven Levy, autor de *In The Plex* e maior autoridade mundial em Google, descreve como uma "transformação chocante" do mecanismo de busca da empresa.[112] Com o SPYW, o conteúdo da rede social Google+ substitui o algoritmo artificial da empresa como cérebro de seu mecanismo de busca; com o SPYW, o velho mecanismo de busca Google, coração e alma do mundo da Web 2.0, se torna apenas o que Levy chama de um "amplificador de conteúdo social".

No livro *1984*, de George Orwell, 2 + 2 era igual a 5. Mas, na atual era de informação social, quando todos estamos transmitindo publicamente nossos gostos, hábitos e localizações pessoais em redes como o Google+, o que poderia ser + 1 somado a + 1?

+1 + +1 + +1 + +1 + +1 + +1 + +1 + 1

Não chega a ser um *googol* – 10.000.000.000.000.000.000.000.000.000.000.000.000.000.000.000.000.000.000.000.000.000.000.000.000.000.000.000.000.000.000.000.000.000.000.000, para ser exato –, mas a economia social + 1 já se multiplicou em milhares de novos sites da internet, bilhões de dólares em investimentos e retorno, e inúmeros novos aplicativos, incorporando todas as informações pessoais das centenas de milhões de pessoas na rede social.

Essas informações pessoais, o que Bradley Horowitz, do Google, eufemisticamente chama de colocar "as pessoas em primeiro lugar", são o ingrediente fundamental, o combustível revolucionário que alimenta a economia da Web 3.0. Mas a internet também está mudando de forma radical, e sua arquitetura reflete o novo tom de discagem social do século XXI. Tudo na rede – de estrutura e navegação a entretenimento e comércio, passando pelas comunicações – se torna social. John Doerr está certo. A atual revolução da Web 3.0, essa internet de pessoas, de fato é a terceira grande onda de inovação tecnológica, tão profunda quanto a invenção do computador pessoal e da própria world wide web.

A infraestrutura comercial da internet, sua arquitetura central, passa por uma grande reforma social – de modo que toda plataforma tecnológica e todo serviço passam de um modelo Web 2.0 para um modelo Web 3.0. Browsers de internet, mecanismos de busca e serviços de e-mail – a trindade de tecnologias que moldam nosso uso diário da rede – estão se tornando sociais. Aparentemente, todos no Vale do Silício estão entrando nesse negócio de eliminar a solidão. Para concorrer com o SPYW do Google há agora os "resultados curtidos" do mecanismo de busca Bing da Microsoft, alimentado pelo Facebook,[113] bem como os mecanismos de busca Greplin e Blekko, e um mecanismo de busca "de pessoas" chamado PeekYou que já indexou os registros de mais de 250 milhões de usuários. Há browsers sociais do Rockmelt e do Firefox, e a atualização social do serviço de troca de mensagens cada vez mais onipresente do MiniBar, da Meebo. Há e-mail social do People Widget do Gmail, do Social Connector do Microsoft Outlook e de empresas novas como Xobni e Rapportiva, para velhos antiquados como eu, que ainda se valem do arcaico e-mail.[114]

Isso não acontece só com o e-mail. Todas as comunicações on-line – vídeo, áudio, mensagens de texto e *microblogging* – estão se tornando sociais. Há plataformas de vídeo social em tempo real, como Socialcam, Showyou, SocialEyes, Tout e Airtime, uma *start-up* criada pelo verdadeiro Sean Parker e por Shawn Fanning, um dos fundadores do Napster, que quase literalmente se dedica, segundo Parker, a "eliminar a solidão".[115] Há aplicativos sociais de textos e mensagens de GroupMe,[116] uma aquisição do Skype, bem como da Beluga, do Facebook, e de Yobongo, Kik e muitas outras *start-ups* de nomes impronunciáveis. Há blogging social no Tumblr, "curadoria" social no Pinterest, "conversa" social no Glow,[117] um pequeno grupo de relacionamento social do Path que conquistou quase 1 milhão de usuários em menos de um ano,[118] e comunicação social de trabalho do Yammer e do Chatter, cada qual com quase 100 mil empresas usando suas plataformas.[119] E há o Rypple, uma ferramenta social para "administração interna de funcionários" que permite que todos numa empresa deem notas a todos os demais, transformando o trabalho numa espécie de julgamento interminável em tempo real.[120]

O entretenimento também está se tornando social. Em dezembro de 2011, a página do YouTube se tornou social, enfatizando as redes Google+ e Facebook no que o leviatã do vídeo chamou de "maior redesenho de sua história".[121] Há música social e som social do Pandora, da rede Ping do iTunes, do Soundcloud e do Soundtracking.[122] Há reality shows sociais de televisão como *American Idol* e *The X-Factor*;[123] informação social sobre que filmes estamos vendo no GetGlue; redes de TV sociais como Into.Now e Philo, que revelam ao mundo nossos hábitos televisivos; e a integração com o Facebook no Hulu, que nos permite compartilhar nossas observações com todos os nossos amigos. TV social significa que todos saberão o que todos os outros estão vendo. "O Miso agora sabe a que você está assistindo, sem necessidade de registro", alerta uma manchete do *New York Times* sobre o Miso, um aplicativo de TV social que já pode reconhecer automaticamente os hábitos de assinantes da rede por satélite DirectTV.[124]

Há ainda algo mais ameaçador: a gigantesca distribuidora de filmes on-line Netflix – que, segundo se estima, já é a origem de 30% de todo o tráfego da internet[125] – está tão comprometida em integrar profundamente seu serviço com o Facebook que seu diretor executivo, Reed Hastings, contemplando um horizonte de cinco anos tal como Mark Zuckerberg, reconheceu em junho de 2011 que traçou uma "trilha de investimentos de cinco anos" para tornar o social o núcleo de desenvolvimento dos produtos de sua empresa.[126]

O setor jornalístico, outro pilar da mídia do século XX, também está tentando se transformar com a tecnologia social. Por exemplo, há matérias socialmente produzidas a partir do News.me, do *New York Times*[127] e do Flipbord, a *start-up* fundada em 2010, por trás do aplicativo de revista social para aparelhos móveis que já foi avaliada em US$ 200 milhões e que tem Kleiner Perkins e Ashton Kutcher como investidores e a rede de TV a cabo OWN, de Oprah Winfrey, como parceira na distribuição de conteúdo.[128]

De toda a mídia do século XX, a arte da fotografia, tão individual, é a mais drasticamente socializada pela revolução da Web 3.0. Centenas de milhões de dólares são investidos na fotografia social para que possamos partilhar nossos retratos íntimos com o mundo. Há fotos sociais da rede de autorretratos Dailybooth; do aplicativo incrivelmente popular Instagram; da *start-up* de fotos e jogos ImageSocial, avaliada em US$ 15 milhões;[129] e do Color, um serviço de compartilhamento de fotos "baseado em proximidade", "sem ajustes quanto à privacidade", que levantou US$ 41 milhões em 2011 antes mesmo de o produto ter sido lançado.[130]

Mas é nossa mania contemporânea de revelar nossa localização o aspecto mais desalentador da nova arquitetura coletiva da rede. Há serviços sociais de geolocalização não apenas do foursquare, Loopt, Buzzd, Facebook Places e do investimento de Reid Hoffman, o Gowalla (adquirido pelo Facebook em dezembro de 2011), mas também o aplicativo MeMap, que permite rastrear todas as entradas de nossos amigos na internet num só mapa em rede;[131] e o Sonar, que identifica outros amigos na vizinhança.[132] Há mapas sociais no Google Maps; recomendações de viagem no Wanderfly; marcação social de assentos de avião da KLM e da Malaysia Airlines no MHBuddy;[133] informações de viagem sociais em TripIt; direção social no aplicativo Waze, financiado por Kleiner;[134] a rede social de placas de carros Bump.com;[135] e, o mais bizarro de todos, ciclismo social com o aplicativo de iPhone Cyclometer, que permite que nossos amigos rastreiem, ouçam e comuniquem aos outros o lugar onde estamos e o que fazemos em nossas bicicletas.

Mesmo o próprio tempo passado e futuro está se tornando social. Proust, uma rede social projetada para estocar nossas lembranças, está tentando – em tese, com a intenção de imitar o romancista francês de mesmo nome – socializar o passado.[136] Há mecanismos de "descoberta social" como The Hotlist e Plancast, que reuniram informações de mais de 100 milhões de usuários da rede, permitindo não apenas que vejamos onde nossos amigos estiveram e estão agora, mas também que antecipemos onde estarão no futuro. Há até um aplicativo social de "intencionalidade" da Ditto que possibilita a qualquer um partilhar o que irá e deverá fazer com todos em sua rede,[137] enquanto o serviço de relacionamento social WhereBerry nos permite contar a nossos amigos que filmes queremos ver e quais restaurantes gostaríamos de experimentar.

Mas a revolução da mídia social não diz respeito apenas a *start-ups* com nomes obscuros – muitas das quais, na atual luta darwiniana pelo domínio digital, irão sem dúvida fracassar. Veja por exemplo a Microsoft, antiga líder tecnológica que agora tenta abrir caminho para a economia social lançando mão de muito dinheiro. A planejada aquisição do Skype pela Microsoft por US$ 8,5 bilhões – a maior da história da empresa –, anunciada em maio de 2011, é uma tentativa de socializar seus negócios na internet. Essa compra tenta incorporar os 145 milhões de usuários ativos do Skype numa rede social centrada na Microsoft que irá sustentar a relevância da empresa na era da mídia social.[138]

Como a Microsoft, toda empresa de tecnologia pré-social agora tenta surfar na onda esmeralda. De fato, há tantos produtos empresariais de caráter social desenvolvidos por grandes empresas como IBM (Connections Social Software), Monster.com (o aplicativo Beknown para o Facebook) e

Salesforce (Yammer) que um estudioso da área disse ao *Wall Street Journal*: "É difícil pensar numa companhia que não esteja vendendo software social empresarial hoje."[139] O mundo empresarial também adota a tecnologia da Web 3.0, e "empresas conscientes" como Gatorade, Farmer's Insurance, Domino's Pizza e Ford investem maciçamente em campanhas de marketing de mídia social. "Se você quer chegar a 1 milhão, tem de ir até onde eles vivem, e isso significa estar on-line", escreveu um dos defensores da mídia social da Ford justificando por que colocaram um carro tuitando por todos os Estados Unidos.[140]

Sim, o Sean Parker ficcional de *A rede social* entendeu: primeiro vivemos em aldeias, depois em cidades; agora vivemos cada vez mais on-line. Na verdade hoje é difícil pensar numa empresa novata da internet cujos produtos ou serviços não adotem a nova arquitetura social da rede. Essa revolução no compartilhamento de nossas informações pessoais se estende para todos os recessos imagináveis do mundo on-line e off-line. Até uma relação parcial deixa a cabeça girando. Portanto, é melhor ler os próximos parágrafos sentado.

Considerando que se espera um faturamento anual de publicidade em mídias sociais que ultrapasse o total de US$ 5,5 bilhões de 2011 e chegue a US$ 10 bilhões em 2013,[141] o negócio de anunciar on-line está se tornando social, com o crescimento vertiginoso de plataformas como RadiumOne, que oferecem anúncios com base no que nossos amigos "curtem";[142] e SocialVibe, o mecanismo de marketing de marca que alimenta a rede Zynga.[143] Há hoje centenas de novas empresas de comércio cooperativo com nomes comunitários como BuyWithMe e ShopSocially, tentando imitar o Groupon e o LivingSocial. Para os socialmente conscientes, há redes sociais para empreendedores sociais em Like Minded e Craig Connect, investimento social de CapLinked,[144] caridade social de Jumo e levantamento social de recursos em Fundly. Há redes sociais para quem gosta de comida, como My Fav Food, Cheapism[145] e Grubwithus,[146] e, como antídoto, aplicativos sociais das dietas[147] como Daily Burn, Gain Fitness, LoseIt, Social Workout; e há o Fibit – um brinquedo social que transmite ao mundo a vida sexual dos usuários.[148]

Há redes sociais como Yatown,[149] Hey, Neighbor!, Nextdoor.com e Zenergo,[150] concebidas para colocar em contato vizinhos e atividades no mundo real. Há o clone bizarro do Google+ e do Twitter, a Chime.in, que permite a você seguir "parte de uma pessoa".[151] Há descobertas sociais em ShoutFlow, que se descreve como um aplicativo "mágico" para descobrir pessoas "relevantes" nas vizinhanças.[152] Há educação social em OpenStudy, que "quer transformar o mundo num grande grupo de estudos".[153] E ferramentas de produtividade social de Manymonn e Asana,[154] relacionamentos sociais profissionais em BeKnown; relacionamentos em acontecimentos sociais em MingleBird; análises de mídia social de Social Bakers; investimento social em AngelList; informação sobre consumo social em SocialSmack; e algo que se chama "um mercado para transações sociais" em Jig.[155] Há informações sociais locais em Hyperpublic; exercício cardiovascular social em Endomondo;[156] e uma crescente infestação de redes sociais para crianças como Club Penguin e giantHello, e uma com o assustador nome de Togetherville – rede infantil que a Disney comprou em fevereiro de 2011.[157] Talvez o mais apavorante de todos seja um "mecanismo fortuito" social da Shaker – *start-up* israelense rica em recursos financeiros e muito badalada que venceu o campeonato Disrupt do Techcrunch em 2011 – que transforma o Facebook num bar virtual para conhecer estranhos.[158]

Ufa! E se essa onda vertiginosa de redes sociais não é o bastante, há leitura social – oferecendo um gigantesco "Olá" coletivo a amantes de livros de toda parte. Sim, a leitura, a mais intensamente particular e ilícita de todas as experiências individuais, está se transformando num espetáculo social que atordoa. Alguns de vocês talvez estejam lendo este livro socialmente – quer dizer, em vez de sentados sozinhos com ele nas mãos, *partilham* sua experiência de leitura, até agora íntima, com milhares dos seus mais íntimos amigos de Facebook ou Twitter com a ajuda de leitores eletrônicos e serviços sociais como os perfis Kindle da Amazon.[159] De fato, em janeiro de 2011, a Scribd, uma empresa de leitura social com a missão de "libertar o mundo escrito, colocar as pessoas em contato com as informações e ideias mais importantes para elas",[160] reuniu US$ 13 milhões para adicionar novas "características sociais" a cada aparelho móvel ligado em rede.[161] Enquanto isso, a Rethink Books, uma empresa de leitura cooperativa, lançou a Bíblia como produto socializado, talvez com a intenção de criar um "canal social direto" entre o autor do livro e seus leitores.[162]

Talvez a Rethink Books devesse adquirir a rede social de exercícios cardiovasculares Endomondo e adotar este nome. Vejam, em certo sentido, a leitura social realmente representa *o fim do mundo*. Significa o fim do leitor isolado, o fim do pensamento solitário, o fim da reflexão literária puramente individual, o fim daquelas longas tardes passadas sozinhos, apenas com um livro.

Nervoso com a futura ditadura social? Precisa de um intervalo para o cigarro com seus colegas fumantes? Não se preocupe, há um recurso de relacionamento social para fumantes, lançado por uma empresa chamada Blu, em junho de 2011, que vende e-cigarros eletronicamente fortalecidos (US$ 80 uma embalagem com cinco), permitindo ao comprador baixar sua informação de contato para computadores pessoais e se conectar com outros fumantes.[163]

Endomondo, de fato.

A SocialEyes é assustadora

MingleBird, PeekYou, Hotlist, Rypple, Scribn, Sonar, Quora, Togetherville e as milhares de empresas Web 3.0 estão criando, tijolo social após outro, uma casa de inspeção eletrônica em rede global, uma casa do século XXI, em que todos podemos assistir a todos os outros o tempo todo. Veja, por exemplo, a SocialEyes (pronuncia-se *socialize*), a nova empresa de vídeo social fundada por Rob Glaser, ex-executivo da Microsoft e diretor executivo da RealNetworks, com o apoio de uma série de grandes empresas de investimento de risco *blue chip** da Costa Oeste. Lançada em formato beta em março de 2011, a SocialEyes involuntariamente capta a matriz de

---

* *Blue ship* é uma empresa especializada em assessoria de investimento. (N.T.)

nossa era de grande exibicionismo, fazendo dela um retrato metafórico de nosso futuro coletivo.

"É como se houvesse uma parede de quadrados de vídeos, como o cenário do programa de TV *Hollywood Squares*",* explicou Glaser na interface da SocialEyes. "Você pode se ver num desses quadrados. E então começa a telefonar para qualquer pessoa de sua rede."[164] Esse é o verdadeiro retrato da rede social. Quando nos socializamos na SocialEyes, o mundo se torna o gigantesco cenário transparente de *Hollywood Squares*, e todos nos tornamos cubos em sua parede.

Vocês recordam que @quixotic havia dito que sua meta era dar à sociedade uma lupa para examinar quem somos e quem deveríamos ser, como indivíduos e como membros da sociedade. Temo que isso seja literalmente o que fazem as novas redes como a SocialEyes. Para o bem ou para o mal, parece impossível deter o surgimento dessa economia socializada, com sua lupa apontada para a sociedade e dezenas de bilhões de dólares em investimento.

Então o que dizemos exatamente ao mundo quando usamos redes como a SocialEyes de Rob Glaser, o "mecanismo social fortuito" Shaker ou a Airtime de Sean Parker – vocês se lembram, a rede social projetada, nas palavras de Parker, para "eliminar a solidão"?

"Bisbilhote minha vida" é o que estamos dizendo. *Bisbilhote minha vida* é o que todos estamos dizendo toda vez que usamos SocialEyes, Airtime, Shaker, foursquare, Into.now ou centenas de outros serviços e plataformas orwellianos que revelam ao mundo o que fazemos e pensamos. *Bisbilhotar minha vida* se tornou tão fundamental para a arquitetura da internet que há mesmo um site da rede chamado SnoopOn.me, que permite aos nossos seguidores on-line observar tudo o que fazemos em nossos computadores pessoais. Também assustador é um aplicativo chamado Breakup Notifier, que rastreia o status de relacionamento das pessoas no Facebook e então alerta a todos quando nossa vida amorosa muda e nos divorciamos ou

---

* *Hollywood Squares* é um show de prêmios em que dois concorrentes devem marcar pontos em nove telas de vídeo segundo as regras do jogo da velha. (N.T.)

terminamos o namoro. Ao ser lançado, no começo de 2011, o Breakup Notifier atraiu 100 mil usuários poucas horas antes de – felizmente – ser bloqueado pelo Facebook.[165]

Mais assustador ainda que o Breakup Notifier ou o SnoopOn.me é o Creepy, um aplicativo que nos permite rastrear num mapa a localização exata de nossos amigos de Twitter ou Facebook.[166] Com o Creepy, todos sabemos onde todos estão o tempo todo.

A arquitetura simples da casa de inspeção digital agora está ao redor de nós. Será que *1984* afinal chegou a todas as nossas telas?

2. Vamos ficar nus

"@ericgrant: Um amigo está esperando uma amiga que está fazendo um aborto, e me escreveu sobre isso. Por que isso me deixa meio sem jeito?!"

www.twitter.com/ericgrant

Vidaprópria

Sim, tudo parece desalentadoramente *orwelliano*. George Orwell provavelmente teria concordado com @quixotic, que o futuro sempre é mais cedo e mais estranho que pensamos. Escrevendo em 1948, Orwell imaginou um futuro no qual o SnoopOn.me e o aplicativo Creepy haviam se tornado lei. "Em princípio, um membro do Partido não tinha tempo livre e nunca estava sozinho, a não ser na cama", escreveu Orwell em *1984*.

> Partia-se da ideia de que, quando ele não estava trabalhando, comendo ou dormindo, estaria participando de algum tipo de recreação comunal: fazer algo que sugerisse simpatia pela solidão, até dar uma caminhada por conta própria, era sempre ligeiramente perigoso. Havia um neologismo para isso na novilíngua: era chamado de *vidaprópria*, significando individualismo e excentricidade.[1]

E havia outro neologismo na novilíngua, "rostocrime", termo também cunhado por Orwell. "Era terrivelmente perigoso deixar seus pensamentos vagarem quando estava em algum lugar público ou ao alcance de uma teletela", escreveu.

> A menor coisa podia denunciá-lo. Um tique nervoso, uma expressão inconsciente de ansiedade, um hábito de murmurar consigo mesmo – qualquer coisa que desse uma sugestão de anormalidade, de se ter algo a esconder. De toda forma, exibir no rosto uma expressão inadequada (parecer incrédulo quando uma vitória era anunciada, por exemplo) era em si crime passível de punição. Havia até uma palavra para isso na novilíngua: rostocrime, como era chamado.

Sim, como Christopher Hitchens nos lembra, Orwell ainda "é importante".[2] Em 22 de janeiro de 1984, para celebrar a introdução do Macintosh da Apple, o primeiro verdadeiro computador pessoal do mundo, o marcante comercial de Ridley Scott no SuperBowl XVIII nos dizia: "Por que 1984 não será 1984."[3] Mas isso talvez tenha sido porque "1984" se atrasou um quarto de século. Infelizmente, hoje, em meio à revolução contemporânea da mídia social, a *vidaprópria* mais uma vez tem problemas. Mas o "rostocrime" da novilíngua foi virado de ponta-cabeça em nosso mundo de intermináveis tuítes, verificações e atualizações de status. Em *1984* era crime se expressar; hoje, está se tornando deselegante, talvez até socialmente inaceitável, não se expressar na rede.

Em vez do Grande Irmão, o que existe na atual era de muito exibicionismo é o que o romancista americano Walter Kirn chama de "uma vasta legião de Pequenos Irmãos travessos, equipados com aparelhos com os quais Orwell, escrevendo há sessenta anos, jamais sonhou, e que não são leais a nenhuma autoridade organizada".[4] Os "Pequenos Irmãos" de Kirn somos todos nós, o povo – os enxeridos tanto em termos de forma quanto de função –, e nossos smartphones, tablets e bilhões de outros chamados aparelhos "pós-PC" que colocam em nossas mãos tanta tecnologia de vigilância quanto George Orwell concedeu à totalidade do regime do Grande Irmão em *1984*.

Nós – você e eu – somos o lócus do poder no século XXI. Nossas expressões e nossos sentimentos pessoais são, nas palavras do cineasta britânico Adam Curtis, a "crença que move nossa época". Portanto, de acordo com Curtis, redes sociais personalizadas são o "centro natural do mundo"; tuítes e atualizações de Facebook "reforçam a sensação de que essa é a forma natural das coisas".[5]

Redes do início do século XXI, como SocialEyes, Shaker e Airtime, invertem a tela de TV do Grande Irmão, de modo que todos se tornam um cubo de telas na parede, ao mesmo tempo observando e sendo observados por todos os outros cubos. "A invasão da privacidade – a privacidade dos outros, mas também a nossa, à medida que voltamos nossas lentes para nós mesmos, na busca de atenção a qualquer custo – foi democratizada", argumenta Walter Kirn.[6] Ele está certo. Na era industrial, a aspiração de privacidade era considerada algo garantido como a norma cultural dominante; mas hoje, quando nós, os enxeridos, viramos a teletela para nós mesmos de modo que todos possam nos assistir, é o ideal cacofônico de publicalidade de Jeff Jarvis que se torna o modo-padrão de existência.

"A privacidade está perdendo espaço para a noção de que todos os nossos pensamentos, atos ou desejos devem se tornar públicos", confirma a cientista e pesquisadora de mídias sociais da Universidade do Sul da Califórnia, dra. Julie Albright. "Nossas vidas sociais estão se tornando mais transparentes e públicas, e muitas pessoas não levam em conta o fato de que, assim que elas se expõem, ficamos expostos."[7]

A era da informação em rede

Mas, para a intelligentsia ligada, que busca "reiniciar" a condição humana, essa rede cada vez mais transparente – a Web 3.0 de @quixotic e a terceira onda de inovação tecnológica de John Doerr – representa um desdobramento positivo na evolução da humanidade. Como argumentou o engenheiro digital da alma humana, o defensor da mídia social Umair Haque, na *Harvard Business Review*, a "promessa da internet … era fundamentalmente reformar pessoas, comunidades, sociedade civil, empresas e o Estado, por meio de relações mais densas, fortes e significativas. É onde está o futuro da mídia."[8]

Porém, mesmo o bufão Haque, que se descreve para seus mais de 100 mil seguidores no Twitter como um "conselheiro de revolucionários"[9] e foi considerado pelo jornal londrino *Independent* o quinto mais influente integrante da "elite" do Twitter no Reino Unido (ensanduichado, de forma bem adequada, entre os dois comediantes Russell Brand e Stephen Fry),[10] não consegue compreender o significado grandioso da atual revolução de redes sociais invasivas como Plancast, Airtime, Hitlist, SocialEyes e foursquare. Em vez de representar apenas o futuro da mídia, a rede eletrônica do século XXI pode na verdade simbolizar o futuro pós-industrial de tudo.

Como argumentam os pregadores digitais e autores de best-sellers Don Tapscott[11] e Anthony D. Williams, em *MacroWikinomics*,[12] de 2010, a internet de hoje representa "uma reviravolta da história". Estamos entrando no que eles chamam de "era da inteligência em rede", uma mudança histórica "grandiosa", afirmam, equivalente ao "nascimento do Estado-nação moderno" ou ao Renascimento.[13] Tapscott e Williams afirmam que o tom de discagem social sempre ligado de Mark Pincus representa uma "plataforma para as mentes operando em rede" que nos permitirá "cooperar e aprender coletivamente". Ecoando a visão que há cinco anos expressou Mark Zuckerberg sobre o impacto revolucionário da mídia social na economia como um todo, Tapscott e Willliams preveem que política, educação, energia, bancos, saúde e vida empresarial serão transformados pelo que esses utopistas sociais louvam como a "abertura" e o "compartilhamento" da era da inteligência em rede.

Reid Hoffman, o rei das conexões do Vale do Silício, partilha a fé de Tapscott e Williams nessa nova economia social. Durante nosso café da manhã em Oxford, ele insistiu que a transparência na rede recompensava a integridade. Quando tudo pode ser descoberto, me explicou o antigo bolsista de filosofia moral, brota uma economia da confiança na qual nossas reputações serão determinadas pelo que os outros pensam de nós. Redes como o seu próprio LinkedIn, prevê @quixotic, ajudarão a criar uma meritocracia mais confiável, denunciando indivíduos ignominiosos e recompensando aqueles que têm integridade comprovada. Então, em vez de se tornar a "aldeia global" prevista pelo guru das comunicações do século XX, Marshall McLuhan, o mundo se reduzirá a uma versão de aldeia pré-moderna – um dormitório digital universal no qual todos saberão tudo sobre nossos atos mais insignificantes, escondidos ou – temo – imaginários.

Esse dormitório universal já existe. Na internet atual, o anonimato morreu – para o bem ou para o mal. "Hoje a rede desmascara todo mundo", berrava uma manchete do *New York Times* em junho de 2011. Explica o guru da mídia social do *Times*, Brian Stelter:

> A inteligência coletiva dos 2 bilhões de usuários da internet e as impressões digitais que tantos usuários deixam em sites da rede combinam-se para tornar cada vez mais provável que todo vídeo constrangedor, toda foto íntima e todo e-mail indelicado sejam atribuídos à sua fonte, queira essa fonte ou não. Tal inteligência torna a esfera coletiva mais pública que nunca; algumas vezes, empurra vidas pessoais para a exposição pública.[14]

No cerne desse mundo cada vez mais transparente e conectado estará o que os ideólogos do social chamam de "bancos de reputação". "Com a rede, nós agora deixamos um rastro de reputação", reconhecem Rachel Botsford e Roo Rogers em seu manifesto do consumo cooperativo, *O que é meu é seu: como o consumo colaborativo vai mudar o nosso mundo*. "A cada vendedor a que damos nota, remetente de spam que denunciamos, comentário que deletamos, ideia, vídeo ou foto que postamos, parceiro que examinamos, deixamos um registro cumulativo de como cooperamos bem e de que merecemos confiança."[15]

Mas Botsford, Rogers, Tapscott, Williams e o resto dos quixotes da mídia social estão errados ao dizer que a internet está gerando uma nova era de "inteligência em rede". A verdade pode ser o oposto. A partir do Facebook de Zuckerberg, do LinkedIn de Hoffman e do Twitter de Stone, até SocialEyes, SocialCam, foursquare, ImageSocial, Instagram, Living Social e a miríade de outras engrenagens sociais da terceira grande onda de John Doerr, a rede está criando mais conformismo social e mais comportamento de rebanho. "Os homens não são ovelhas", argumentou John

Stuart Mill, o maior crítico do utilitarismo de Bentham no século XIX, em sua defesa da liberdade individual, no livro *Sobre a liberdade*,[16] de 1859. Na rede social, todavia, em lugar de praticar o verdadeiro inconformismo, parecemos pensar e nos comportar cada vez mais como ovelhas, transformando em regra o que o crítico cultural Neil Strauss descreve como "a necessidade de pertencer".[17]

"Embora a rede tenha permitido novas formas de ação coletiva, também favoreceu novos tipos de estupidez coletiva", argumenta Jonas Lehrer, colaborador da revista *Wired* e autor de sucesso de livros sobre neurociência e psicologia. "O pensamento de grupo é mais disseminado hoje, enquanto lidamos com o excesso de informação disponível e terceirizamos nossas crenças para celebridades, sabichões e amigos do Facebook. Em vez de pensar por conta própria, simplesmente citamos o que já foi citado."[18]

A degeneração do "grupo inteligente" no que Lehrer chama de "rebanho burro" pode ser cada vez mais observada nas redes da Web 3.0. Veja, por exemplo, a rede do Vale do Silício AngelList, projetada para criar o que chama de "prova social" para empreendedores em tecnologia e investidores novatos. Como argumenta Bryce Roberts, um dos fundadores da O'Reilly AlphaTech Ventures, numa explicação polêmica de por que deletou sua conta na AngelList,[19] a "'prova social' está se transformando numa forma de pressão dos pares, na qual anjos se sentem compelidos a investir por medo de perder o bonde onde todos estão embarcando". Roberts não está sozinho no ceticismo em relação ao valor da "prova social". Outro cético da AngelList, Mark Suster, investidor de risco do GRP Partners, concorda e ainda acrescenta: "Meu maior medo é que as pessoas confundam a 'prova social' de outros investidores de destaque da AngelList com efetiva perspicácia."[20]

Mas Jonas Lehrer nos lembra que *efetiva perspicácia* significa "pensar por conta própria" – algo que, a despeito da promessa messiânica de que estamos no limiar da era da inteligência em rede, se tornou uma mercadoria cada vez mais rara na rede social. Sim, num mundo de mídia social que é dominado pelo pensamento grupal de Lehrer, "pensar por conta própria" é cada vez mais raro. "A massa esteve no cerne de alguns dos acontecimentos mais memoráveis de 2011, demonstrando o poder de grupo movido por uma identidade comum e a capacidade de tomar decisões", observou o *Financial Times* em relação a um período definido pelas ações coletivas da Primavera Árabe, os conflitos de Londres e o movimento Occupy Wall Street. "São exemplos clássicos da mentalidade de rebanho – o pensamento autorregulado de indivíduos num grupo."[21]

Ou como David Carr (@carr2n), o crítico de mídia do *New York Times*, tuitou (unindo assim o meio coletivo à sua mensagem): "Twitter = uma convenção de exibicionistas encantadores com um bocado de coisas na cabeça. Externalização de pensamento em massa cria mentalidade de colmeia."

Vamos ficar nus

Na conferência South by Southwest de março de 2011, em um discurso intitulado "Vamos ficar nus: as vantagens da publicalidade sobre a privacidade", Jeff Jarvis argumentou que a revolução da mídia social está nos mandando de volta para uma "cultura oral" pré-industrial, na qual todos iremos partilhar cada vez mais informação sobre nossos verdadeiros eus. Para Jarvis essa "publicalidade" resultará numa sociedade mais tolerante, porque tudo será sabido sobre todos; portanto, tradicionais tabus sociais, como a homossexualidade, deverão ser abalados. Jarvis argumenta que, ao revelar abertamente suas preferências sexuais na era da mídia social, o homossexual está dizendo: "Que pena, sou tão público quanto você."[22] Assim, num post de blog publicado pouco antes de seu discurso, Jarvis escreveu que "a melhor solução é ser você mesmo". Nossas reputações, disse ele, dependem de partilharmos cada vez mais nossa identidade com o mundo. "Um ato de transparência deve ser um ato de perdão", declarou Jarvis, citando o filósofo David Weinberger, do Centro Berkman da Universidade Harvard.[23]

Valendo-se de modo liberal das teorias comunitárias do pensador social alemão Jurgen Habermas, Jeff Jarvis argumenta que a mídia social nos oferece a oportunidade de reconstruir a chamada esfera "pública" dos cafés do século XVIII. Porém, em vez de abrir caminho pelo denso Habermas, mais instrutivo de se ler sobre a chamada esfera "pública" na vida pré-industrial é o escritor americano do século XIX Nathaniel Hawthorne. Seu desalentado romance sobre a vida na Nova Inglaterra puritana, *A letra escarlate*, trata da pudicícia própria à sociedade de uma cidadezinha na qual os indivíduos que só querem ser eles mesmos têm pouca ou nenhuma privacidade diante do intolerante olhar coletivo.

Não é preciso recuar à Boston do século XVII para desencavar a letra escarlate. Ela pode ser encontrada agora mesmo na internet, em fóruns sociais como o Topix, onde uma turba de linchadores demonizou publicamente indivíduos que ainda não foram considerados culpados de qualquer crime. O *New York Times* observa que o uso da mídia social pelos interioranos dos Estados Unidos com frequência é caracterizado por "núcleos de fofoca sem fundamento, estimulando o ressentimento disseminado em comunidades nas quais os laços são profundos, as lembranças duram e o anonimato é um conceito relativamente novo".[24] Na cidadezinha de Mountain Grove, Missouri, por exemplo, uma mãe de dois filhos foi acusada no Topix de ser "esquisita", uma "piranha doidona cheia de anfetamina e que tem Aids".[25] O problema do interior dos Estados Unidos com a internet é que ambos têm ótima memória. "Numa cidade pequena, os boatos duram para sempre", explica uma vítima de fofocas on-line de Mountain Grove.[26]

Vejam, por exemplo, o que a revista *Time* chama de "o julgamento do século na mídia social" – o processo em Orlando, na Flórida, da jovem mãe Casey Anthony, acusada de assassinar sua filha Caylee, de dois anos. A *Time* descreve o julgamento como "impressionantemente morno", mas isso não impediu a turba on-line de transformar a mídia social em "arena para uma sede de sangue coletiva e lasciva", dominada por comentários no Facebook como: "Sinto vontade de vomitar com eles tentando provar inocência, ela é CULPADA CULPADA CULPADA!!! Justiça para Caylee."[27]

De forma trágica, o ideal de dormitório universal e o conselho de Jarvis para "ficar nu" são mais que apenas metáforas bobas sobre a vida na rede digital. No mundo da Web 3.0, a transparência nem sempre recompensa a integridade. A verdade é que a arquitetura aberta da mídia social com frequência estimula aqueles que carecem de integridade a destruir a reputação de pessoas inocentes. Em nossa era de hipervisibilidade, bastam uma câmera de vídeo e uma conta no Skype para realmente destruir a vida de alguém.

No dia 19 de setembro de 2010, um estudante da Universidade Estadual Rutgers, em Nova Jersey, chamado Dharan Ravi tuitou sobre seu colega de quarto, de 18 anos de idade, Tyler Clementi: "O colega pediu o quarto até a meia-noite. Fui para o quarto da Molly e liguei minha webcam. Eu o vi transando com um cara. É." Alguns dias depois, após Ravi ter transmitido pelo Skype um vídeo de Clementi "transando com um cara", o jovem postou em sua página do Facebook: "Pulando da ponte gw desculpem." O corpo do estudante (que era um bom violinista), vítima do que Walter Kirn chama de "Pequeno Irmão na forma de um colega de quarto enxerido, com uma câmera",[28] foi encontrado pela polícia no rio Hudson, sob a ponte George Washington, no dia 29 de setembro.

Eis as "relações mais densas, fortes e significativas" que Umair Haque identifica em nossa era hipervisível. Utopistas sociais como Haque, Tapscott e Jarvis estão errados, claro. A época da inteligência em rede não é muito inteligente. A verdade trágica é que ficar nu, *ser você mesmo*, sob os olhares públicos da rede digital nem sempre resulta na derrubada de antigos tabus. Há pouca evidência de que redes como o Facebook, o Skype e o Twitter nos tornem mais compassivos e tolerantes. De fato, essas ferramentas virais de exposição em massa não apenas parecem transformar a sociedade em algo mais lascivo e voyeurista, mas também alimentam uma cultura da multidão intolerante, *schadenfreude* ("sádica") e vingativa.

Inevitavelmente, muito dessa lascívia se concentra no ato físico de ficar nu. Um político americano hipervisível, Anthony Weiner, deputado democrata de Nova York, publicou fotos pornográficas dele mesmo no Twitter e teve conversas eróticas com mulheres que conheceu no Facebook e no Twitter (algumas das quais eram identidades falsas criadas por seus inimigos republicanos),[29] história que até o circunspecto *New York Times* saudou com a manchete "*Hybris* nua".[30] Christopher Lee, deputado republicano de Nova York, enviou fotografias sugestivas suas para uma mulher que conhecera no Craiglist. Depois que as fotos dos dois políticos foram publicadas na internet, a histeria da mídia social em torno de seu comportamento inadequado, embora não ilegal, resultou na destruição da reputação deles e um odor coletivo de congratulação vingativa. Há também o caso de Ryan Giggs, famoso jogador de futebol galês que supostamente teve um caso extraconjugal com uma estrela do reality show *Big Brother*, Imogen Thomas. Apesar de uma decisão da Suprema Corte britânica proibindo que se divulgasse o nome do jogador, 75 mil pessoas tuitaram a identidade de Giggs – havia uma turba eletrônica claramente disposta a humilhar um atleta de talento que não lhe causara qualquer dano pessoal nem transgredira a lei.

O problema é mais cultural que tecnológico. Como argumenta o editor-executivo da National Public Radio, Dick Meyer, em seu perspicaz livro *Why We Hate Us*, de 2008, vivemos "numa era de auto-ódio", na qual "todos são parte de uma contracultura".[31] O *zeitgeist* ("espírito da época") atual é uma hostilidade corrosiva a todas as formas de autoridade – de políticos como Christopher Lee e Anthony Weiner a superastros do esporte como Ryan Giggs e Lebron James,[32] passando por ícones dos reality shows como Imogen Thomas. Assim, as redes sociais supostamente tolerantes do sonho de Jeff Jarvis na verdade alimentam a beligerância corrosiva que infectou muito do discurso público irascível e denuncista da sociedade contemporânea.

Esse cinismo beligerante não apenas é feio como também pode ser autodestrutivo. Numa cultura do tipo WikiLeaks, em que todos temos contas de Twitter e Facebook, muitos de nós caem na tentação de ser pequenos Julian Assange e denunciar publicamente nossos chefes, nossas empresas e algumas vezes até nossos clientes ou alunos. Mas o problema é que nenhum de nós é Assange de fato, com os recursos para driblar a justiça internacional e evitar as consequências de nossos atos.

"O Twitter é uma zona de perigo", alerta o colunista da revista *Time* James Poniewozic, "em especial para seus usuários mais frequentes."[33] Estamos descobrindo que a conclamação de Jeff Jarvis para que "fiquemos nus" e transmitamos nossas sinceras opiniões na internet não resulta em perdão ou mais integridade pessoal, porém em desemprego, processos criminais e humilhação pública. Assim ocorreu com: os dois operários canadenses da indústria automobilística demitidos em agosto de 2010 por escrever no Facebook comentários críticos sobre os índices de segurança de suas revendedoras;[34] as adolescentes britânicas afastadas do emprego em fevereiro de 2009 por descrever seu chefe como "chato";[35] a professora de matemática de Nova York demitida em fevereiro de 2010 por declarar no Facebook que não suportava seus alunos e desejava que eles se afogassem;[36] a voz do pato, símbolo da empresa Aflac, demitida por tuitar piadas sobre o tsunami de 2011 no Japão;[37] o bombeiro britânico julgado por enviar tuítes sobre o suposto caso extraconjugal da esposa;[38] a garota de onze anos do sul da Inglaterra que postou mensagens sexualmente pejorativas no Facebook sobre um amigo de dez anos;[39] os 11 mil tuítes ameaçadores postados sobre um líder budista de Maryland por um colega também budista.[40]

Em 1940, oito anos antes de escrever *1984*, George Orwell produziu um ensaio intitulado "Dentro da baleia", no qual, observando que "o homem comum" é "passivo", argumentava que escritores profissionais deviam se envolver ativamente nas questões sociais de sua época. "O ventre da baleia é apenas um útero grande o bastante para um adulto", escreveu Orwell. "Lá está você, no escuro espaço almofadado que se ajusta perfeitamente a você, com metros de gordura entre você e a realidade, capaz de sustentar uma postura de completa indiferença, não importando *o que* aconteça."[41]

Mas assim como uma turba ligada on-line de Pequenos Irmãos do século XXI substituiu o solitário Grande Irmão do século XX, de Orwell, a passividade de estar dentro da baleia foi substituída em nossa era da mídia social pela ignorância grosseira de muito do que se chama discurso público. Orwell estava certo em 1940 ao criticar as pessoas que se retiravam para dentro da baleia; porém, se ele estivesse aqui hoje – com 75 mil pessoas no Twitter transmitindo ilegalmente detalhes íntimos da vida sexual de estranhos, e dezenas de milhares de pessoas pedindo o sangue de uma jovem que não fora considerada culpada de qualquer crime –, ficaríamos admirados se criticasse tanto aqueles "metros de gordura", aquele escuro espaço almofadado que nos separa do que chamou de "realidade".

A lei de Zuckerberg

Em janeiro de 2011, quatro meses após Tyler Clementi saltar da ponte George Washington, dois empreendedores do Vale do Silício lançaram um aplicativo de geolocalização chamado WhereTheLadies.at, que permite aos homens utilizar informações do foursquare para rastrear bares ou boates cheios de mulheres. Dois meses depois disso, outros empreendedores lançaram o Whoworks.at, aplicativo que – usando informações do LinkedIn – revela onde trabalhamos.

Mas, em vez de WhereTheLadies.at ou Whoworks.at, o que realmente está no horizonte de cinco anos é *WhereI'm.at*. Esse é o futuro orwelliano da internet. *WhereI'm.at* – por mais desalentador que isso seja para aqueles entre nós que ainda apreciam a ilegibilidade – está sendo adotado no Vale do Silício, onde a *vidaprópria* já foi jogada na lata de lixo da história. @quixotic decididamente não está só ao declarar morte à privacidade. "A progressão para uma sociedade mais pública é evidente e inevitável", prevê o alegre determinista Jeff Jarvis sobre nossa era hipervisível.[42] Titãs da tecnologia – como Eric Schmidt, presidente-executivo do Google, Larry Ellison, diretor da Oracle, Scott McNealy ex-diretor da Sun Microsystems, Mike Arrington, fundador da Techcrunch e Robert Scoble, megaevangelizador da mídia social – concordam em declarar que a privacidade é pouco mais que um cadáver. Enquanto isso Sean Parker, primeiro presidente do Facebook, cuja nova companhia, vocês se lembram, planeja eliminar a solidão, diz simplesmente que a privacidade "não é um problema".[43] No século XXI, eles concordam, toda informação será partilhada. A privacidade individual é uma relíquia, dizem. Tem um passado, mas nenhum futuro.

Para muitos desses supostos visionários, a morte da privacidade não é diferente, em princípio, da aposentadoria do cavalo e da charrete, ou do desaparecimento da iluminação a gás das ruas da cidade. "O desconforto de hoje é a necessidade de amanhã", argumenta Sean Parker. O sumiço da privacidade é uma baixa do progresso, prometem-nos Parker e seus colegas empreendedores, apenas outra consequência da mudança tecnológica. Mas esses realizadores futuristas são limitados por sua capacidade de olhar apenas para a frente, para aquele horizonte de cinco, dez ou cinquenta anos. Eles não têm interesse na (ou conhecimento da história da) privacidade, na relação íntima entre liberdade e autonomia individuais, nas consequências sobre a *vidaprópria* do universal dormitório digital de hoje.

"Expressar nossa autêntica identidade se tornará ainda mais disseminado no próximo ano", projeta Sheryl Sandberg, chefe do escritório de operações do Facebook, sobre a contínua decadência da privacidade individual em 2012 – um desdobramento com o qual, claro, ela e sua empresa lucrarão muitíssimo. "Não haverá mais esboço de perfis, mas autorretratos detalhados de quem realmente somos, incluindo os livros que lemos, as músicas que escutamos, as distâncias que corremos, os lugares para os quais viajamos, as causas que defendemos, os vídeos de gatos dos quais rimos, nossos gostos e ligações. Sim, essa mudança para a autenticidade exigirá que nos habituemos a ela e provocará protestos de perda de privacidade".[44]

Esse banal pragmatismo em relação ao cadáver da privacidade é resumido por Scott McNealy, que, já em 1999, disse: "De todo modo, você tem zero privacidade – supere isso." Eric Schmidt, o ex-diretor do Google que confessou ter "arruinado" a estratégia de relacionamento social da empresa,[45] teve a audácia de dizer, em resposta a uma pergunta sobre o direito de sua empresa acumular nossas informações pessoais, que qualquer pessoa preocupada com a privacidade on-line tinha "algo a esconder". "Se você não quer que ninguém saiba, não faça", pontificou o intencionalmente empírico Schmidt, com uma clássica ignorância, ao estilo Bentham, sobre a complexidade da condição humana.[46] Em agosto de 2010, o ex-diretor do Google chegou a dizer ao *Wall Street Journal* que os jovens do futuro deveriam ter "o direito automático de mudar de nome ao chegar à idade adulta", em decorrência de todas as informações incriminadoras sobre eles na internet.[47]

Mais sinistro ainda, Mark Zuckerberg, reformador-chefe da revolução da mídia social, fundador e diretor do Facebook – cuja empresa está desenvolvendo o utilitarista Índice de Felicidade Bruta para quantificar o sentimento global[48] –, declarou que a era da privacidade chegara ao fim[49] e ainda disse que inventou sua própria lei histórica para explicar essa mudança drástica na vida social. "Eu espero que no próximo ano as pessoas partilhem o dobro de informação que partilham este ano; e no ano seguinte irão partilhar o dobro de informação que partilharam no anterior" – foi assim que ele apresentou a lei que leva seu nome.[50]

A "lei de Zuckerberg" é o que seu jovem autor quer possuir, em todos os sentidos. Na Conferência Facebook f8, em abril de 2010, ele apresentou sua perspectiva de transformar a rede numa série de "experiências sociais instantâneas", unidas pela tecnologia Open Graph e os Social Plugins da empresa. Zuckerberg disse na conferência que "estamos construindo uma rede em que o padrão é social".[51]

Um ano depois, na Conferência f8, de setembro de 2011, Mark Zuckerberg deu à sua lei aquilo que Liz Gannez, especialista em mídia social da AllThingsD, descreveu como "um grande empurrão".[52] Acrescentando algo chamado "compartilhamento sem atrito" à sua integração Open Graph, Zuckerberg está, nas palavras premonitórias de Ben Elowitz, empreendedor em série do Vale do Silício, "anexando a rede com ousadia" ao estabelecer um "sistema operacional social" que transformará o Facebook na "conexão para todas as ações do usuário – assistir a um vídeo, comentar uma receita, ler um artigo e muito mais".[53]

O novo sistema operacional do Facebook, introduzido na Conferência f8, de 2011, é projetado, segundo o site de jornalismo escrupulosamente imparcial Poynter, para transformar "o compartilhamento num processo automático, no qual tudo o que lemos, vemos ou escutamos é partilhado de imediato com nossos amigos".[54] O objetivo de Zuckerberg com o Frictionless Sharing no Open Graph é estimular suas centenas de milhões de integrantes a partilhar de forma automática o que leem no *Guardian* de Londres e no *Wall Street Journal*; o que escutam no Spotify e no Rhapsody; o que veem no YouTube e no Hulu; e onde exatamente dirigem, por onde voam, o que comem ou como dormem.

"Se você lê artigos no *New York Times*, por exemplo, o Facebook começará a conhecer seus interesses, perspectivas, hábitos de leitura, sua diversidade de pontos de vista, paixões e objetivos, bem como os amigos com os quais partilha o material. Ele irá saber o que você encontra – e também o que quer encontrar", diz Ben Elowitz. "Essa é uma gigantesca mudança de status quo", acrescenta ele.[55]

Não espanta que a manchete do *Financial Times* sobre o Open Graph nos aconselhe a tomar cuidado com como você compartilha;[56] ou que a manchete do AllThingsD nos alerte a fim de que nos preparemos "para a explosão do excesso de compartilhamento".[57] Também não admira que Poynter se preocupe com o "efeito desalentador" desse excesso de compartilhamento sobre a "privacidade on-line";[58] ou que Ben Werd, diretor de infraestrutura de tecnologia da empresa de *streaming* de vídeo Latakoo, descreva isso como "inegavelmente desagradável, até um ponto para o qual estamos despreparados na sociedade humana".[59]

Também assustadora é a introdução, em dezembro de 2011, pelo Facebook, da Timeline, recurso que, segundo Jenna Wortham, do *New York Times*, "faz com que todo o histórico de fotos, links e outras coisas de um usuário do Facebook seja acessível com um só clique". Como observa Wortham, a Timeline "tornará mais difícil se livrar de identidades passadas", se reinventar e esquecer o passado. "Todo cocô de rato que aparece à medida que migramos pela rede será salvo", alerta Jonathan Zittrain, professor de direito em Harvard, a respeito de um produto que dá a Mark Zuckerberg a posse da nossa coisa mais preciosa: a história de nossas vidas.[60] Talvez não surpreenda que, em 2011, a revista *Forbes* tenha situado Zuckerberg, o dono de todas as nossas histórias de vida, na posição de nona pessoa mais poderosa do mundo, mais que o primeiro-ministro britânico, os presidentes de Brasil, França e Índia, e até que o Papa.[61]

A integração entre o Open Graph e a ferramenta Timeline do Facebook é o que no Vale do Silício se conhece como uma "brincadeira de plataforma". Ao grudar plugins e botões do Facebook Connect em todos os sites da rede e em aplicativos móveis, ao automatizar a transmissão de nosso consumo on-line de mídia por intermédio de "compartilhamento sem atrito", e ao acessar nossas vidas com um único clique, o Facebook está tentando possuir a rede social. E possuir a rede social também significa possuir a todos nós. "Como nos conhece intimamente – quem somos, o que fazemos e quais são nossos interesses –, o Facebook está em condições de atender a todos os nossos desejos" – explica Ben Elowitz sobre esse novo sistema operacional social.[62] Por isso, a empresa particular de Mark Zuckerberg foi avaliada pelo Goldman Sachs, em janeiro de 2011, em mais de US$ 50 bilhões,[63] mais que o PIB anual de 80% dos países africanos[64] – um valor que o colunista de finanças William D. Cohan descreveu como "de causar vertigem",[65] mas que jornalistas de negócios respeitáveis do *Financial Times* e do *Wall Street Journal* acreditam que pode se revelar uma "pechincha" diante da crescente onipresença da mídia social.[66] Esses otimistas do Facebook podem muito bem estar certos. No fim de março de 2011, o valor do Facebook havia disparado para US$ 85 bilhões,[67] e algumas pessoas previam que a produção de Mark Zuckerberg acabaria chegando aos US$ 100 bilhões depois de sua IPO, em 2012.

Como historiador do Facebook, David Kirkpatrick argumenta: "O Facebook é baseado numa premissa social radical; a de que uma inevitável transparência irá tomar conta da vida moderna."[68] Nessa devoção à transparência, Zuckerberg, Sandberg e os outros magnatas e evangelistas da mídia social do Vale do Silício se transformaram nos reformistas sociais utilitaristas de nosso tempo. Como Jeremy Bentham, esses encantadores privilegiados do grande exibicionismo prometem que, ao nos separar como conectores individuais da rede coletiva, a tecnologia digital pode nos unir em benefício da sociedade e do indivíduo. Assim como a casa de inspeção de Bentham, isso é apresentado como um círculo virtuoso – uma escadaria mágica que nos ergue até um mundo futuro no qual a liberdade individual e a harmonia social são abundantes. Mais transparência individual nos relacionamentos por intermédio de tecnologias como o Open Graph e a Timeline, prometem os ideólogos da mídia social, leva a uma "sociedade mais saudável";[69] mais verdade leva a mais proximidade, dizem eles; e mais proximidade, prossegue a lógica, leva a uma sociedade melhor.

Mas, assim como o assustador princípio da maior felicidade de Bentham, que reduz os seres humanos a simples ábacos de prazer e dor, a assustadora concepção de identidade individual de Zuckerberg não apreende a complexidade da condição humana. Em vez daquele algo misterioso no cerne de todo ser humano, a identidade, para o jovem multibilionário, é tão quantificável quanto uma linha de código de computador. Como Bentham, Zuckerberg é um "especialista em custo e benefício em grande escala",[70] que vê a identidade humana nos termos estritamente empíricos de uma eterna criança.

"Você tem uma identidade. Ter duas identidades é um exemplo de falta de integridade", foi o que Zuckerberg – que, claro, quer possuir e lucrar com essa identidade única – observou em 2009.[71] No entanto, a noção utilitária que ele tem de identidade, assim como a ideia de Sheryl Sandberg de "autêntica identidade", elimina qualquer ambiguidade e sutileza – a humanidade inquantificável – da condição humana.

Veja, por exemplo, a MingleBird, a empresa de relacionamento em eventos criada em fevereiro de 2011[72] para tornar menos desajeitadas as relações estabelecidas durante as conferências. A MingleBird fornece algo chamado MingleWords, que dá automaticamente aos usuários a linguagem para conhecer estranhos em eventos. Na MingleBird a vida se transforma numa brincadeira de criança, um mundo huxleyano quantificável, no qual a falta de jeito social – uma das qualidades mais humanas – é substituída por uma ferramenta de relacionamento que apresenta pessoas a estranhos, de forma automática, e também atribui pontos a elas se tiram fotos juntas.

Ainda pior: a rede digital de hoje está transformando a amizade em mercadoria, para que ela se torne, literalmente, a moeda da nova economia social. Serviços on-line como Klout, PeerIndex, Kred e Hashable nos avaliam quantificando nossa influência social.[73] Cafeboat, primeiro investimento do sFund, de Kleiner, e Flavor.me e About.me,[74] adquiridos pela AOL, oferecem plataformas on-line para que grandes conectores administrem seus ativos. Há até uma "bolsa de mídia social" chamada Empire Avenue, que criou um mercado de ações de compra e venda de reputações individuais.

Riqueza corresponde a conectividade no mundo da Web 3.0. Portanto, quanto mais "amigos" você tem no Twitter ou no Facebook, mais potencialmente valioso você se torna em termos de levar seus amigos a comprar ou fazer coisas. Nós "administramos" nossos amigos no mundo do relacionamento social da mesma forma que "administramos" nossos ativos no mercado financeiro. "Há algo de orwelliano no discurso administrativo dos sites de relacionamento social", observa a sempre perspicaz Christine Rosen, acrescentando que essa terminologia encoraja "a burocratização da amizade".[75]

Sim, George Orwell ainda tem importância. "A maioria das pessoas que se interessa pela questão admitiria que a língua inglesa está fora de forma", escreveu Orwell, preocupado com a corrupção política e econômica da linguagem em seu grande ensaio de 1946 "A política e a língua inglesa".[76] No entanto, mesmo o autor da novilíngua e do Ministério da Verdade jamais imaginou a nova linguagem do Facebook – um acontecimento que Ben Zimmer, em *The Atlantic*, descreve como "o surgimento do Zuckerverbo". Na Conferência f8 de 2011, o evento em que, vocês se lembram, Mark Zuckerberg introduziu o duplipensar de "compartilhamento sem atrito", ele também lançou um novo idioma que incluía *verbos*. "Quando começamos, o vocabulário era realmente limitado. Você só podia expressar um pequeno número de coisas como de quem era amigo. Então, ano passado, quando introduzimos o Open Graph, adicionamos substantivos, para que você pudesse gostar de qualquer coisa que quisesse. Este ano estamos adicionando verbos. Vamos fazer com que você possa se conectar com qualquer coisa, de qualquer forma que deseje", anunciou Zuckerberg, sem ironia evidente.[77]

Deve-se pensar qual a nova linguagem social Zuckerberg irá introduzir na Conferência f8 de 2012 para melhorar nossa conectividade. Talvez a conjunção Zucker.

Em sua crítica à escolha de palavras de Zuckerberg, Ben Zimmer observa, em *The Atlantic*, que "a linguagem está sendo reformulada de uma maneira mais profunda, transformada em ferramenta utilitária para 'expressar' relacionamentos com objetos no mundo de um modo impressionantemente inexpressivo".[78] Essa corrupção orwelliana da linguagem, claro, é reflexo de um mal político e econômico mais profundo e perturbador. Como observa Jeremiah Owyang, analista de mídia social do Altimeter Group, o problema do Zuckerverbo e de redes utilitárias como Klout e Kred é que eles "carecem de análise sentimental".[79] Nessa economia, a amizade é transformada, de prazer particular sem valor monetário, em centro de lucros. Veja, por exemplo, o eEvent, uma nova plataforma social que recompensa financeiramente pessoas que estimulam seus amigos a ir a um evento.[80] Mas será que algum de nós quer ter "amigos" que obtêm ganhos financeiros se formos a um evento, comprarmos um bilhete aéreo ou comermos num restaurante?

Como reconheceu John Dewey, filósofo americano do século XX, nossas personalidades não são tão racionalmente egoístas, quantificáveis ou estabelecidas quanto acreditam Zuckerberg ou os outros propagadores da mídia social. Em vez de "algo completo, perfeito, acabado, um todo organizado de partes unidas pela impressão de uma forma abrangente, nossa identidade individual na verdade é algo móvel, mutável, discreto e, acima de tudo, iniciante, não definitiva".[81] Talvez por isso Dewey acreditasse que, "de todas as coisas, a comunicação é a mais maravilhosa".[82]

Isso também explica por que, como nos lembra Peggy Noonan, colunista do *Wall Street Journal* e ex-redatora de discursos de Ronald Reagan, os Estados Unidos são um lugar de "segundas oportunidades", em que a essência de nossa liberdade está assentada em nosso direito de abandonar uma identidade anterior e nos reinventar como indivíduos diferentes. "Jogadores, vigaristas, preguiçosos, terceiros filhos em culturas de primogênitos, a maioria de nós veio para cá para fugir de algo", diz Noonan sobre a complexidade cultural da experiência americana. "Nosso povo veio para cá não apenas em busca de uma nova oportunidade, mas para desaparecer, se esconder, curar suas feridas e reunir energia para, por sua vez, impressionar os cretinos em casa."[83]

De fato, a se acreditar no roteiro de Aaron Sorkin para *A rede social*, até Mark Zuckerberg é o exemplo de americano jovem que seguiu rumo ao Oeste – saindo de Cambridge, Massachusetts, para Palo Alto, Califórnia – para fugir de um relacionamento fracassado com seu parceiro original na criação do Facebook e começar tudo de novo. Mas, aparentemente, para Zuckerberg, não há nada de problemático na natureza impiedosa da transparência individual e da abertura na rede.

"Levar as pessoas até esse ponto em que há mais abertura – esse é um grande desafio", confessou Zuckerberg, com a cínica amenização típica de um porta-voz do Ministério da Verdade, sobre seu grandioso projeto histórico de reorganizar a condição humana. "Mas acho que conseguiremos. Penso apenas que levará algum tempo. O conceito de que o mundo será melhor se você compartilhar mais é algo bastante estranho para muita gente, e diz respeito a todas essas preocupações com a privacidade."[84]

Preocupações com a privacidade, não é, Mark? É, eu tenho uma ou duas.

3. A visibilidade é uma armadilha

> "Brock Anton: Cara esmagada, acertado com um cassetete, gás lacrimogêneo duas vezes, seis dedos quebrados, sangue por toda parte, acertei um maldito porco em uniforme de choque, derrubei no chão, joguei a camiseta num carro de polícia incendiado, virei alguns carros, queimei alguns Smarts, queimei alguns carros de polícia. Estou no noticiário. ... Uma palavra. ... História.
>
> Ashley Pehota: Brockkk! Apague isso!!!! São provas!"[1]

Preocupações com a privacidade

Vamos começar por três de minhas mais graves preocupações acerca da privacidade individual e da autonomia na era da inteligência em rede. De início, qual será o destino quando você, eu e todo mundo estivermos presos, para o bem ou para o mal, numa rede radicalmente transparente de "compartilhamento sem atrito" que acabou com o segredo e a solidão? Em segundo lugar, o que acontecerá dentro de oito anos, em 2020, quando tudo – carros inteligentes, televisores inteligentes, telefones inteligentes e outros 50 bilhões de aparelhos em rede – estiver conectado? Em terceiro lugar, quais são as implicações *humanas* dessa grande reforma, desse culto do social que, segundo Don Tapscott e Doug Williams, representa uma grandiosa *mudança*, equivalente ao Renascimento na história da humanidade?

Já descrevemos o plano de cinco anos de Mark Zuckerberg, de transformar o mundo numa experiência social. Mas também há um segundo plano de cinco anos ainda mais desalentador que o primeiro. De acordo com Zuckerberg, em dez anos, "mil vezes mais informações sobre cada indivíduo irão circular por intermédio do Facebook". Essa é a lei de Zuckerberg. E isso significa, prevê ele, que "as pessoas terão com elas, o tempo todo, um equipamento que está [automaticamente] compartilhando" essa cornucópia de informações pessoais.[2]

Isso representa que todos – por intermédio de redes on-line transparentes como SocialEyes, Hotlist, Open Graph, Timeline do Facebook, SocialCam, Waze, TripIt, Plancast e Into.now – saberão tudo o que fazemos, vemos, lemos, compramos, comemos e, de forma ainda mais soturna, pensamos. O que isso significa é que, em dez anos, teremos eliminado a solidão; o único lugar onde você conseguirá ter privacidade será em museus, onde seu cadáver sem dúvida será pendurado com retratos sobre a condição humana pintados por antigos mestres como Johannes Vermeer e Rembrandt van Rijn.

Mas, assim como Jeremy Bentham, Mark Zuckerberg está errado – radicalmente errado ao dizer que esse futuro *compartilhado* nos tornará mais humanos, que esse "compartilhamento automático" de informações faz do mundo um lugar *melhor*, que a lei de Zuckerberg beneficia a sociedade ou o eu. Mais que um círculo virtuoso, essa revolução da mídia social pode representar o mergulho – talvez até uma queda vertiginosa – num círculo vicioso de menos liberdade individual, laços comunais cada vez mais fracos e mais infelicidade.

Em lugar de ser o próximo Renascimento, a era da inteligência em rede pode representar uma nova Idade das Trevas, um remix não ficcional do mundo feudal de John Balliol, com suas drásticas desigualdades econômicas e culturais, sua miríade de mundos fragmentados e redes hierarquizadas de elites internacionais. Em vez de nos tornar mais felizes e conectados, o canto de sereia da mídia social – os apelos incessantes para estar digitalmente conectado; a obsessão cultural com transparência e abertura; a interminável exigência de partilhar tudo sobre nós com todos os outros – é ao mesmo tempo uma causa significativa e um efeito da natureza cada vez mais vertiginosa da vida no século XXI.

A verdade inconveniente é que a mídia social, a despeito de todas as suas promessas comunitárias, nos divide, em vez de nos aproximar; ela cria o que Walter Kirn descreve como uma "sociedade fragmentária".[3] Em nossa era digital, ironicamente, nos tornamos mais divididos que unidos, mais desiguais que iguais, mais ansiosos que felizes, mais solitários que socialmente conectados. Uma pesquisa feita em novembro de 2009 pela Pew Research sobre "Isolamento social e nova tecnologia",[4] por exemplo, revelou que membros de redes como Facebook, Twitter, MySpace e LinkedIn têm 26% menos chances de passar tempo com seus vizinhos (criando assim a necessidade de redes sociais como Nextdoor.com e Yatown, que conectam comunidades). Uma pesquisa da Brigham Young University, de 2007, analisou 184 usuários de mídias sociais e concluiu que os mais integrados em rede "se sentem menos envolvidos socialmente com a comunidade ao seu redor".[5] E uma meta-análise de 72 estudos distintos, realizados entre 1979 e 2009 pelo Instituto de Pesquisa Social da Universidade de Michigan, mostrou que os estudantes universitários americanos contemporâneos desenvolvem 40% menos empatia que seus equivalentes nos anos 1980 e 1990.[6] Até nossos tuítes estão se tornando mais tristes, segundo um estudo feito por cientistas da Universidade de Vermont com 63 milhões de usuários do Twitter entre 2009 e 2011, que provou que "a felicidade está em queda".[7]

Fato ainda mais perturbador: uma pesquisa realizada ao longo de quinze anos com trezentos usuários de mídias sociais, orientada pela professora Sherry Turkle,[8] diretora da Initiative on Technology and the Self, do Massachusetts Institute of Technology (MIT), mostrou que a atividade perpétua em rede está abalando a relação de muitos pais com seus filhos.[9] "A tecnologia se apresenta como a arquiteta de nossas intimidades", afirma Sherry sobre a arquitetura digital na qual todos vivemos. Mas a verdade, como revela sua década e meia de pesquisa, é exatamente o oposto. Ela descobriu que a tecnologia se tornou nosso "membro fantasma",[10] em particular para jovens que, segundo Sherry, estão fazendo até 6 mil anúncios por dia nas mídias sociais e não escreveram nem receberam uma carta manuscrita. Assim, não espanta que os adolescentes tenham não apenas parado de usar e-mail, mas também já não utilizem telefone – ambos são íntimos demais, particulares demais para uma geração que recorre à escrita como "proteção" contra seus "sentimentos".[11]

A conclusão de Sherry Turkle sobre o que ela chama de "família pós-familiar" sempre on-line de hoje é perturbadora, em particular quando imaginada em termos da internet como arquitetura que contém mínimos teatros nos quais estamos inteiramente sós. "Seus integrantes estão sós-juntos em seus próprios quartos, cada um num computador ou aparelho móvel ligado em rede", foi como ela concluiu seu deprimente estudo sobre nossos hábitos na internet. "Entramos em rede porque estamos ocupados, mas acabamos passando mais tempo com a tecnologia e menos uns com os outros."[12] Portanto, talvez não surpreenda que, segundo um escritório de advocacia americano, 20% dos novos casos de divórcio apontem conversas inadequadas de cunho sexual no Facebook como fator para o fim do casamento.[13] Aqui, a noção de Sherry Turkle sobre a tecnologia como algo que se apresenta "arquitetando nossas intimidades" é tristemente pressagiosa. O problema de flertar no Facebook é que a criação de Mark Zuckerberg foi planejada como dormitório público, não como quarto particular. Por isso, tantas intimidades extraconjugais no Facebook acabam na vara de família.

Não são apenas os estudiosos veteranos como Sherry Turkle que se preocupam com a solidão da vida hipervisível na era da mídia social. Jean Meyer – que tem 28 anos e é fundador de DateMySchool.com, serviço de encontros pela internet para estudantes universitários que prioriza a privacidade acima da transparência social – concorda com ela sobre o fracasso da geração conectada em estabelecer laços emocionais uns com os outros. "As pessoas do século XXI são solitárias", disse Meyer ao *New York Times* em fevereiro de 2011. "Temos muitas novas formas de comunicação, mas somos muito solitários."[14]

A tecnologia de relacionamento não apenas nos afasta dos outros, ela também está fragmentando o self. "Você só tem uma identidade", disse Mark Zuckerberg, de forma insensível. Mas, assim como está modificando todos os setores da indústria, o social também desmonta as noções tradicionais de personalidade individual – abrindo uma brecha na noção infantil e utilitária de Zuckerberg a respeito da identidade. Ao descrever o que ela chama de "prática do self multifacetado",[15] Sherry Turkle argumenta que "passamos de multitarefas para multividas".[16] Porém, enquanto cultivamos eternamente nosso self cooperativo, o que se perde é nossa experiência de estarmos sós e refletir em particular sobre nossas emoções. O resultado, explica ela, é um ser juvenil perpétuo, o tipo que ela chama de "criança confinada",[17] a pessoa que, como um dos participantes do estudo que ela realizou, acredita que "se o Facebook for deletado, eu também serei".[18]

Dalton Conley, professor de ciências sociais na Universidade de Nova York, faz uma crítica semelhante à de Sherry Turkle ao self multifacetado e conectado de hoje. Ele descreve as pessoas de nossa era digital como "intravíduos" – almas fragmentadas sempre apanhadas *entre* identidades, com "múltiplos eus brigando por atenção dentro de sua própria cabeça, ao mesmo tempo que externamente são bombardeados por inúmeros estímulos simultaneamente".[19] Em vez da identidade individual coerente e centrada do homem analógico, o "self" flexível do intravíduo reflete o fluxo perpétuo da miríade de fontes de informação da mídia social. Como observou Guy Debord – um crítico da sociedade eletrônica do século XX, em seu circunstanciado manifesto *A sociedade do espetáculo* –, a "sociedade que elimina a distância geográfica reproduz internamente a distância como separação especular".[20]

As observações sociológicas de Sherry Turkle e Dalton Conley sobre o self perpetuamente dividido e sem apoio também são partilhadas por pessoas como a neurocientista Susan Greenfield, baronesa que leciona na Universidade de Oxford. Ela – que no programa de "O Vale do Silício vem a Oxford" debateu com o fundador do Second Life, Philip Rosedale, sobre a realidade da realidade virtual – alega que redes de mídia social como Facebook e Twitter, com seus 140 caracteres, reduzem nosso intervalo de atenção e fragmentam nossos cérebros com suas atualizações incessantes e a necessidade contínua de reiterar nossa existência on-line.

"Sabemos como os bebês pequenos precisam da reafirmação constante de que existem", explica a professora Susan Greenfield, talvez também oferecendo uma explicação científica para o raciocínio de Jeremy Bentham, aquele "eterno garoto" por trás do Autoícone. "Meu medo é que essas tecnologias estejam infantilizando o cérebro até o estado de uma criança pequena, atraída por barulhos e luzes brilhantes, que tem um intervalo de atenção diminuto e vive apenas aquele momento."[21]

A aristocracia digital

Não, a mídia social não é muito social. "Os laços que formamos pela internet, afinal, não são os laços que unem", lembra-nos Sherry Turkle. Como argumenta na *New Yorker* o autor de sucesso Malcolm Gladwell numa crítica às políticas comunitaristas de Clay Shirky, "as plataformas da mídia social são construídas em torno de laços frágeis",[22] dessa forma nos transformando em perpétuos adesistas, e não em participantes ativos que teóricos políticos como Alexis de Tocqueville consideravam o ingrediente essencial de uma democracia bem-sucedida. Então, as redes de mídia social conectam pessoas que em sua maioria não se encontraram e nunca irão se encontrar, transformando essas "comunidades" em agregações libertárias de intravíduos autônomos, em movimento constante, que reinventam suas identidades quando querem e se integram, desintegram e reintegram a esses grupos com o clique de um mouse.

Tivemos um vislumbre desse futuro distópico durante os conflitos ingleses de agosto de 2011, em que o ideal utópico de "inteligência em rede" foi transformado numa versão propagada como vírus de *Laranja mecânica*. Utilizando Twitter, Facebook e o sistema de troca de mensagens particulares BBM da rede BlackBerry, da RIM, manifestantes isolados foram capazes de usar a mídia "social" para permanecer um passo à frente da polícia, agrupando-se e reagrupando-se em tempo real, à medida que destruíam bairros e saqueavam lojas. Argumentando que o uso da mídia social nos conflitos foi um "espelho" da sociedade, o presidente do conselho do Google, Eric Schmidt, insiste que não devemos "culpar a internet" pela desordem cívica.[23] Em certo sentido, Schmidt está certo; e, como ele, eu discordo veementemente dos pedidos de políticos ingleses para "apagar"[24] o Twitter e o Facebook durante as emergências ou "banir"[25] os suspeitos de baderna da mídia social. Mas Schmidt não percebe o verdadeiro sentido dos conflitos. Em vez de espelho de uma só face, a internet, como disse o Sean Parker ficcional, é onde hoje vivemos. Então, quando olhamos para a internet, estamos vendo algo que reflete não apenas a nós mesmos, mas também os valores dominantes da sociedade. Portanto, os conflitos altamente individualizados de 2011, em muitos sentidos, são impossíveis de distinguir da mídia social – são o espelho de um mundo em rede no qual vivemos sozinhos juntos. Esse é um mundo habitado pelos "intravíduos" de Conley, que coletivamente compõem a "sociedade fragmentária" de Walter Kirn. É um universo que Joshua Cooper Ramo, ex-editor da *Time*, apelida de nossa "era do impensável" – uma época caracterizada por desordem viral interminável e pandemia social em tempo real.[26]

Os conflitos niilistas alimentados pelo BlackBerry em 2011, contudo, são apenas um reflexo de nosso período de mídia social. O outro lado, politicamente mais positivo, são as atuais demonstrações populares contra a injustiça econômica, como Occupy Wall Street (OWS), movidas, em parte, por redes como Facebook e Twitter. Como um espelho da internet, o OWS é um movimento pouco organizado e hiperdemocrático que estimula todos a contar suas histórias únicas em redes, como o blog mutante do Tumblr WeArethe99Percent. Assim, os 10 mil a 15 mil tuítes por hora, as novecentas manifestações OWS marcadas em Meetup.com e os milhares de grupos no Facebook dedicados aos protestos nacionais[27] são todos um reflexo de nossa sociedade fragmentária, na qual nós, como intravíduos com múltiplos eus, usamos a mídia social como plataforma de transmissão personalizada e muitas vezes narcisista. Como observa Simon Jenkins, colaborador progressista do *Guardian*, "sem líderes, políticas nem programas além da oposição ao status quo", os protestos do OWS são, como os próprios Facebook ou Twitter, apenas ruído de fundo, uma conversa interminável, "mera cenografia".[28]

Claro que nem todos os protestos políticos organizados por intermédio da mídia social são apenas cenográficos. Eu por acaso estava em Moscou em dezembro de 2011, no fim de semana da eleição que deflagrou os protestos muito reais contra o regime de Vladimir Putin; como reconheci numa matéria para a CNN,[29] não há dúvida de que redes sociais russas como LiveJournal e Vkontakte, bem como Twitter e Facebook, foram determinantes na organização dessas manifestações populares. De fato, da praça Lubyanka em Moscou ao Zuccotti Park de Wall Street, passando pela praça Tahrir do Cairo, 2011 foi o ano em que a mídia social se tornou uma importante ferramenta de organização para contestar a injustiça econômica e política. A revista *Time* até elegeu "O Manifestante" como sua Personalidade do Ano de 2011; Kurt Andersen, que escreveu a matéria de capa dessa edição da *Time*,[30] contou em meu programa na Techcrunch que as revoltas originais da Primavera Árabe nunca teriam acontecido sem a mídia social.[31]

Contudo, mesmo no Oriente Médio contemporâneo, ainda não está claro quão determinante será o papel que a mídia social irá desempenhar na formação de governos democráticos. A julgar pela velocidade com que o otimismo político da Primavera Árabe evaporou, os sinais de que Twitter ou Facebook ajudam a construir a arquitetura da democracia no Egito, Palestina ou Tunísia não são encorajadores. O problema é que democracia política é mais que apenas o chamado "poder popular" de iludidos usuários do Facebook, comprometidos com a mesma causa política vaga. Por exemplo: um membro da mídia social palestina "Movimento 15 de Março" o descreveu como uma associação, sem líderes, de "bolhas" que ainda precisam se consolidar.[32] Já outro ativista palestino, soando como um manifestante do OWS, descreveu sonhadoramente o objetivo do movimento: "Libertar a mente de nosso povo." Porém, para a democracia se *consolidar* em organizações como o "Movimento 15 de Março", para que 2011 não se torne uma repetição de 1848 – outro ano de revoluções fracassadas contra Estados autoritários –, os líderes precisam emergir e traduzir o inquestionável poder da mídia social em movimentos estruturados, devidamente financiados, com liderança responsável e uma pauta política viável, que vá além da promessa vaga de libertar a mente das pessoas.

Ademais, a despeito da fé de Kurt Anderson no Manifestante, não está claro quão central tem sido o papel das redes sociais na derrubada de regimes repressivos no Oriente Médio – em especial quando se considera que, mesmo no Egito relativamente avançado, apenas 5% dos cidadãos usam o Facebook e 1% está no Twitter.[33] "Tivemos muitas revoluções antes do Twitter", lembrou-me George Friedman, o futurista geoestratégico e autor do sucesso de vendas *The Next Decade: Where We've Been... And Where We're Going* (2011),[34] quando participou de meu programa na Techcrunch, em abril de 2011. Friedman explicou que no Egito, no começo de 2011, a imensa maioria dos cidadãos via com desconfiança o que ele considera o levante encenado contra o regime de Mubarak. Ele me contou que a "ignorância" da mídia ocidental é "de tirar o fôlego" no que diz respeito a exagerar o papel da mídia social em rebeliões políticas contemporâneas. Isso porque a ampla utilização das redes sociais em sociedades autoritárias parece confirmar os valores liberais do Ocidente, explicou. "Se eles tuítam, devem ser como nós", foi o áspero comentário de Friedman sobre a obsessão autocentrada da mídia ocidental com o Twitter e o Facebook.

Temo que, se algumas vezes *eles* tuítam, de fato eles são *nós*. Veja, por exemplo, o caso da blogueira síria lésbica Amina Araf, presa durante a revolução de 2011 contra o regime baathista de seu país. Quatorze mil usuários do Facebook cederam seus nomes para uma campanha a fim de libertar Araf da cadeia. O único problema é que Araf se revelou uma fraude. "Ela" na verdade era Tom MacMaster, escritor americano fracassado que morava na Escócia, com tanta experiência de vida em cadeia síria quanto você e eu.[35]

Então, qual o verdadeiro valor da mídia social em regimes repressivos? "O Twitter é uma ferramenta maravilhosa para um agente secreto descobrir revolucionários", me disse Friedman. Sua análise reflete o chamado "princípio de Morozov",[36] do colunista Evgeny Morozov, da *Foreign Affairs*, pesquisador da Universidade de Stanford que, no livro *The Net Delusion: The Dark Side of Internet Freedom* (2010),[37] argumenta que as ferramentas da mídia social estão sendo utilizadas por agentes secretos em Estados não democráticos como Irã, Síria e China para espionar dissidentes. Como

Morozov me disse quando participou de meu programa na Techcrunch, em janeiro de 2011,[38] esses governos autoritários lançam mão da internet segundo um clássico princípio de Bentham: valem-se das redes sociais para monitorar o comportamento, as atividades e ideias de seus próprios cidadãos. Portanto, na China, na Tailândia e no Irã, o uso do Facebook pode ser um *rostocrime* e a arquitetura da internet se tornou uma enorme casa de inspeção, *uma ferramenta maravilhosa para agentes secretos* que já não precisam deixar as escrivaninhas para perseguir seu próprio povo. Em novembro de 2011, por exemplo, o governo tailandês alertou os usuários do Facebook que "curtiram" grupos antimonarquistas de que eles poderiam ser processados.[39] Um mês depois o governo chinês anunciou novas leis mais rígidas, determinando que as pessoas deviam se registrar com seus nomes verdadeiros nas redes sociais locais como Sina e Tencent.[40] Em janeiro de 2012, o Irã impôs aos cibercafés do país restrições igualmente "draconianas", concebidas para espionar iranianos usuários de mídias sociais.[41]

Com frequência, a visibilidade pode ser o tipo mais sangrento e trágico de armadilha. O princípio de Morozov se aplica a gangues criminosas que intimidam e até executam usuários de redes sociais como um alerta contra denúncias on-line. No México, por exemplo, onde alguns políticos especialmente reacionários querem tornar ilegal a utilização do Twitter,[42] gangues se vingaram de cidadãos que usaram mídias sociais para denunciar atividades de cartéis de drogas. Como noticiou a CNN sobre os assassinatos no México:

> Uma mulher foi amarrada e estripada; seus intestinos se projetavam através de três cortes profundos no abdômen. Os atacantes a deixaram de seios nus, pendurada pelos pés e mãos numa ponte da cidade fronteiriça de Nuevo Laredo. Um homem coberto de sangue ao lado dela estava pendurado pelas mãos, o ombro direito com um corte tão fundo que era possível ver o osso.

"Isso vai acontecer a todos que postarem gracinhas na internet", dizia um cartaz deixado perto dos corpos. "Melhor prestar atenção. Vou pegar você."[43]

Os novos *numerati**

A mídia social não é usada só por regimes ou organizações repressivas para fortalecer seu poder. Ela também aumenta as assustadoras desigualdades entre os influenciadores e as novas massas digitais. Se a identidade é a nova moeda, e a reputação, a nova riqueza da era da mídia social, então a elite digital hipervisível está se tornando uma parcela cada vez menor da população. Reid Hoffman acredita que o fortalecimento do indivíduo pela internet aumenta o que ele chama de "liquidez do indivíduo".[44] Todavia, a despeito da retórica igualitária de superconectores como Robert Scoble (@scobleizer), com mais de 200 mil seguidores no Twitter, e Jeff Jarvis (@JeffJarvis), com quase 100 mil, algumas pessoas – *pessoas líquidas*, como Scoble e Jarvis –, tomando emprestada outra das frases desalentadoras de Orwell, são muito "mais iguais que outras"[45] na rede. No Twitter, por exemplo, apenas 0,05% das pessoas têm mais de 10 mil seguidores, e 22,5% dos usuários são responsáveis por 90% da atividade,[46] o que reflete a estrutura de poder crescentemente desigual de uma economia de atenção na qual a moeda mais valiosa é ser escutado acima do ruído.

"Há uma probabilidade ainda maior de monopólio em mercados em rede como o mundo on-line", escreveu o editor-chefe da *Wired*, Chris Anderson. "O lado negro do efeito de rede é que conectores ricos ficam mais ricos."[47] Esse "lado negro" é reforçado por redes de reputação como Klout, Kred e Peer Index, que podem estar criando o que um analista chama de "sistema de castas da mídia social", em que superconectores recebem tratamento preferencial em comparação àqueles que têm baixos indicadores de reputação.[48]

As desigualdades entre conectores ricos e pobres são ampliadas ainda mais em consequência da grande recessão de 2009. "As pessoas que usam essas ferramentas [da mídia social] são aquelas com nível mais elevado

* *Numerati*: designação dos membros da elite de ciência da computação e matemática que se dedicam a analisar nosso comportamento on-line a fim de traçar padrões. (N.T.)

de educação, não as dezenas de milhões cuja posição no mundo piorou tanto", observa Zachary Karabell, colunista de negócios da revista *Time*.[49]

> As mídias sociais contribuem para a bifurcação econômica. ... A ironia é que elas ampliam a divisão social, tornando a navegação ainda mais difícil para os que nada têm. Permitem que aqueles que têm trabalho o façam com mais eficiência, e que as empresas que estão lucrando lucrem mais. Porém, até agora, fizeram pouco para ajudar aqueles que são deixados para trás. Em síntese, elas são empresas como as outras.

As observações de Karabell são precisas. Mas esse "empresas como as outras" reflete uma verdade histórica mais profunda sobre a realidade nada palatável do poder político e econômico. "Exceto em breves intervalos de tempo, as pessoas sempre são governadas por uma elite. Uso a palavra elite [*aristocrazia*, em italiano] em seu sentido etimológico, significando os mais fortes, os de mais energia e os mais capazes – para o bem e para o mal", escreveu Vilfredo Pareto, sociólogo italiano do começo do século XX, em *The Rise and Fall of Elites*.[50] Esse argumento, que mais tarde ficou conhecido como "princípio de 80-20" de Pareto, ou "a lei dos poucos fundamentais", é tão válido hoje, na era digital, quanto durante a Revolução Industrial do século XIX, quando uma nova elite de donos de fábrica substituiu a velha aristocracia possuidora de terras e investiu sua nova riqueza e seu novo poder na linguagem do livre-mercado e da democracia.

Hoje, a elite emergente do século XXI, *para o bem e para o mal*, é composta pelos banqueiros multibilionários da informação pessoal em rede, plutocratas digitais como Reid Hoffman (filósofo educado em Oxford e Stanford) e Mark Zuckerberg (cientista da computação de Harvard), cujas empresas acumulam enormes volumes de informações pessoais sobre os outros. Eles, esses donos das redes particulares, são a nova *aristocrazia* global de nossa era da mídia social, os *numerati* governantes do século XXI;[51] e é no hiato entre eles como donos e nós como produtores de informações pessoais que está a maior desigualdade de nossa economia do conhecimento.

A hipervisibilidade é uma hiperarmadilha

Michel Foucault estava certo. A visibilidade é uma armadilha. Franz Kafka poderia ter inventado o grande exibicionismo digital de hoje, com seu culto ao social e seu fetiche bizarro por compartilhar. Assim como Josef K., sem querer, *partilhou* todas as suas informações conhecidas e desconhecidas com as autoridades em *O processo*, hoje todos *partilhamos* nossas mais íntimas informações espirituais, econômicas e médicas com a miríade de serviços, produtos e plataformas de mídia social "gratuitos" como o LinkedIn de @quixotic. Considerando que o modelo de negócios predominante, ou talvez único, de toda essa economia de mídia social é a venda de anúncios, é inevitável que toda essa informação pessoal *partilhada* acabe, de uma forma kafkiana ou de outra, nas mãos de nossos "amigos" anunciantes empresariais, como Facebook e Twitter.

Como Meglena Kuneva, comissária europeia para o consumidor, disse em março de 2009, "as informações pessoais são o novo lubrificante da internet e a nova moeda do mundo digital".[52] Sim, é o combustível, mas é também o resto. "Informação é o que move nosso mundo, o sangue e o combustível, o princípio vital", acrescenta o historiador da informação James Gleick.[53]

Sim, a informação social se torna o *princípio vital* da economia global do conhecimento. É essa revolução contemporânea na geração de informações pessoais que explica a valorização vertiginosa das empresas de mídia social. Se a economia industrial do século XX foi moldada por guerras sangrentas em torno do petróleo, a economia digital é cada vez mais caracterizada por conflitos sobre seu princípio vital – a informação pessoal. Do ultraje, como a iniciativa do Open Graph do Facebook, à exploração, pelo Google, de sua tecnologia voyeurística, o Streetview, raramente há uma semana sem uma sensacional história de vazamento de informações por uma das superpotências privadas da informação na internet. Veja então que, na atual economia de mídia social, movida pela publicidade, são as informações sobre nós o que tem mais valor financeiro. Como disse ao *Wall Street Journal* um executivo de tecnologia: "Os anunciantes querem comprar acesso às pessoas, não páginas na rede."[54] Isso explica por que – algo confirmado pelo jornal – um dos setores que mais crescem na internet é o "negócio de espionar usuários da internet".[55]

Se a visibilidade é uma armadilha, então a hipervisibilidade é uma hiperarmadilha.

O problema é que nossa cultura on-line onipresente do "grátis" significa que toda empresa de mídia social – do Facebook ao Twitter, passando por serviços de geolocalização como foursquare, Hitlist e Plancast – dependem exclusivamente da publicidade para faturar. São as informações sobre nós – o "princípio vital" de James Gleick[56] – que movem essa economia da publicidade. Como argumentou Eli Pariser, presidente da MoveOn.org – outro cético preocupado com o "custo" real de todos esses serviços gratuitos –, em seu livro *O filtro invisível* (2011), "a corrida para saber o máximo possível sobre você se tornou a batalha central da era dos gigantes da internet como Google, Facebook, Apple e Microsoft".[57]

"É impossível para uma empresa de publicidade digital se importar muito com a privacidade, porque o usuário é o único ativo que ela tem para vender. Mesmo que fundadores e executivos se importassem com a privacidade, eles não poderiam fazer isso: os incentivos econômicos para seguir em outra direção são fortes demais", disse-me Michael Fertik, diretor executivo da empresa Reputation.com, no Vale do Silício, dedicada a proteger nossa privacidade on-line. O argumento de Fertik é reiterado por Douglas Rushkoff, teórico de mídia e colunista da CNN, ao explicar que, em vez de sermos clientes do Facebook, "somos seu produto".[58]

Sharon Zukin, professora de sociologia da Universidade Municipal de Nova York, vai ainda mais longe que Fertik ou Rushkoff em sua crítica ao fascínio da mídia social. "Nossos corpos e nossas histórias estão sendo abertos, colonizados e esgotados pelas mesmas pessoas que querem nos vender coisas. Empresas de compras on-line se tornam mestras nessas tecnologias de coação e sedução simultâneas."[59]

Sim, nós – eu, você e as outras 800 milhões de pessoas no Facebook "gratuito" – somos o produto que é simultaneamente coagido e seduzido. Somos as informações personalizadas que o Facebook e muitas outras empresas sociais vendem a seus anunciantes. O problema é que, quanto mais essas empresas da Web 3.0 nos rastreiam, mais eficazes e valiosos são seus anúncios. Uma pesquisa de Catherine Tucker, professora da Sloan School of Management do MIT, descobriu que a eficácia do marketing on-line cai em 65% quando o rastreamento de usuários on-line é regulado. O rastreamento na rede, disse a professora Tucker em depoimento ao Congresso americano, permite às empresas "entregar anúncios on-line de uma forma extraordinariamente precisa" – uma precisão que aos consumidores parece ser "assustadora", acrescentou ela.[60]

Os incentivos econômicos do mercado publicitário de US$ 26 bilhões anuais são tão fortes que houve uma enorme ampliação no investimento do Vale do Silício nessas empresas de rastreio que miram em nossas informações pessoais on-line. Segundo o Dow Jones VentureSource, entre 2007 e o começo de 2011 investidores de risco aplicaram US$ 4,7 bilhões em 356 empresas de rastreamento como eXelate, Media6Degrees, 33Across e MediaMath. Essas empresas todas "tentam encontrar melhores conjuntos de informações sobre os indivíduos" – foi como um investidor de risco explicou ao *Wall Street Journal* o atual surto de investimentos. "Os anunciantes querem comprar indivíduos. Eles não querem comprar páginas na rede."[61]

O inimigo da *vidaprópria* de Orwell, o Grande Irmão, chegou a todas as nossas telas. Hoje ele leva o nome de empresas de rastreamento como eXelate, Media6Degrees, 33Across e MediaMath. Ele quer nos comprar. E não vai nos deixar em paz.

Esse abismo – entre nós, o "produto" de Rushkoff, e os anunciantes que querem saber tudo sobre nós, entre os produtores de conhecimento pessoal e aqueles que buscam lucrar com essa informação – é bem captado pela romancista inglesa Zadie Smith. "Para nós mesmos, somos pessoas especiais, documentadas em fotos maravilhosas, e por acaso também compramos coisas. ... Para os anunciantes, somos nossa capacidade de compra ligada a algumas poucas fotos pessoais relevantes", escreveu ela na *New York Times Review of Books*.[62]

As coisas ficaram tão assustadoras na internet que em 2010 o *Wall Street Journal* dedicou uma série em cinco capítulos de reportagens investigativas sobre o negócio orwelliano de nos espionar, intitulada, de forma muito adequada, "O que eles sabem".[63] Contudo, nem Kafka nem Orwell em seus momentos mais surreais poderiam ter inventado a história do aplicativo móvel em tempo real que está sempre nos vendo. Mas a "eterna criança" Jeremy Bentham sonhou com esse cenário quando dava consultoria à déspota esclarecida russa Catarina a Grande. E ele o chamou de casa de inspeção.

Em dezembro de 2010, o *Wall Street Journal* publicou que "aplicativos" de serviços populares como TextPlus, Pandora e Grindr, em iPhones e telefones Android, repassam nossas informações a terceiros. Como o diretor administrativo da Mobile Marketing Association americana relatou ao *Journal*, "no mundo do celular, não há anonimato. Um celular está sempre conosco. Está sempre ligado."[64] Por isso, a Apple – que pagou aquele anúncio de televisão muito original explicando por que 1984 na verdade não seria como *1984* – hoje enfrenta um processo coletivo alegando que "informação não pessoal" coletada por sites como o Pandora e o Weather Channel está sendo usada para nos identificar e ao nosso comportamento pela internet.

Não são apenas os aplicativos que nos vigiam. Numa economia on-line, movida mais por "curtir" que por "links", mesmo coisas como os botões "curtir" do Facebook, "+1" do Google e "Tweet" do Twitter estão nos vigiando. Como relatou o *Wall Street Journal* em maio de 2011,[65] essas bugigangas "prolíficas", que foram adicionadas a algo entre 20% e 25% dos mil maiores sites da internet, permitem que redes como Facebook, Google e Twitter rastreiem os hábitos de navegação dos usuários. Para ser seguida por um desses botões, a pessoa só precisa ter entrado numa rede social uma vez, no mês anterior. Então, independentemente de clicarmos um botão, os *widgets* informam o Facebook, o Google e o Twitter a respeito de todos os sites que visitamos, transformando essas redes sociais em casas de inspeção oniscientes de nosso comportamento on-line.

"Estamos assistindo a uma corrida rumo ao cerne da privacidade", explicou-me Fertik, da Reputation.com. "As empresas da 'velha guarda' que não se sentem à vontade vendendo tanta informação detalhada sobre você são obrigadas a fazer isso por causa das empresas 'empolgadas', que não reconhecem esses limites éticos ou empresariais, e, portanto, estão cobrando mais pela audiência."

O Facebook é a mais visível e agressiva dessas empresas empolgadas. Como argumenta Julia Angwin, do *Wall Street Journal*, o Facebook transforma o ato de fazer amizade em algo "obsoleto" ao nos permitir saber tanto sobre a intimidade de conhecidos distantes quanto de nossos amigos mais próximos. Em junho de 2011, a empresa chegou até a introduzir um "superassustador" sistema de marcação de rostos que escaneia automaticamente nossas fotos e identifica nossos amigos.[66] "Da mesma forma que o Facebook transformou amigos em mercadoria", explica Julia Angwin, "ele reuniu nossas informações pessoais – atualizações, fotos de bebês, cartões de aniversário – e as acondicionou para embalar e vender."[67]

Tecnologia de reconhecimento facial, claro, é algo muito assustador. Pesquisadores da Universidade Carnegie Mellon descobriram que essa tecnologia pode agora ser usada até para prever com exatidão nossos números de seguro social.[68] Enquanto isso, no começo de 2011, o *New York Times* nos alertou para algo ainda mais espantoso que aplicativos enxeridos ou tecnologia de reconhecimento facial onisciente: "Computadores que veem e vigiam você."[69] A semelhança com a casa de inspeção de Bentham é assombrosa – ou, como poderia dizer um metafísico da mídia social como Steven Johnson, "um feliz acaso".[70] Segundo o relato do *Times*, esses computadores – que incluem programas de inteligência artificial projetados para reconhecer expressões faciais e ações em grupo – começaram nas prisões, mas agora são utilizados em hospitais, shopping centers, escolas e escritórios. Tudo isso, claro, se soma à ideia simples de arquitetura de Bentham, com a qual já estamos bem familiarizados. "No trabalho ou na escola, a tecnologia abre a porta para um supervisor computadorizado que está sempre vigiando", alerta o *New York Times* sobre nossa era hipervisível. "Você está prestando atenção, divagando ou sonhando acordado? Em lojas e shoppings, a vigilância inteligente poderia levar o rastreamento comportamental até o mundo físico."[71]

Esse supervisor computadorizado pode já estar em seu bolso, fazendo de WhereI'm.at o modo-padrão de quem tem um smartphone Apple ou

Google. Isso porque nossos aparelhos – tomando emprestado o assustador título de um livro do especialista em segurança eletrônica Robert Vamosi – já estão nos *traindo*. Dois cientistas especializados em informação descobriram que todos os iPhones da Apple registram nossa localização e salvam todos os detalhes em arquivos secretos do aparelho "inteligente", que depois são copiados para os computadores quando sincronizados ao iPhone. "A Apple possibilitou que praticamente qualquer um – um cônjuge ciumento, um detetive particular – com acesso a seu telefone ou computador receba informações detalhadas sobre onde você esteve", contou um dos pesquisadores na conferência muito apropriadamente batizada de "Where 2.0", em abril de 2011.[72]

Aquele aparelho inteligente de bolso também deveria preocupar os proprietários de smartphones como o Android do Google. No fim de abril de 2011, o *Wall Street Journal* noticiou uma pesquisa mostrando que telefones Android registravam sua localização a intervalos de segundos e transmitiam as informações para o Google várias vezes por hora.[73] Como argumentou Nicholas Carr,[74] o Google está nos fazendo de trouxas, mas a própria empresa é tudo, menos trouxa. Como Steve Lee (gerente de produto do Google) revelou num e-mail de 2010 que se tornou público, informações de localização são "extremamente valiosas" para o mecanismo de busca. "Não é possível exagerar a importância da base de dados de localização Wi-Fi do Google para nossa estratégia do Android e produtos móveis", acrescentou Lee nesse e-mail para Larry Page, um dos fundadores do Google e seu atual diretor executivo.[75]

Mas não são apenas os donos de smartphones que deveriam ficar paranoicos com seus aparelhos oniscientes. Em dezembro de 2011, a Amazon – que produz o popular tablet Kindle – registrou uma patente que usa dispositivos móveis para saber onde estivemos e nossa atual localização, e ainda é capaz de determinar para onde vamos a seguir. Como a Apple e o Google, a Amazon quer ser dona de nós. Por saber onde estivemos e para onde iremos, essa "patente Grande Irmão" promete ser um intrusivo algoritmo de coação e sedução digital.[76] De fato, a Amazon está disputando com a Apple e o Google o controle da economia de serviços baseados em localização (que tem um crescimento acelerado), um mercado de US$ 2,9 bilhões (em abril de 2011) e que, segundo a empresa de pesquisas Gartner, irá quase triplicar, atingindo 8,3 bilhões em 2014. Sim, a revolução da Web 3.0 de Reid Hoffman, aquela avalanche de "identidades reais gerando enormes volumes de informação", é uma realidade, e por isso Amazon, Google e Apple correm para reunir informações de localização que lhes permitirão construir enormes bases de dados capazes de identificar automaticamente nossa localização exata com os smartphones.

É uma ironia desalentadora o fato de que os aparelhos oniscientes, no coração do que um guru da mídia social descreve como nossa "economia da confiança",[77] sejam fundamentalmente não confiáveis. Como observa Dan Gillmor, autor de *We the Media*, até o *Wall Street Journal*, o jornal que fez o belo trabalho de denunciar a crise da privacidade on-line, está conectando "informações de identificação pessoal com dados de navegação na rede sem autorização do usuário".[78] Sim, nossos *gadgets*, e mesmo alguns de nossos jornais, estão nos traindo.[79] Então, em quem exatamente *podemos* confiar nessa "economia da confiança"?

Aparentemente, em ninguém. A revista *New Scientist* relata que estudiosos americanos e chineses desenvolveram um software que, gostemos disso ou não, será capaz de determinar nossa localização, com margem de erro de algumas centenas de metros, apenas pelo exame de nossa conexão de internet. Essa nova tecnologia, desenvolvida em conjunto por cientistas da computação da Northwestern University e da Universidade de Ciência Eletrônica e Tecnologia da China, em Chengdu, permitirá que anunciantes, criminosos, órgãos de segurança e mesmo amigos e parentes espreitem qualquer um que por acaso esteja usando um aparelho em rede.[80]

Grande Informação

"Grande Petróleo, Grande Comida, Grande Farma. Acrescente mais uma ao catálogo de grandes corporações que preocupam a muitos de nós, os pequeninos: Grande Informação", escreveu Natasha Singer no *New York*

Times do fim de abril de 2011, na semana seguinte às denúncias sobre os smartphones da Apple e do Google.[81]

Já está preocupado?

Muitos estão – um em cada quatro americanos, para ser preciso. Uma pesquisa divulgada em janeiro de 2011 revelou que mais americanos se preocupam com a violação de sua privacidade on-line que com a possibilidade de desemprego ou de ir à falência. Essa pesquisa, realizada pela empresa de pesquisas de mercado YouGov e publicada no "Dia da Privacidade das Informações", descobriu que 25% dos americanos temem ser vigiados on-line e ter sua privacidade violada, mais que os 23% que se preocupam com falência e os 22% que temem perder seus empregos.[82] Porém, mais que o Grande Irmão, o que mais tememos é a Grande Informação; uma pesquisa da Universidade do Sul da Califórnia de junho de 2011 mostra que quase metade dos americanos adultos usuários da internet temem as empresas enxeridas, contra apenas 38% que se preocupam com um governo xereta.[83]

Então, como essa Idade das Trevas remixada – com seus 0,05% de superconectores *literati* líquidos como @scobleizer e @quixotic, sua subclasse de intravíduos ansiosos e solitários, sua ortodoxia ideológica de abertura e transparência que torna cada vez mais impossível para qualquer um ficar sozinho – tomou conta de nós? Quais são as origens intelectuais, tecnológicas e econômicas dessa era da inteligência em rede do século XXI – uma época em que, nas palavras de Sherry Turkle, estamos todos *sozinhos juntos*? Como a era da grande exibição, por metástase, se transmutou na era do grande exibicionismo?

Os próximos capítulos oferecem ao leitor uma história vertiginosa da mídia social que liga a casa de inspeção industrial de Jeremy Bentham ao Open Graph de Mark Zuckerberg. Para começar essa história, deixem-me mostrar outra imagem que vocês provavelmente já viram – uma imagem tão assustadora que não há um, mas três cadáveres por trás dela.

4. Vertigem digital

> "Como acontece com todos os grandes filmes, filmes realmente importantes, não interessa o quanto tenha sido dito e escrito sobre eles, o diálogo continuará para sempre. Porque qualquer filme tão grande quanto *Um corpo que* cai exige mais que um sentido de admiração – exige uma reação pessoal."[1]
>
> Martin Scorsese

Três mentiras e três cadáveres

O quadro se chama *São Francisco em julho de 1848*. É uma paisagem com algumas casas de fazenda batidas pelo vento, ao lado da baía, pintada no mesmo estilo romântico do século XIX que o *Mar esmeralda* de Albert Bierstadt. Há um cavalo com dois cavaleiros no primeiro plano, e um conjunto de morros nus se ergue a distância. Essa cativante cena pastoril do século XIX foi pintada voltada para o norte – e o artista imagina São Francisco a partir da península sul, na perspectiva do vale entre as cordilheiras Diablo e Santa Cruz, uma área de 77 quilômetros quadrados chamada, durante a maior parte do século XX, de vale de Santa Clara, hoje mais conhecida como Vale do Silício.

Agora acelere cem anos. Estamos na metade do século XX, em São Francisco, e a pequena aldeia varrida pelo vento ao lado da baía se transformou numa pujante metrópole tecnológica e industrial, um centro de produção para os setores naval, de defesa e eletrônica. Dois antigos colegas de faculdade, ambos formados em Stanford, a universidade situada mais ao sul da península, fundada pelo magnata das ferrovias do século XIX Leland Stanford, olham para esse quadro. Um deles, grisalho e levemente envelhecido, ex-detetive de São Francisco chamado John "Scottie" Ferguson, está de pé perto da pintura, enquanto o outro, Gavin Elster, elegante magnata da construção naval, com um bigode bem-cuidado, faz comentários sobre o quadro, por trás da escrivaninha de seu escritório.

Há um forte contraste entre o quadro simples e o decorado escritório de Elster em São Francisco. O industrial de meia-idade – que administra o estaleiro para a família de sua jovem esposa – está sentado a uma grandiosa mesa de mogno, no escritório suntuosamente mobiliado. As paredes revestidas de madeira exibem gravuras raras e *memorabilia* marítimas exóticas. Atrás da mesa de Elster há uma janela cavernosa com uma vista panorâmica para seus domínios industriais que poderia servir de modelo para a casa de inspeção de Jeremy Bentham. De sua janela o magnata pode ver todo o estaleiro – dos guindastes que giram e dos cascos ainda pela metade ao pequeno exército de operários empregado naquele empreendimento industrial de grande escala e trabalho intensivo.

Os dois homens comparam a São Francisco rural de meados do século XIX com a cidade industrial de meados do século XX.

"Bom, São Francisco mudou", diz Elster numa voz tão meticulosamente talhada quanto seu terno escuro. "As coisas que São Francisco significa para mim estão desaparecendo depressa."

"Como tudo isso?", retruca Scottie, estendendo os braços enquanto se aproxima mais da pintura de São Francisco em julho de 1849.

"Sim, eu teria gostado de viver ali na época", confessa Elster, e sua voz distinta compete com o zumbido dos guindastes no estaleiro, do lado de fora. Ele recosta novamente na cadeira de couro, ergue os olhos para o teto e acrescenta: "Cor, agitação, poder, liberdade."

À primeira vista essa conversa entre o industrial rico e o ex-policial parece uma interação social particular entre dois antigos colegas de faculdade a quem o destino tratou de formas diferentes. Na realidade, é o oposto. Tudo nessa conversa inteiramente pública na verdade é uma mentira. Ela não tem uma só palavra de verdade.

A primeira mentira é que estamos na ficção, não na vida real. Esse encontro entre Gavin Elster e Scottie Ferguson é parte do filme *Um corpo que cai*, de Alfred Hitchcock, de 1958 – um drama de Hollywood do século XX, ricamente produzido e encenado com minúcias, ao qual nós, a plateia de massa, pagamos para assistir, com atores profissionais interpretando as vidas particulares de personagens ficcionais. Tudo no cenário dessa produção financiada pelos estúdios Paramount é inventado – da pintura falsa no escritório falso[2] até a conversa falsa[3] entre o falso Scottie Ferguson, interpretado por James Stewart, e o falso Gavin Elster, interpretado por Tom Helmore. Não há verdades óbvias nessa cena de *Um corpo que cai*. Ela é uma espiral[4] de mentiras.

A própria pintura, com sua paisagem bucólica, também é uma mentira. Em vez de paraíso rural, a São Francisco de julho de 1849 era um inferno urbano protoindustrial. Dezoito meses antes, no começo de 1848, aquele ano fatídico de revoluções europeias fracassadas, havia apenas 12 mil colonos na Califórnia – o que a deixava mais parecida com o estado natural idílico representado no quadro da parede de Elster. Mas, em 24 de janeiro de 1848, um carpinteiro excêntrico chamado James Marshall descobriu ouro no American River, em Sutters Mill, uma serraria no sopé das montanhas Sierra, cerca de 80 quilômetros a nordeste da baía de São Francisco. Em dezembro de 1848, o presidente James Knox Polk, confirmando os boatos em sua mensagem de despedida ao Congresso, deflagrou a mais frenética corrida ao ouro da história; foi uma obsessão tão dramática que, em 1849, a população da São Francisco cada vez mais industrial e urbana podia dobrar a cada dez dias – taxa de crescimento social meteórica que rivaliza com a da comunidade do Facebook mais de 150 anos depois. Apenas em 1849, mais de quinhentos barcos deixaram portos no leste rumo à baía de São Francisco, repletos de dezenas de milhares de sonhadores – os "jogadores vigaristas, preguiçosos, terceiros filhos em culturas de primogênitos" de Peggy Noonan –, todos em busca de escapar do passado e de abrir as cortinas para o segundo ato de sua vida.

Mas mesmo a "cor, agitação, poder e liberdade" que Elster romantiza sobre a São Francisco de 1849 é mentira. Como disse certa vez F. Scott Fitzgerald, cronista de um posterior surto coletivo de exuberância irracional, em vívido contraste com a leitura que Peggy Noonan faz da história, "não há segundo ato nas vidas americanas".[5] Infelizmente, isso foi verdade para a imensa maioria dos garimpeiros de 1849, como tem sido para os participantes de todas as outras manias da história americana – da explosão do mercado de ações de Wall Street nos anos 1920, que o próprio Fitzgerald narrou em *O grande Gatsby*, à exuberância social irascível da contracultura dos anos 1960 e à histeria das ponto.com do final dos anos 1990.

"Foi a corrida do ouro como ilíada, como uma expedição desastrosa a litorais estrangeiros."[6] Assim descreve Kevin Starr, autor de uma muito aclamada história da Califórnia, em vários volumes, a São Francisco de 1849. A verdade é que, como Gavin Elster, esses caçadores de fortunas do século XIX haviam se apaixonado por algo que em grande medida não existia. Como observou Gray Brechin, outro cronista da história vertiginosa de São Francisco, "a maioria deixou as 'escavações' amargamente desapontada".[7] No verão de 1849, São Francisco se tornara um campo de mineração de alta tecnologia, tomado por vagabundagem, alcoolismo, doença, suicídio e assassinato – mais um cemitério antissocial de sonhos partidos que a comunidade idílica de "cor, agitação, poder e liberdade" de Elster.

Mas a terceira mentira é a mais mortal de todas. Em *Um corpo que cai*, de Hitchcock, Scottie está sendo enganado por Elster, que quer levá-lo a se apaixonar por um cadáver. O magnata da construção naval convidou o ex-policial a seu escritório sabendo que ele sofre de acrofobia, um medo patológico de altura que o acometera desde que não conseguiu impedir um colega policial de despencar para a morte de um telhado de São Francisco. Sua vertigem é tão debilitante que até ficar em pé sobre uma cadeira deflagra em Scottie uma tontura paralisadora, com o mundo girando cada vez mais rápido ao seu redor. Ela incapacitou o ex-detetive de São Francisco. Ele já não consegue funcionar em sociedade.

Então, após expressar sua falsa nostalgia sobre a São Francisco de julho de 1848, Elster inventa uma história sobre a obsessão de sua esposa Madeleine por uma ancestral suicida do século XIX e contrata Scottie para seguir a bela jovem enquanto ela circula de carro pela cidade. Assim começa a desastrosa expedição de Scottie Ferguson para litorais estrangeiros. A loura que Scottie segue pelas ruas sinuosas de São Francisco é uma armadilha. Madeleine Elster é tudo, menos sua própria imagem. Ela é uma farsa que, não diferente das tecnologias de compras sociais de hoje, foi projetada para seduzi-lo e coagi-lo.

Ao contrário da afirmação de Mark Zuckerberg, de que todos temos só uma identidade, Madeleine, a loura etérea, é também Judy, a morena humana. Ela aceitou o conselho de Eric Schmidt e se reinventou. Em vez de Madeleine Elster, na verdade é a jovem amante de Elster, uma lojista morena do Kansas chamada Judy Barton,[8] que pinta o cabelo e usa roupas refinadas[9] para interpretar o papel de herdeira da construção naval.

No começo o plano funciona à perfeição. Scottie é transformado na fantasia voyeuristica de Jeremy Bentham – o olho da câmera onipresente, a sombra de Madeleine, o inspetor de todos os seus movimentos. Primeiro ele a segue até a pequena igreja de Mission Dolores, onde, atrás de um túmulo, a vê colocar flores na cova de sua ancestral do século XIX. Depois segue Madeleine ao Museu do Palácio da Legião de Honra da cidade, onde, escondido atrás de uma porta, vê a jovem olhar hipnotizada para uma pintura de sua ancestral – uma bela figura com joias que de tal modo lembra Madeleine que ela parece se contemplar narcisisticamente num espelho.

O ex-detetive não sofre apenas de acrofobia, mas de um voyeurismo compulsivo – quadro que poderíamos apelidar de "olhos sociais". Tudo o que pode fazer é observar Madeleine. Como François Truffaut observou sobre o papel de James Stewart como Scottie Ferguson, ele "não precisa demonstrar emoção: ele simplesmente olha – trezentas ou quatrocentas vezes".[10] De fato, Scottie fica tão completamente fascinado pela identidade reinventada de Judy como herdeira de São Francisco que, tendo resgatado a loura da baía, sob a ponte Golden Gate, depois que ela, sonhadora, cai na água, apaixona-se por ela. Há então o assassinato. Elster mata sua verdadeira esposa e joga o corpo do alto de uma torre de igreja no mesmo instante em que a falsa Madeleine ensaia um salto suicida do mesmo prédio. Enquanto isso, Scottie, afetado pela vertigem e duplamente traumatizado pela incapacidade de seguir Madeleine até o alto da escadaria em espiral da torre e a aparente morte trágica da moça, sofre um colapso nervoso e é internado num asilo mental de São Francisco.

Entre as muitas razões pelas quais os críticos consideram *Um corpo que cai* a mais horripilante investigação da condição humana realizada por Hitchcock[11] está a assustadora sequência de cenas que acompanham o falso suicídio. Depois que Scottie recebe alta do asilo, ele encontra por acaso Judy Barton – que nesse meio-tempo foi abandonada por Elster – numa rua de São Francisco. Vendo em Judy sua antiga amada (mas não tendo acesso à tecnologia de reconhecimento facial para se certificar de sua verdadeira identidade), ele a detém e a obriga a pintar os cabelos e vestir as roupas de Madeleine. E assim, a lojista do Kansas mais uma vez se transforma na herdeira da indústria naval, permitindo a Scottie, que vê sua amada Madeleine em todas e em tudo, ressuscitar e depois fazer amor com um cadáver.

A terrível verdade é afinal revelada a Scottie na penúltima cena de *Um corpo que cai*. Quando Judy volta a interpretar Madeleine, ela se trai ao pôr um colar vermelho-sangue que também havia sido usado pela Madeleine original. São os segundos mais assustadores do filme. Ele afinal vê a verdadeira imagem da mulher – uma farsa, cúmplice de assassinato. A câmera congela-se por um momento na boca entreaberta e nos olhos azuis fixos de Scottie enquanto ele, em silêncio, compreende o crime a que havia sido exposto, tanto como cúmplice inocente quanto como vítima.[12] Inicialmente parece que sua epifania – a compreensão de que tudo em que acreditara havia sido uma mentira – terá um impacto catártico sobre ele. Mas, sendo Hitchcock, mesmo essa catarse se revela uma ilusão.

"Tenho uma última coisa a fazer, e então estarei livre do passado", diz Scottie a Judy na cena final do filme, enquanto seguem de carro de São Francisco rumo ao sul, para a missão do século XVIII, San Juan Bautista, local do crime original.

"Nem sempre se consegue uma segunda chance – você é minha segunda chance", diz Scottie a Judy, sem fôlego, enquanto, superando seu terrível medo de altura, arrasta-a novamente para o alto da escadaria circular da torre da igreja de onde o corpo de Madeleine Elster foi atirado.

Na verdade, não é uma segunda chance – como F. Scott Fitzgerald nos lembra, as segundas chances são uma grande ilusão na loteria da vida americana.

Então, em vez de se libertar inteiramente do passado, *Um corpo que cai* termina com um segundo cadáver, o salto assustado de Judy da torre e a morte de todos os sonhos de Scottie. Assim, por trás de *Um corpo que cai* de Hitchcock há dois grandes cadáveres, ou talvez três, caso se inclua Scottie Ferguson, a alma iludida e solitária que se apaixona por uma quimera – algo que não existia nem podia existir.

Cor, agitação, poder, liberdade

Nem tudo em *Um corpo que cai* é inventado. Embora a cena no escritório de Elster tenha sido filmada num estúdio de Hollywood, parte do filme realmente foi feita em locações na área da baía de São Francisco. O falso salto suicida de Judy Barton na baía, por exemplo, foi rodado no começo de outubro de 1957, sob a ponte Golden Gate; seu falso salto suicida da torre da igreja foi filmado duas semanas depois, em San Juan Bautista – a vila a sudeste de San José, cidade da região que hoje é o epicentro do Vale do Silício.

"Sim, eu teria gostado de viver ali na época. ... Cor, agitação, poder, liberdade", vocês se lembram de Gavin Elster falar, com fingida nostalgia, sobre "São Francisco em julho de 1849". Mas seria fingimento pegar essas palavras emprestadas como descrição da área da baía de São Francisco em meados do século XX? Havia *cor, agitação, poder, liberdade* no lugar em que Hitchcock fez seu filme atemporal?

Empregando outra das palavras de Elster, a área da baía certamente *mudou* no último meio século, em particular sua economia. Em outubro de 1957, o poder (ou pelo menos o poder econômico) era controlado por organizações hierarquizadas de grande escala, no estilo do estaleiro ficcional de Elster – empresas[13] com poderio logístico e organizacional para fabricar em massa produtos mecânicos para a economia industrial ao seu redor. Portanto, essa economia local era dominada por empresas semelhantes à maior empregadora da península, a fornecedora do setor de defesa e fabricante de aeronaves Lockheed, por produtoras de equipamentos eletrônicos como Westinghouse, General Electric, IBM e Sylvania. Muitas dessas empresas ainda operavam segundo os princípios administrativos do engenheiro mecânico do final do século XIX Frederick Winslow Taylor – um pensador que devia muito ao utilitarismo vigilante de Jeremy Bentham –, priorizando eficiência e produtividade quantificáveis no local de trabalho em detrimento de metas mais humanas ou criativas.

Esse grande arranjo organizacional é o que evangelistas da mídia social como John Hagel e John Seely Brown descrevem como uma economia "de impulso". "Num sistema de impulso, há uma hierarquia, e os encarregados oferecem recompensas (ou punição) aos que ficam mais abaixo na escala", é assim que Hagel e Seely Brown resumem a estrutura de poder das empresas, de baixo para cima, na vida de meados do século XX. "As pessoas que participam de programas de incentivo em geral são tratadas como instrumentos para garantir que as atividades sejam realizadas conforme o determinado. Suas próprias necessidades e seus interesses são apenas secundários, quando não totalmente irrelevantes."[14]

Eram as grandes empresas industriais hierarquizadas como Lockheed, GE e Westinghouse que empregavam o "homem organizacional", expressão popularizada pelo jornalista de negócios da revista *Fortune* William H. Whyte, em sua crítica (que foi sucesso de vendas em 1956) ao conformismo dessa economia de incentivo. Segundo Whyte, esses homens organizacionais não eram nem os operários nem os trabalhadores de colarinho branco da sociedade industrial tradicional. "Essas pessoas trabalham para A Organização", observou ele. "São as figuras pertencentes à classe média que saíram de casa, espiritual e fisicamente, para fazer os votos da vida organizacional." Mas o que mais preocupava Whyte era a substituição do indivíduo pelo grupo como suposto "veículo criativo" para a inovação empresarial. Em sua inquietação com os direitos do indivíduo, Whyte ecoava antigos críticos do pensamento coletivo, como John Stuart Mill e George Orwell. "A tentativa mais equivocada de falsa coletivização é a atual busca de ver o grupo como um veículo criativo. Como isso pode acontecer?" – foi sua pergunta retórica. "As pessoas raramente pensam em grupos; elas falam juntas, trocam informação, avaliam, fazem acordos. Mas não pensam; elas não criam."[15]

Como David Halberstam observa em sua história dos anos 1950, o "conformismo da vida americana" havia se tornado "um grande debate intelectual" na metade da década, atraindo não apenas críticos sociais como Whyte, John Kenneth Galbraith e C. Wright Mills, mas também romancistas como Sloan Wilson.[16] Este enfrentou o problema do pensamento de grupo e do empobrecimento espiritual em seu best-seller *O homem no terno de flanela cinza*, de 1955, romance que em 1956 foi transformado em filme com música de Bernard Herrmann, o compositor que também fez a trilha de *Um corpo que cai*. Mas enquanto a música romanticamente exagerada de Herrmann no filme de Hitchcock oferecia uma trilha exagerada para a apoteose do voyeurismo cinemático, seu trabalho em *O homem no terno de flanela cinza* é muito mais contido e tímido. Isso porque o filme refletia tanto a realidade social fragmentada dos anos 1950 quanto o crescente desencanto com o custo humano do sistema econômico impessoal, sua tecnologia industrial e sua cultura de trabalho. É um filme sobre executivos de marketing de grandes empresas de comunicação que, de forma irônica, não conseguem se comunicar; e cujas vidas pública e privada se tornaram tão desconectadas que eles estão alienados de seus colegas, seus amigos, suas famílias e deles mesmos. Aquela era uma sociedade, segundo acreditavam, de riqueza privada demais, mas de bem público insuficiente – um mundo que Todd Gitlin, ativista e cronista dos anos 1960, descreveu como "a cornucópia e seus descontentes".

Mas, com essa cultura industrial monocromática, a região, em especial o vale de Santa Clara, também tinha uma cornucópia menos descontente – uma economia agrícola animada e pujante. De fato, se Alfred Hitchcock e a produção de *Um corpo que cai* tivessem escolhido pegar a Interestadual 101 em sua viagem da ponte Golden Gate até San Juan Bautista, teriam passado por uma paisagem pastoral tão colorida e perfumada pelos pomares de cereja e damascos que ainda era conhecida na região como "vale dos prazeres do coração". No outono de 1957 o Vale do Silício ainda não existia.[17] Não havia 80 quilômetros de prédios de escritórios fundindo São Francisco e San José, nada de congestionamentos na 101; nada de bandos de empreendedores espertos em seus Toyota Prius híbridos e conversíveis Bentley caçando a próxima grande coisa social; nada de outdoors eletrônicos a cada quilômetro, piscando anúncios da novidade mais quente da rede. Na época, o futuro da região da baía – um futuro social que hoje gira cada vez mais depressa ao nosso redor – acabava de ser inventado.

A chegada do futuro

Esse futuro foi o computador digital. O computador analógico, uma máquina de calcular mecânica, existia, pelo menos em teoria, desde o ano seguinte à morte de Jeremy Bentham, tendo sido concebido em 1933 pelo polímata inglês Charles Babbage como a "máquina diferencial" – apenas um ano após o cadáver de Bentham ser apresentado em público pela primeira vez –, na qual trabalhou até sua morte, em 1871. Ao longo do século seguinte, a tecnologia de computadores analógicos amadureceu consideravelmente, mas – resumindo cem anos de desenvolvimentos científicos, matemáticos e técnicos muitíssimo complexos[18] – sua funcionalidade sempre foi comprometida pelo prodigioso volume de energia necessário para alimentar essas máquinas – e, por conseguinte, por seu tamanho e o calor que produziam. O que resolveu esses problemas até então insolúveis e transformou o computador mecânico, de curiosidade tecnológica na realidade central da vida social contemporânea, foi a invenção do transistor, um equipamento semicondutor baseado em silício que permitiu a amplificação de potência em estado sólido e a miniaturização aparentemente ilimitada de circuitos elétricos.

Como a invenção do motor a vapor por James Watt no século XVIII, ou da lâmpada elétrica por Thomas Edison no século XIX, essa invenção foi uma daquelas transformações tecnológicas que acontecem a cada século e viram o mundo convencional de cabeça para baixo. David Kaplan, editor sênior da *Newsweek* e cronista do Vale do Silício, descreveu esse transistor como a "subestrutura do futuro", "essencial para a era digital".[19] Sem esse pequeno transistor não haveria computador pessoal ou internet, nada de smartphones e televisores inteligentes, nada de Tweeter, foursquare ou Facebook Open Graph, nada do tecido digital que é o centro da sociedade, nada de era de inteligência em rede. Sem o pequeno transistor, o futuro – nosso futuro social – ainda não existiria.

Esse futuro na verdade havia sido descoberto dez anos antes de Hitchcock ir para a área da baía filmar *Um corpo que cai*. Três físicos ganhadores do Prêmio Nobel – William Shockley, John Bardeen e Walter Brattain – inventaram o transistor no Laboratório Bell, em Nova Jersey. Mas foi Shockley, um dos cientistas mais visionários do século XX e, nas palavras de Mike Malone, "o primeiro cidadão do Vale do Silício", que exportou o transistor para a região da baía de São Francisco. Nascido em Palo Alto, Shockley pensara profundamente no que chamou de "cérebro elétrico" e percebeu que o transistor seria a "célula nervosa ideal" para máquinas computadoras.[20] De volta à região da baía em 1956, e formando uma equipe com alguns dos jovens cientistas mais talentosos dos Estados Unidos – incluindo Gordon Morre, um rapaz de 27 anos formado pela Caltech que crescera em Pescadero, aldeia de pescadores no Pacífico, do outro lado das montanhas Santa Cruz –, ele criou o Shockley Semiconductor Laboratory, uma empresa dedicada ao desenvolvimento comercial do transistor.

Mas seu plano tinha um problema. Além de ser um gênio da ciência, o primeiro cidadão do Vale do Silício, talvez não inteiramente por acaso, era um despudorado narcisista, cujo comportamento antissocial o tornava absolutamente inadequado para liderar aquela equipe tecnológica de astros. Então, em setembro de 1957, duas semanas antes de Hitchcock filmar a falsa Madeleine Elster simulando seu suicídio sob a ponte Golden Gate, os "Oito Traidores" – grupo dos mais brilhantes jovens físicos e engenheiros elétricos dos Estados Unidos, incluindo Gordon Moore e Robert Noyce, este posteriormente um dos fundadores da Intel[21] – abandonaram o Shockley Semiconductor Laboratory para fundar o que David Kaplan chama de "maior empresa de equipamentos do Vale do Silício".

O nome da empresa era Fairchild Semiconductor, e ela tinha sede em Mountain View, cidade da península perto da Universidade de Stanford, onde hoje fica o Googleplex, sede mundial do Google. A Fairchild Semiconductor não apenas foi a mãe de novas empresas do Vale do Silício, companhias depois prolíficas como a Intel ou a Advanced Micro Devices (AMD), mas também foi a primeira. Fundada (em outubro de 1957) e financiada por Arthur Rock, o pioneiro investidor de risco da Califórnia, a Fairchild Semiconductor foi a primeira empresa a descobrir a rica mina de ouro do transistor. Como explica Mike Malone, aquele foi um momento vertiginoso, o equivalente em devaneio histórico à descoberta de ouro por James Marshall em Sutter's Mill, em janeiro de 1848.

Aquilo foi como se uma porta se abrisse, explica Malone.

> Os cientistas da Fairchild de repente olharam para um abismo sem fim, amplificando o mundo dos átomos para o universo visível – um abismo que prometia velocidade e potência ofuscantes, a grande máquina de calcular. Quando deixaram seu pensamento vagar, perceberam que não apenas podiam colocar um transistor num chip, mas até dez, talvez cem. ... Meu Deus, milhões. Aquilo era perturbador.[22]

De fato, tão perturbador que, em 1965, Gordon Moore cunhou sua própria lei para explicar o poder de transformação do transistor. A lei de Moore, como passou a ser conhecida no mundo todo, previa corretamente que o número de transistores que se podia colocar num chip de computador dobraria – sim, *dobraria* – a cada dois anos. Essa duplicação bienal do poder de computação não só possibilitou a criação de computadores cada vez mais rápidos e menores, mas também deu vida à difundida internet e à nossa mania contemporânea de mídia social.

A lei de Moore – o modelo para a lei de Zuckerberg sobre a duplicação anual da informação pessoal em rede – se tornou a única constante de nossa era digital vertiginosa. É ao mesmo tempo o motor da constante inovação econômica e tecnológica e a causa do que o economista austríaco Joseph Schumpeter, numa lei mais aforística, descreveu como "destruição criativa", provocada de maneira inevitável pelo livre-mercado capitalista.[23] As leis de Moore e de Schumpeter explicam por que já não há pomares de cerejas e damascos no vale das delícias do coração. São também a razão pela qual, nas palavras de John Markoff, veterano articulista de tecnologia do *New York Times*, "o Vale do Silício, talvez mais que qualquer outra região, transformou o mundo no último meio século".[24]

Mas como um dos grandes cadáveres de Hitchcock, a história do Vale do Silício não é tão direta quanto parece. Assim como *Um corpo que cai* é mais que apenas um filme bizarro dos anos 1950 sobre necrofilia nas ruas sinuosas de São Francisco, a verdadeira história do Vale do Silício não é só uma alegre narrativa progressista sobre o impacto paulatino de placas de circuitos elétricos cada vez menores sobre uma humanidade cada vez mais conectada. Não, a revolução digital contemporânea – assim como a transformação industrial do século XIX – é um evento grandioso demais na história humana, uma jornada muito grande até litorais estrangeiros, para ser encarado de forma determinista, como pura consequência da inovação tecnológica.

A ideia de tecnologia como primeiro agente, como a coisa em si que deflagra toda mudança social, econômica e cultural subsequente, é uma armadilha em que caíram tanto tecnocéticos quanto tecnoutopistas inteligentes, de Kevin Kelly a Nicholas Carr.[25] Assim, como argumenta Richard Florida, "as profundas e duradouras mudanças de nossa era não são tecnológicas, mas sociais e culturais".[26] Florida está certo em apresentar a mudança social e cultural – bem como, claro, a econômica – em igualdade de condições com a tecnologia, em termos de moldar nossa era digital. Portanto, em paralelo à inovação de tecnólogos como os "Oito Traidores", a história do Vale do Silício também deve ser entendida em termos de seus valores sociais, julgamentos morais e ideias econômicas – no contexto do que alguns sociólogos chamariam de sua "ideologia". É na arquitetura complexa dessas ideias coletivas, mais que na arquitetura simples de um circuito elétrico, que podem ser escavadas as origens do nosso culto digital do social.

Para fazer essa escavação, contudo, precisamos voltar à questão anterior, sobre a região da baía em meados do século XX. A verdade é que, a despeito de seus pomares em technicolor, a baía de São Francisco – com sua infraestrutura industrial monocromática, de grandes empresas de eletrônica, defesa e energia, administradas por homens organizacionais em hipótese reprimidos e repressivos – não era um lugar animador nem agitado no outono de 1957. Mas isso iria mudar drasticamente na década seguinte. Entre 1957 e 1967, a área da baía experimentou uma explosão de cor e de agitação social tão poderosa que a região – e, na verdade, o mundo – nunca mais foi a mesma.

O *love-in*

Em 1967 as pessoas de São Francisco haviam substituído seus ternos de flanela cinza por roupas multicoloridas e cachecóis psicodélicos. Em 1967, o amor usurpara a administração científica como critério de valor humano. Naquele ano, a cornucópia de insatisfação oculta fora substituída por uma cornucópia de desejo transparente. Em 1967, dezenas de milhares de habitantes de São Francisco, como o pobre Scottie Ferguson, haviam se apaixonado por algo que não existia de verdade.

"Se você estiver indo para São Francisco, não se esqueça de colocar flores nos cabelos", cantou Scott McKenzie em meados de junho de 1967, no festival Monterey Pop. A canção se chamava "San Francisco (Be sure to wear some flowers in your hair)", e John Philips, letrista de The Mamas & The Papas e um dos organizadores do festival, a escrevera especialmente para debutar com McKenzie em Monterey.

Contudo, mais que uma única canção, Monterey foi o início de toda uma época. Como a Fairchild Semiconductor, o festival Monterey Pop, que durou três dias – tendo como foco social reunir muitos músicos diferentes e uma grande plateia variada de estranhos –, foi o primeiro de seu gênero. Assim como a empresa fundada pelos "Oito Traidores" geraria fabricantes de chips maiores como Intel e AMD, Monterey inspiraria festivais de música social maiores, como Woodstock e Altamont. Assim como a Fairchild Semiconductor foi mais que outra empresa de alta tecnologia, o festival Monterey Pop foi mais que apenas outro espetáculo musical.

Em meados de junho de 1967, uma multidão de pelo menos 50 mil – alguns estimam em até 100 mil – amigos estranhos descera o litoral norte da Califórnia até Monterey, cidade colonial espanhola não distante da velha missão de San Juan Bautista, onde Hitchcock filmou as cenas de suicídio de *Um corpo que cai*. Com flores nos cabelos, eles iam ao festival não só para ouvir Scott McKenzie, Jimmy Hendrix, Janis Joplin, The Who, The Mamas & The Papas e Grateful Dead, mas também para celebrar um novo florescer de comunitarismo que parecia significar um novo começo, uma segunda chance para o mundo se unir pela amizade.

"Se você está indo para São Francisco, irá conhecer algumas pessoas gentis por lá", cantou Scott McKenzie em Monterey. A música "San Francisco (Be sure to wear some flowers in your hair)" criou e refletiu o *zeitgeist* de então. Ela se tornou um sucesso instantâneo ao redor do mundo, vendeu mais de 7 milhões de discos e se tornou o hino do convívio social da contracultura nos anos 1960.

De fato, era a promessa de *conhecer pessoas* o que atraiu tantos milhares para Monterey em junho de 1967. Além de um show de música, o acontecimento foi uma experiência social de compartilhamento, uma reunião de pessoas por intermédio da música, a transformação de estranhos em amigos. Em Monterey houve uma quebra da fronteira entre vida pública e vida privada, tão rígida nos anos 1950; por conseguinte, ali se criou um novo espaço público transparente, concebido para criar intimidade entre estranhos. Os jovens de 1967 inventaram até uma linguagem para esse tipo de orgia social: eles o chamaram de *love-in*.

"Se você for para São Francisco", prometia Scott McKenzie às dezenas de milhares de pessoas que foram a Monterey, "o verão ali será um *love-in*".

"Você nunca esteve num *love-in*?", pergunta uma jovem de olhos arregalados a seu entrevistador no começo de *Monterey Pop*,[27] de D.A. Pennebaker, o documentário definitivo sobre o festival. "É como Páscoa, Ano-Novo, Natal e seu aniversário, todos juntos. ... As vibrações vão fluir por toda parte."

O verão de 1967 sem dúvida começou como se todo dia fosse Páscoa, Ano-Novo, Natal e todos os nossos aniversários. "Love, love, love, love, love, love, love, love, love. Não há nada que você possa fazer que não possa ser feito", cantaram os Beatles em "All you need is love", outro grande sucesso daquele verão. De fato, o festival Monterey Pop marcou o começo do Verão do Amor, uma experiência contracultural de dois anos sobre amizade, compartilhamento e cooperação.

Junho de 1967 foi como um Occupy Wall Street pré-digital. Com sede mundial no bairro de Haight-Ashbury, em São Francisco, o Verão do Amor representou uma tentativa audaciosa de unir todas as "pessoas gentis" do mundo. Por trás das manchetes escandalosas de sexo, drogas e rock' n' roll, quem foi para a cidade no verão de 1967 estava buscando o ideal amoroso de uma conectividade social global – que o *San Francisco Oracle*, à moda de Don Tapscott ou Umair Haque, descreveu como "o renascimento da compaixão, da consciência e do amor, a revelação da unidade para toda a humanidade".[28]

Esse ideal de *unidade para toda a humanidade* se tornou um tema central, se não *o* tema central, da contracultura. Como explica Todd Gitlin, historiador dos anos 1960, representou "o hippie como *communard*: o ideal de um laço social que podia reunir todas as almas feridas e ansiosas numa doce coletividade, para além do reino da escassez e da mediocridade – e da agressão delas resultantes".[29] Segundo Gitlin, entre 50 mil e 70 mil pessoas foram ao *love-in* de 1967 em Haight-Ashbury para partilhar abertamente seus bens, pensamentos, corpos, boas vibrações, drogas, passados e futuros.

"Por todo o país, uma estranha vibração, pessoas em movimento", cantou Scott McKenzie em Monterey. "Há toda uma geração com uma nova explicação." Mas qual era exatamente essa "nova explicação", e quem estava *explicando* durante o Verão do Amor?

Homem social

As origens intelectuais dessa rebelião cultural podem ser rastreadas até o momento em que os "Oito Traidores" abriam seu negócio em Mountain

View e Hitchcock filmava *Um corpo que cai*. Em setembro de 1957, um mês antes da criação da empresa Fairchild Semiconductor, foi publicado *On the Road*,[30] de Jack Kerouac, que logo se tornou a *explicação* para toda uma geração – incluindo Bob Dylan, que confessou ao poeta beat Allen Ginsberg que o livro "mudou minha vida, assim como a de todo mundo". Kerouac mudou a vida de todo mundo transformando a cornucópia de descontentamento em literatura; como um boêmio peripatético, um marginal nos limites da sociedade, desdenhou das convenções supostamente inautênticas de família, escola, bairro e trabalho. Com outros poetas beats libertários como Ginsberg, Timothy Leary e Gary Snyder, Kerouac desafiou todas as formas de autoridade tradicional, da mídia hegemônica e do governo à "Organização" e ao "Homem de terno de flanela cinza". Essa era a nova vibração: uma erupção variada de boemia contra o que Herbert Marcuse, filósofo marxista da escola de Frankfurt, chamou – em seu inesperado best-seller de 1964, *A ideologia da sociedade industrial: o homem unidimensional* – de sociedade industrial convencional.

Mas a nova explicação foi além da rebelião boêmia dos beatniks contra a autoridade tradicional. Aquele foi um levante comunal que, tomando emprestada a linguagem de Richard Sennett, sociólogo da London School of Economics, teve uma "personalidade coletiva gerada por uma fantasia comum". E essa fantasia era centrada no que Sennett chama de "intimidade das relações sociais". Em paralelo ao libertarismo do rebelde boêmio havia o idealismo comunitarista de radicais dos anos 1960, como Marcuse e o escritor Paul Goodman, que o historiador Theodore Roszak chamou de "mais destacado tribuno" da contracultura.[31]

Como engenheiros da alma humana, teóricos como Marcuse e Goodman tentavam criar uma nova versão da humanidade, aperfeiçoando "o homem unidimensional" com uma versão social do homem, o unificador de toda a humanidade. Seu sistema comunitarista de crenças se baseava numa nostalgia, ao estilo Gavin Elster, de um passado inventado, de um mundo pré-industrial de delícias do coração, um perpétuo *love-in*.

Nessa nostalgia, um industrialismo "reduzido" serviria como "servo do ethos da aldeia ou do bairro". Fosse a fé atávica de Paul Goodman na restauração das comunidades dos índios pré-coloniais, fossem as teorias de Herbert Marcuse sobre a alienação espiritual do homem no capitalismo e sua promessa de uma unidade social pós-revolucionária, ou o primitivismo voluntário de grupos hippies comunitaristas como o San Francisco Diggers, o resultado foi a mesma adoção de um imaginário passado social coletivo, aquela mesma cultura oral conectada que utopistas sociais como Don Tapscott e Jeff Jarvis hoje idealizam. Como disse Walter Benjamin, outro luminar da escola de Frankfurt, "as imagens utópicas que acompanham a emergência do novo sempre remontam, de forma convergente, ao passado prototípico".[32]

A fé deles na pureza comunal do passado sem dúvida não era nova. Dois séculos antes, Jean-Jacques Rousseau remontara o passado prototípico e lançara ataque semelhante às supostas falta de compaixão e desigualdades sociais. Nos inestimáveis cinco volumes de *A história da vida privada*, o historiador francês Jean-Marie Goulemont descreve a obsessão de Rousseau como "a ideia de uma cidadania transparente para si mesma".[33] Como o próprio Rousseau escreveu, com a característica nostalgia comunitarista, em sua *Carta a D'Alembert*, de 1758: "Que pessoas têm melhor base para se reunir com frequência e formar entre elas os doces laços do prazer e da alegria que aqueles que têm tantas razões para amar uns aos outros e permanecer unidos para sempre?"[34]

Se ao menos pudéssemos recuar, dizia a lógica rousseauniana de Goodman e Marcuse, para antes de Lockheed e IBM; para antes do homem organizacional e do complexo militar-industrial; para quando todos colocavam flores nos cabelos; para a sociedade autêntica da aldeia ou do bairro – então iríamos redescobrir a verdadeira cor, a agitação, o poder e a liberdade do que supostamente significava ser humano.

Em *O 18 de brumário de Luís Bonaparte*, seu ensaio sobre a revolução fracassada de 1848, o ídolo de Herbert Marcuse, Karl Marx, argumentava que "os homens fazem sua própria história, mas não a fazem segundo seus desejos; não a fazem nas circunstâncias que eles mesmos escolhem, porém nas circunstâncias encontradas, dadas e transmitidas do passado."[35] Isso foi verdade tanto em 1848 quanto em 1967 – ou, inclusive, em 2011, o ano do Manifestante. A despeito de toda sua obsessão pela comunidade pré-industrial, durante o Verão do Amor, em 1967, as dezenas de milhares que acorreram aos *love-ins* em Haight-Ashbury eram, nas palavras de Theodore Roszak, "filhos da tecnocracia", produtos do monstruoso mundo industrial tardio do qual tentavam escapar.[36]

Aquela foi uma geração de rebeldes cada vez mais autônomos, em busca de autenticidade individual[37] e proximidade coletiva, uma multidão solitária de indivíduos insubordinados querendo construir o que Richard Sennett chama de "sociedade íntima".[38] Portanto, o culto ao social no Verão do Amor foi o que o sociólogo de Harvard Daniel Bell descreveu como uma "contradição cultural do capitalismo", na qual as circunstâncias econômicas das pessoas na sociedade e seu raciocínio cultural sobre essas circunstâncias eram diametralmente opostos. Quanto mais atomizadas e sozinhas as pessoas se tornam, quanto mais separadas da comunidade tradicional, mais elas se apaixonam pela ideia do social. Mas sua definição do social era tão individualizada, refletindo tanto suas próprias identidades discretas, que seu culto à autenticidade social tornava-se, ao mesmo tempo, um culto ao self autêntico – e dessa forma criava, nas palavras memoráveis do crítico cultural Christopher Lasch, uma *cultura do narcisismo* na qual o narcisista "não pode viver sem uma plateia que o admire".[39]

Essa ironia – entre uma sociedade progressivamente individualizada e um anseio crescente por identidade comunal – foi reconhecida por Alvin Toffler, cujo best-seller *O choque do futuro* (1970) é um assustador alerta prévio sobre a impermanência da atual era da Web 3.0, com seu mercado de ações que negocia reputações individuais e seus fluxos acelerados de informação. "É irônico", observou Toffler, "que os mais queixosos de que as pessoas não conseguem se *relacionar* umas com as outras, não conseguem se *comunicar* umas com as outras, sejam muitas vezes aqueles que pedem mais individualidade."[40] Assim, como observou Toffler, o homem pós-industrial é um "homem modular", capaz de criar uma diversidade de "relações interpessoais temporárias" que os afasta – em contraste com nossos ancestrais pré-industriais – de uma forte noção de identidade comunal. "Pois assim como coisas e lugares passam por nossas vidas em ritmo acelerado", escreveu Toffler em *O choque do futuro*, "as pessoas também passam."

Por infortúnio, a maioria dos garotos no festival Monterey Pop estava ocupada demais com seus *relacionamentos interpessoais temporários* para dar muita atenção à contradição entre sua forte noção de individualismo e seu anseio de comunhão. "Essa é a minha geração, essa é a minha geração, gata", cantou The Who em Monterey, na letra de "My generation", outro hino dos anos 1960. Mas aquela foi *minha* geração no mesmo sentido em que mídia social é *My* Space – uma geração narcisista de boêmios, todos construindo suas próprias comunidades de acordo com suas próprias necessidades e desejos limitados. Esses boêmios são os antigos ancestrais dos intravíduos de Dalton Conley, ou do jovem digital autoabsorvido de Sherry Turkle e Jonathan Franzen – as borboletas fragmentadas e livres da atual era de foursquare, Airtime e Plancast, que se deslocam narcisisticamente de uma comunidade em rede para outra, e de uma experiência personalizada on-line para a experiência como vontade.

Como a beleza e a riqueza impossíveis de Madeleine Elster, o Verão do Amor era bom demais para ser verdade. Por um lado, a contracultura promoveu o novo homem – um livre-pensador muito individualista, libertado dos grilhões da comunidade tradicional; por outro, porém, prometeu um retorno ao ventre comunitário da aldeia pré-industrial. As chances de sintetizar com sucesso o individualismo boêmio e o coletivismo primitivo eram quase tão realistas quanto a trama de um filme de Hitchcock. O Verão do Amor não podia dar certo. E, como todos sabemos, não deu.

Esse é um quadro que já vimos antes, claro, não apenas nos filmes, mas também na vida real. Os jovens elegantemente maltrapilhos que foram para São Francisco em 1967 com *O homem unidimensional* e *On the Road* nas mochilas podiam ser menos pobres que os maltrapilhos caçadores de fortuna de 1849, mas seus sonhos libertários sobre unir toda a humanidade num *love-in* global eram tão quiméricos quanto a fé dos garimpeiros em encontrar ouro. Assim, não surpreende que a experiência revolucionária do Verão do Amor tenha terminado em discórdia, e não em conectividade global.

"Espero morrer antes de envelhecer", cantou The Who em Monterey, antes de destruir seus instrumentos no palco, numa catarse de fúria adolescente que representava um ensaio geral de como os próprios anos 1960 iriam morrer.

Muitas das "pessoas gentis" de São Francisco se tornaram violentas e cínicas no fim dos anos 1960, em parte enlouquecidas com a overdose ímpia de comunitarismo e individualismo radicais. Como argumenta o documentarista inglês Adam Curtis, "o que os arrasou foi a própria coisa que devia ser banida: o poder. Algumas pessoas eram mais livres que outras – personalidades fortes dominaram as fracas, mas as regras não permitiam qualquer oposição organizada para suprimir o poder, porque isso seria política."[41] Assim, a Família Manson substituiu o *love-in*. Não foi simples coincidência o fato de que, no desabrigo, com fome, vício em drogas, crime e doença, o Haight-Ashbury de 1969 começasse a se parecer cada vez mais com a São Francisco de 1849 – um cemitério tomado pelos cadáveres de pessoas e sonhos partidos.

Contudo, como sabemos por *Um corpo que cai* de Hitchcock, um cadáver nunca está tão morto quanto parece. Ou, como Marx formulou de modo memorável em seu ensaio sobre as revoluções fracassadas de 1848: "A tradição de todas as gerações mortas se abate como um pesadelo no cérebro da geração viva." A verdade é que a geração do Verão do Amor, *my generation*, na verdade não morreu em 1969. Apenas entrou em rede. Hoje, aquela mesma vibração está ao nosso redor.

É a chamada mídia social.

5. O culto do social

> "Filmes são coisas naturalmente sociais."
>
> MARK ZUCKERBERG

O Macguffin

Numa palestra na Universidade de Columbia, em 1939, Alfred Hitchcock revelou o truque narrativo por trás de seus filmes. "Temos um nome para isso no estúdio, nós o chamamos de 'Macguffin'. É o elemento mecânico que costuma aparecer em qualquer história. Em enredos de ladrões, quase sempre é o colar; em histórias de espionagem, com frequência são os papéis."

Embora o Macguffin chame a atenção dos espectadores, ele nunca é determinante da verdadeira trama do filme. Como observa o biógrafo de Hitchcock, no fim de qualquer filme do cineasta o Macguffin se "torna um absurdo – e deliberadamente irrelevante".[1]

O elemento mecânico que brota em qualquer história sobre a internet é a tecnologia. É o Macguffin deste livro. Claro que a atual revolução da mídia social não poderia ter acontecido sem grandes avanços na tecnologia. No começo dos anos 1970, os engenheiros elétricos do Vale do Silício haviam feito duas descobertas tecnológicas determinantes: a introdução de padrões para comutação de dados em rede; e um microprocessador de primeira geração desenvolvido pela Intel Corporation, de Gordon Moore e Robert Noyce. Eles permitiram a ligação em rede de equipamentos digitais em grande escala. John Hagel e John Seely Brown descrevem isso como a "grande mudança" de uma economia industrial centralizada e hierarquizada para uma economia digital horizontal e supostamente mais social e igualitária.[2] Essa grande mudança deu aos computadores pessoais o poder de se comunicar uns com os outros, marcando, dessa forma, não apenas o desenvolvimento mais significativo na tecnologia de comunicações desde a invenção do telefone por Alexander Graham Bell, em 1876, mas também estabelecendo o "tecido conjuntivo da sociedade", tão louvado por comunitaristas contemporâneos como Clay Shirky e Don Tapscott.

Mas esses desdobramentos tecnológicos são irrelevantes – pelo menos em termos de revelar a verdadeira história da mídia social. Você se lembra de que Jon Markoff escreveu que "o Vale do Silício, talvez mais que qualquer outra região, transformou o mundo no último meio século". Mas Markoff estava apenas meio certo. Sim, o Vale do Silício transformou o mundo com seus microprocessadores revolucionários e redes de comutação de dados; mas esse mundo também mudou o Vale do Silício, transformando-o, de um centro científico do século XX, no produtor de tecnologia digital, na sala de máquinas da revolução global, que é ao mesmo tempo social, cultural e econômica, no século XXI.

"A tecnologia afeta o caráter", argumenta Ross Douthat.[3] Talvez. Contudo, e ainda mais importante, o caráter afeta a tecnologia. Como historiadores culturais do Vale do Silício documentaram em detalhe – como o próprio Markoff,[4] Fred Turner (historiador de mídia da Universidade de Stanford),[5] James Harkin (do *Financial Times*),[6] e Tim Wu (pesquisador da Universidade de Columbia)[7] –, o nascimento e a morte da contracultura estiveram intimamente ligados às origens do computador pessoal e da rede mundial. Muitos dos principais apóstolos e arquitetos da conectividade e da comunhão digital – como os excêntricos visionários da rede J.C.R. Linklider e Douglas Englebart; o fundador do Whole Earth Catalogue e do Well, Stewart Brand; o editor fundador da revista *Wired*, Kevin Kelly; os fundadores da Apple, Steve Jobs e Steve Wozniak; o letrista do Grateful Dead e cofundador da Eletronic Frontier Foundation, John Perry Barlow – foram eles mesmos produtos boêmios da contracultura. Esses pioneiros, que Fred Turner chama de "novos comunalistas", importaram dos anos 1960 o libertarismo selvagem, sua rejeição à hierarquia e à autoridade, seu fascínio por abertura, transparência e autenticidade pessoal, seu comunitarismo global para a cultura do que acabou sendo conhecido como "ciberespaço". Sua visão era unir todos os seres humanos numa rede global ligada por computadores. "Essa estranha ideia foi a base do que hoje chamamos de internet", escreve Tim Wu.[8]

"A rede é mais uma criação social do que técnica", confessou Tim Berners-Lee, o arquiteto original da world wide web, sobre o objetivo social que é o núcleo da internet. "Eu a projetei para ter um efeito social – ajudar as pessoas a trabalhar juntas –, e não para ser um brinquedo técnico. O objetivo final é sustentar e melhorar nossa existência em rede no mundo. Nós nos agrupamos em famílias, associações e empresas. Nós desenvolvemos a confiança ao longo de milhas e a desconfiança na esquina."[9]

Portanto, não foi apenas por acaso que a arquitetura da internet – o que Tim Wu chama de seu "projeto em rede" (que, ele observa corretamente, "como todos os projetos, pode ser compreendido como ideologia"[10]) – refletiu os valores boêmios de seus pioneiros. Como o perpétuo marginal Dean Moriarty do *On the Road* de Kerouac, a ideia de ciberespaço – uma rede global de seres humanos conectados por computador – se desenvolveu como periferia sem centro, um universo infinitamente expansivo, adequado ao incansável individualismo do boêmio peripatético que se considerava um cidadão global. Como tal, se tornou uma forma de manter vivo o espírito rebelde do Verão do Amor, com seu desafio às tradicionais hierarquias empresariais e culturais. "O objetivo da computação pessoal seria avançar de mãos dadas com a ideia da comunicação computadorizada em rede", explica Tim Wu. "Ambas eram tecnologias radicais; e, de maneira adequada, ambas nasceram de uma espécie de contracultura."[11] Portanto, o computador pessoal e a internet surgiram como o lar natural do sem-teto, dos refugiados do *love-in*, que já não tinham qualquer ligação com uma comunidade física, mas que, por intermédio da tecnologia em rede, se transformaram em membros de uma comunidade global de almas gêmeas.

"Eu vivo em Barlow@eff.org, é onde eu vivo. Essa é minha casa", explicou John Perry Barlow, ecoando de modo suspeito o ficcionalizado Sean

Parker do Facebook em *A rede social*. Ou, como definiu Ester Dyson, outro membro da classe fundadora do Vale do Silício: "Como a rede, minha vida é descentralizada. Eu vivo na rede."[12]

Nem foi coincidência que, à medida que ingressava na força de trabalho americana, a elite contracultural dos anos 1960 tenha reformulado a vida econômica em geral, com seu individualismo rebelde e seu comunitarismo romântico. Como notaram observadores contemporâneos de todos os espectros políticos – do colunista conservador do *New York Times* David Brooks ao colunista liberal do *Wall Street Journal* Thomas Frank –, o ideal do outsider, o criador de caso que desafia a autoridade, se tornou uma das mercadorias econômicas mais valiosas da vida no começo do século XXI. Assim, o homem empresarial de terno de flanela cinza se metamorfoseou no contemporâneo burguês boêmio independente de Brooks, o "Bubo",[13] dominando a promoção e venda do que Frank descreveu como "consumismo chique"[14] – uma nova ortodoxia de não conformismo, mais bem resumida pelo slogan de vendas da Apple Computer de 1997, ao conclamar: "Pense diferente!"[15] Como observa Shoshana Zuboff, professora da Faculdade de Administração de Harvard, a economia da pós-produção em massa "gerou uma nova mentalidade humana – a de um indivíduo autodeterminado. Essa mentalidade foi um dia exclusiva da elite: de ricos, artistas, poetas, filósofos. E se tornou a mentalidade de todos."[16] Ou, citando novamente Dick Meyer: "Hoje todos são parte de uma contracultura."

Enquanto estávamos distraídos, a era industrial chegou ao fim

Enquanto isso, a revolução digital também foi causa principal e efeito de outra profunda mudança estrutural na paisagem econômica – a transição de uma economia industrial dominada por monólitos empresariais como IBM, Lockheed e General Electric para uma economia muito mais individualizada, moldada pelo que Peter Drucker, o influente teórico da administração no século XX, definiu como a economia do "conhecimento" ou da "informação". Drucker acreditava que essa revolução tinha tal significado histórico econômico e social que equivalia às grandes revoluções da indústria do século XIX.

"Ainda não podemos dizer com certeza como será a próxima sociedade e a próxima economia. Agora mesmo vivemos os espasmos de um período de transição", escreveu Drucker na primavera de 2001.

> Contudo, ao contrário do que quase todos acreditam, esse período de transição é em tudo semelhante aos dois períodos de transição que o precederam no século XIX: o dos anos 1830 e 1840, após a invenção de ferrovias, serviços postais, telégrafos, fotografia, sociedades limitadas e bancos de investimento; e o segundo, dos anos 1870 e 1880, depois da invenção do fabrico de aço, da luz e energia elétricas, substâncias químicas orgânicas sintéticas, máquinas de escrever e de lavar, aquecimento central, metrô, elevador e, com ele, prédios de apartamentos, escritórios e arranha-céus, telefone e máquina de escrever, e mais o escritório moderno, a corporação empresarial e o banco comercial.[17]

Drucker está descrevendo a grande transformação de uma economia de produção industrial, baseada no comércio para uma economia dominada pela troca de informação – o que ele apresenta como a mudança do "centro de gravidade" do fabricante ou distribuidor para o "consumidor".[18] O "livre-mercado" de amanhã, argumenta Drucker, "significa fluxo de informação, e não comércio".[19] Os grandes produtores de valor nessa nova economia da informação cada vez mais digital, de redes sociais como Facebook, LinkedIn, Google+ e Twitter, são o que Daniel Pink chama de "nação do agente independente",[20] de trabalhadores do conhecimento autônomos operando por conta própria. Na mudança socioeconômica mais profunda do começo do século XXI, o homem organizacional da empresa industrial de grande escala se transformou no que Pink chama de uma nova "espécie" de trabalhador do conhecimento, como @scobleizer e @quixotic. Assim, o "homem de terno de flanela cinza" de Sloane Wilson foi transformado no trabalhador do "conhecimento" ou da informação independente, trabalhando por conta própria, cujas criatividade e inovação são assombrosamente adequadas a um mercado de trabalho globalizado, de incessante mobilidade individual e de destruição econômica criativa.

"Enquanto estávamos distraídos, a era industrial simplesmente chegou ao fim", me disse Seth Godin, um dos mais prescientes observadores da economia do conhecimento, quando participou de meu programa na Techcrunch, em fevereiro de 2011.[21] A economia de inovação schumpeteriana que Godin descreve é uma luta darwiniana pela sobrevivência entre indivíduos cada vez mais inovadores. "O mediano acabou", argumenta Godin em *Linchpin* (2010), seu livro de autoajuda sobre como manter nossa "indispensabilidade" nessa economia competitiva.[22] Outros apresentam isso de forma ainda mais ríspida. *Ignore Everybody* é o manual de inconformismo de Hugh MacLeod, que entrou na lista de mais vendidos do *Wall Street Journal*.[23] Gary Vaynerchuk, um dos mais bem-sucedidos autopromotores na mídia social, com mais de 1 milhão de seguidores como @garyvee no Twitter, recomenda: *Vá fundo*, se quiser "lucrar com nossa paixão" e permanecer indispensável na economia criativa global.[24]

"Nós descobrimos o mercado, e ele somos nós", diz Daniel Pink sobre a eu-conomia pós-industrial – um ambiente de trabalho ideal para a cultura boêmia de uma elite digital autocentrada, cada vez mais individualizada. A "destruição criativa" organizacional de Schumpeter foi substituída, no capitalismo do século XX, por uma luta de autoinvenção e reinvenção cada vez mais individualizadas. Pegando emprestado o título do livro de Reid Hoffman (de 2012),[25] o colunista do *New York Times* Thomas Friedman descreve esse mundo como "The start-up of you", uma economia na qual somos todos empreendedores em perpétuo reinício.[26] Os vencedores, nessa economia hipercompetitiva do século XXI, são os senhores e senhoras da reinvenção – indivíduos globalmente poderosos, como a editora-chefe da AOL, Arianna Huffington, e o superastro dos blogues Andrew Sullivan (respectivamente presidentes dos centros estudantis de debates de Cambridge e Oxford) – que rearquitetaram com sucesso suas identidades para se ajustar a cada nova reviravolta da cultura e da política globais.

Ainda assim, como no Verão do Amor, quanto mais atomizada e competitiva se torna a sociedade, mais o culto do social floresce entre os fiéis.

Kevin Kelly, o mais articulado coletivista libertário do Vale do Silício, foi quem melhor resumiu isso, em seu livro *Out of Control* (1995),[27] no qual apresentou a internet como uma "ordem econômica pós-fordista", administrada pela "mentalidade de colmeia" de uma nova ordem social digitalmente conectada.[28] John Perry Barlow ecoou o comunitarismo transcendental de Kelly em sua visão da revolução digital. "Como resultado da abertura do ciberespaço, a humanidade passa hoje pela mais profunda transformação de sua história", escreveu o letrista do Grateful Dead. "Entrando no Mundo Virtual, habitamos a Informação. De fato, nos tornamos Informação. O pensamento é encarnado, e a Carne se faz Verbo. É estranho pra cacete."[29]

Esse socialtranscendentalismo era *estranho pra cacete*. Mas, infelizmente, Kelly e Barlow não eram os únicos caixeiros-viajantes desse romantismo messiânico. Por intermédio do trabalho de pensadores como Norbert Wiener, matemático do MIT,[30] e Marshall McLuhan, o guru canadense da nova mídia, a versão digital do Vale do Silício para o culto do social começou a conquistar maior aceitação. Os argumentos de McLuhan, em especial – em livros como *A galáxia Gutenberg* (1962) e *Compreender os meios de comunicação* (1964), sobre o ciberespaço como união de toda a humanidade numa só "aldeia global" – se tornaram uma das crenças centrais no Vale do Silício, entre empreendedores de rede social como Mark Zuckerberg. Portanto, como observa David Kirkpatrick em *O efeito Facebook*, não surpreende que o guru canadense da nova mídia seja um "queridinho" numa empresa que, com seu quase 1 bilhão de integrantes, pode estar prestes a concretizar a visão de McLuhan, de uma "plataforma de comunicação universal que iria unir o planeta".[31]

O mais impressionante na adoção da tecnologia por McLuhan é seu *love-in* nostálgico com o passado imaginado. "Sim, eu teria gostado de viver ali na época", diz McLuhan sobre a antiga sociedade, "cor, agitação, poder, liberdade." O fim da história, para McLuhan, assim como para outros comunitaristas digitais, é, portanto, um retorno ao passado distante. Nisso está o valor da tecnologia para esse guru da nova mídia. É uma máquina do tempo para o passado distante – uma máquina que só viaja para trás, não para adiante.

Como observa James Gleick em *The Information*, McLuhan "louvou a nova era elétrica não por sua novidade, mas por seu retorno às raízes da criatividade humana".[32] Ele considera que o valor da tecnologia da informação é "rebobinar a fita" e nos arrastar de volta para o que chamou de nosso "espaço tribal", uma cultura oral pré-moderna.

O futurismo tecnológico, para Marshall McLuhan e discípulos seus como Mark Zuckerberg, portanto, é a nostalgia de um paraíso perdido. Motivo pelo qual, como disse Mike Malone de forma memorável, "a nostalgia do futuro é a maior contribuição do Vale do Silício para a nossa época".[33]

A síndrome do boliche solitário

Portanto, o cadáver do Verão do Amor foi ressuscitado sob a forma de internet com mídia social, tornando-se a grande esperança de comunitaristas românticos, desesperados para unir a humanidade e reconstruir a comunidade no século XXI. Pense nessa nostalgia do futuro como a "síndrome do boliche solitário" – uma referência às teorias comunitaristas do sociólogo Robert Putnam, de Harvard, cujo *Bowling Alone*, bastante famoso e muito vendido, concebe a rede digital como a solução para o que ele considera a crise da comunidade local.

Escrevendo em 2000 – apenas dois anos após @quixotic ter criado a primeira empresa de mídia social –, Putnam vê a mídia eletrônica como o meio de reinventar o envolvimento comunitário no século XXI. "Vamos descobrir formas de garantir que, em 2010, os americanos passem menos tempo de lazer sentados passivamente, sozinhos, na frente de telas cintilantes, e usem mais seu tempo em conexão ativa com outros cidadãos", argumentou ele com fervor comunitário. "Vamos criar novas formas de entretenimento e comunicação eletrônicos que reforcem o envolvimento comunitário, em vez de prejudicá-lo."[34]

Dez anos depois, essa síndrome do boliche solitário – um utilitarismo social baseado na ideia de que a comunidade faz de nós, como indivíduos, mais felizes e prósperos – se tornou quase tão onipresente quanto Facebook, foursquare ou Twitter. Uma avalanche recente de livros místico-comunitários com títulos que transmitem boas vibrações segue a mesma partitura sobre o poder milagroso da comunidade – como *O que é meu é seu: como o consumo colaborativo vai mudar o nosso mundo, We-Think,*[35] *The Wealth of Networks,*[36] *Socialnomics,*[37] *Lá vem todo mundo,*[38] *Open Leadership,*[39] *Six Pixels of Separation,*[40] *We First,*[41] *Generation We,*[42] *Connected,*[43] *Reality Is Broken,*[44] *The Mesh: Why the Future of Business Is Sharing*[45] e *The Hyper-Social Organization.*[46]

Essa obsessão intelectual com o social, uma mania de partilhar – o que hoje, "com o arco do fluxo de informação se curvando para a conectividade sempre maior",[47] é elegantemente chamada de "meme" (embora seja, em muitos sentidos, um vírus) – pode ser observada em muitas disciplinas acadêmicas diferentes. Os conceitos de convívio e compartilhamento adquiriram significado religioso tal que, em claro contraste com a pesquisa de Susan Greenfield, alguns cientistas hoje "descobrem" o papel central que eles desempenham na organização genética da condição humana. Certo "neuroeconomista", o dr. Paul Zak, do Instituto de Tecnologia da Califórnia, supostamente descobriu que o relacionamento social ativa a liberação de "substâncias químicas da generosidade em nossos cérebros".[48] Larry Swanson e Richard Thompson, da Universidade do Sul da Califórnia, estão até "descobrindo" que o cérebro lembra uma comunidade interconectada – o que levou à ridícula manchete: "Cérebro funciona mais como a internet que como uma empresa organizada 'de baixo para cima'."[49]

Mesmo David Brooks, o colunista em geral pragmático do *New York Times*, parece ter sido em parte enfeitiçado pelo social, argumentando em seu sucesso de vendas *The Social Animal: The Hidden Sources of Love, Character and Achievement* (2011) que o sucesso mundano é resultado da sociabilidade, e a solidão e a reclusão afetam apenas pessoas perturbadas ou que tiveram uma educação falha.[50] Brooks é um analista sóbrio demais para beber até o fim o refresco envenenado da mídia social, em particular no que diz respeito ao narcisismo contracultural que também caracteriza a geração Facebook e Twitter. "Nem tudo diz respeito a vocês", declarou Brooks a formandos americanos num alerta contra o que ele chamou de "a litania do individualismo expressivo", que, segundo ele, "ainda é a nota dominante na cultura americana".[51]

Enquanto isso, Steven Johnson, outro superconector hipervisível que, como vocês se recordam, descreveu na revista *Time* nossa "cultura do excesso de partilhamento" como "uma versão em rede do *Show de Truman*", chegou a ponto de argumentar que o social está de alguma forma embutido nas leis naturais do Universo. Em *De onde vêm as boas ideias* (2010),[52] uma polêmica comunitarista inteligentemente disfarçada de história intelectual sóbria, Johnson tenta derrubar as teorias biológicas de Charles Darwin para a origem da vida com o valor eterno da rede digital. "Uma boa ideia é uma rede",[53] escreve ele, alegando que nossas melhores ideias, como um recife de coral biologicamente bem-sucedido, se baseiam no que ele chama de um "ecossistema" social – em tese, o mesmo "ecossistema humano" que @quixotic tem construído, projetado e aperfeiçoado desde o fim dos anos 1990. A breve história da rede, nos conta Johnson, citando os exemplos de redes sociais como Twitter, foursquare e sua própria nova plataforma social hiperlocal, o Outside.In, "começou como um deserto e paulatinamente se transforma num recife de coral".[54]

De Robert Putnam e Steven Johnson a Clay Shirky, Jeff Jarvis e Kevin Kelly, a mensagem sobre o valor central da rede social permanece a mesma. A rede é nossa salvação como raça humana, diz o meme. As redes sociais digitais estão permitindo que nos aproximemos uns dos outros, como raça humana, explicam os crédulos, numa visão coletivista criticada pelo cético Jaron Lanier – o inventor da realidade virtual – como "maoismo digital".[55] A rede afinal permitirá que nos realizemos como indivíduos e como seres sociais, prometem os comunitaristas digitais. Negócios, liderança, mídia, identidade, cultura, riqueza, liberdade, inovação, motivação, talvez até o cérebro, quem sabe o próprio Universo – tudo, dizem eles, é transformado pela revolução digital. O futuro, proclamam todos, ecoando Biz Stone, será inevitavelmente social.

A longa marcha de volta para o futuro

"Esta será uma longa marcha", argumentam John Hagel e John Seeley Brown sobre a transição para a economia de conhecimento social, num aceno não intencional ao velho camarada Mao. "Pela primeira vez temos a oportunidade verdadeira de nos tornar quem somos; mais importante ainda, quem deveríamos ser."[56]

Segundo Jeff Jarvis, essa é uma longa marcha para o futuro que pode nos levar de volta ao século XVI e ao que ele chama de "sociedade transparente" e "idílica" da Inglaterra sob Henrique VIII. Mas a versão utópica de Jarvis sobre o período inicial da sociedade europeia moderna baseia-se na incompreensão fatal de um texto distópico clássico. "Em 1516, sir Thomas More argumentou em seu romance *Utopia* que a sociedade idílica é a sociedade transparente", argumenta ele com sua característica nostalgia comunitarista em *Public Parts*. "Na época de More, cada um trabalhava sob o olhar de todos os outros. Os negócios públicos eram realizados nas casas particulares; o sapateiro fazia seus sapatos em casa, o cervejeiro também. Não havia expectativa de privacidade no sentido moderno do termo."[57] Mas Jarvis lê equivocadamente a *Utopia* de sir Thomas More – livro que imagina a sociedade com uma transparência tão radical que todos jantam comunitariamente em compridas mesas de madeira. Jarvis não consegue entender que, nessa defesa clássica de liberdade e privacidade individuais, More – que foi enforcado, eviscerado e esquartejado em 1535 por alta traição – dava um alerta distópico a respeito de trabalhar "sob o olhar" de um tirano que tudo via, como seu executor Henrique VIII.

Porém, ainda mais que Jarvis ou Hagel, essa nostalgia rousseauniana de uma comunidade pré-industrial imaginária, na qual podemos enfim "nos tornar quem somos" e revelar nossa natureza humana intrínseca, é mais bem expressa pelo megacomunitarista Clay Shirky, cujo *A cultura da participação* (2010)[58] começa do ponto onde parou *Bowling Alone*, de Putnam, dez anos antes.

"A atomização da vida social no século XX nos deixou tão distantes da cultura participativa que, quando ela voltou, precisamos da expressão cultura participativa para descrevê-la", argumenta Shirky, lançando mão do ideal de Jean-Jacques Rousseau de cidadania transparente para si mesma. "Antes do século XX, não tínhamos uma expressão para cultura participativa; na verdade, isso seria uma espécie de tautologia. Significativa parcela da cultura era participativa – encontros, eventos e apresentações locais –, pois a cultura só podia vir do povo."[59]

A revolução digital muda tudo, diz Shirky, porque a "cultura participativa" elimina as antigas hierarquias da mídia industrial do século XX. Portanto, não precisamos mais de um estúdio de Hollywood com recursos, como o Paramount, ou de um diretor de cinema autoritário como Alfred Hitchcock, para fazer *Um corpo que cai*. O monopólio da mídia por Hollywood, no século XX, é substituído pelo que Shirky chama de "produção social" da internet, na qual a cultura é criada por todos nós, e não pelas elites. Assim, a mídia digital se torna literalmente o "tecido conjuntivo da sociedade", a fonte participativa de cultura e comunidade. Mais uma vez citando John Perry Barlow, *todos nos tornamos informação* – cada um de nós é um conector participativo nessa produção coletiva de cultura.

Mas Shirky – não por acaso apelidado de Herbert Marcuse da atual intelligentsia da rede[60] – está certo por todas as razões erradas. No século XX, íamos ao cinema para sermos aterrorizados pelos filmes de Hitchcock sobre homens inocentes como Scottie Ferguson, que eram arrastados para pesadelos que não compreendiam nem controlavam. Mas quando as luzes se acendiam, o pesadelo terminava, e estávamos livres para sair do cinema e retomar nossas vidas normais.

Hoje, porém, *Um corpo que cai* de Hitchcock foi radicalmente democratizado, de modo que todos participamos do drama. Essa é a verdade sobre a "cultura participativa" de Shirky. Vejam, a mídia social se tornou tão onipresente, de tal forma é o tecido conjuntivo da sociedade, que todos nos tornamos Scottie Ferguson, vítimas de uma história assustadora que não compreendemos nem controlamos.

Sim, essa versão digital de *Um corpo que cai* é estranha pra cacete.

Assim como Gavin Elster idealizou a São Francisco de junho de 1849 e Scottie Ferguson se apaixonou pela falsa Madeleine Elster, Shirky e seus colegas comunitaristas se enamoraram de uma cultura participativa pré-industrial que provavelmente jamais existiu, e sem dúvida não pode ser ressuscitada em nosso mundo supercompetitivo e cada vez mais individualizado do século XXI. E tal como Elster atraiu seu próprio colega da Universidade de Stanford para uma soturna fantasia de logro e coração partido, esses comunitaristas românticos, por uma razão ou outra, arrastam todos nós para um futuro que a maioria na verdade não quer – um *love-in* digital de *publicalidade*-padrão; uma luta darwiniana de indivíduos hipervisivelmente relacionados; uma "aldeia global" onde segredo e esquecimento desaparecem; uma "cultura participativa" que projeta uma transparência indesejada sobre toda a nossa vida; um mundo Creepy SnoopOn.me de incessantes verificações no foursquare, de computadores que nos conhecem e varreduras faciais de Facebook, no qual ninguém nunca é deixado sozinho.

Embora Steven Johnson compare de modo favorável o "ecossistema" da internet a um dos recifes de coral cheios de vida de Charles Darwin; embora Nicholas Christakis e James Fowler nos prometam que, "quando você sorri, o mundo sorri com você";[61] embora Jeff Jarvis nos ofereça uma passagem de volta para a transparência "idílica" da Inglaterra de Henrique VIII; e embora Clay Shirky garanta que "os seres humanos valorizam intrinsecamente uma sensação de contato"[62] – apesar disso tudo, o que a tecnologia em rede produziu de verdade foi a ressurreição do Autoícone de Jeremy Bentham – uma máquina de autoglorificação que promete, com toda a sedução de uma heroína coercitiva de Hitchcock, nos tornar imortais.

A internet – com seus mundos virtuais como Second Life – transformou a ideia de imortalidade de metáfora religiosa em possibilidade digital. Segundo John Tresch, historiador da Universidade da Pensilvânia, o atual sistema de mídia social encoraja todos nós a administrar o que ele chama de nossa "máquina da fama" para que possamos nos transformar em ícones. Nessa vida nos palácios de cristal da era digital, "precisamos todos passar por uma máquina da fama móvel, multifacetada e onipresente para ingressar até nas arenas modestas de amizade, família e trabalho". E a meta é conquistar seguidores e estabelecer o que Tresch chama de nossa "própria nuvem de glória".[63]

Então, como *Um corpo que cai*, de Hitchcock, a mídia social – com sua alegação de que a tecnologia nos une – é exatamente o oposto do que parece. Por trás do otimismo comunitarista dos utilitaristas digitais está uma verdade vertiginosa e socialmente fragmentada do século XX. É uma verdade pós-industrial, a comunidade cada vez mais fraca e o exagerado individualismo de *supernodes* e superconectores. É a verdade de uma economia de "atenção" que usa a "fama" individual como sua principal moeda, em redes como Klout. O mais perturbador de tudo: é a verdade antissocial de um mundo socioeconômico de crescente solidão, isolamento e desigualdade – uma condição socialmente disfuncional que Sherry Turkle descreve como estar "sozinho junto".

Assim como num bom filme de Hitchcock, tudo é ilusório. Aqueles maoistas acidentais, John Seely Brown e John Hagel, estavam certos em relação à "longa marcha". Mas é uma longa marcha de volta ao passado, e não para o futuro. A história se repete, primeiro é tragédia e depois farsa, escreveu Marx em seu ensaio sobre o fracasso da Revolução de 1848. Talvez. Mas não há dúvida de que – assim como a tecnologia do Vale do Silício transforma o mundo do século XXI – a história da Revolução Industrial do século XIX de certa forma é apresentada de novo na revolução digital de hoje. A tirania social que toma conta da liberdade individual na era hipervisível de hoje, por exemplo, era um problema conhecido na época da mecânica de massa. E também a promessa utópica de que a tecnologia contemporânea pode superar as divisões da humanidade e unificar todos nós numa aldeia global de compreensão e simpatia mútuas.

Então, vamos fazer essa longa marcha para o passado e sair de nossa cultura de grande exibicionismo para a era da grande exibição, no século XIX. Vamos começar essa jornada na assombrada e velha cidade universitária de Oxford, onde encontraremos nas paredes da história uma série de retratos tão desbotados que, em contraste com *Um corpo que cai* de Hitchcock, nenhum de nós nunca viu.

6. A era da grande exibição

> "A transparência é boa demais para ser verdade. ... O que há por trás desse mundo falsamente transparente?"
>
> Jean Baudrillard, *The Conspiracy of Art*

O Santo Graal

Sob a uma luz que morria, num começo de noite de outono em Oxford, os arquitetos de nosso futuro público recuaram para o interior da arquitetura restrita do passado. A biblioteca decagonal, construída em 1853 por Benjamin Woodward – um arquiteto irlandês descrito por seu amigo Dante Gabriel Rossetti, artista pré-rafaelita, como "a criatura mais tola que já respirou"[1] – se tornara palco para os arquitetos de nosso admirável novo mundo hipervisível. Espalhados pela biblioteca gótica de Woodward, em Oxford, com suas estantes imensas e os murais semiocultos, com cenas da corte do rei Artur em sete das dez paredes escuras, estavam os lugares-tenentes, os grandes cavaleiros da rede social global de hoje.

Como se pode ver, o Vale do Silício foi a Oxford. Os projetistas californianos da atual era da transparência haviam ido à antiga cidade universitária cheia de claustros privados, pátios internos recônditos, portas trancadas, portões de ferro fundido, enormes paredes, becos sinuosos, passagens secretas e câmaras subterrâneas. Esses facilitadores da visibilidade do século XXI estavam num lugar que a grande escritora Jan Morris, depois de registrar os 20 hectares de cemitérios, chamou de "a mais assombrada das cidades". Tão assombrada, explica Jan Morris, que Jeremy Bentham, o inventor da casa de inspeção que em 1760 ingressou no Queens College (por acaso a mesma faculdade que Tim Berners-Lee, o inventor da world wide web, frequentou dois séculos mais tarde), sentia ali um "medo perpétuo de fantasmas".[2] O Vale do Silício fora ao próprio coração assombrado de Oxford, à Associação de Estudantes de Oxford, ao centro estudantil, o excêntrico prédio de Woodward, um cemitério onde se enterrou a reputação de muitos intelectos nascentes ao longo dos dois últimos séculos.

De Bentham a Berners-Lee, "todos vêm para cá, mais cedo ou mais tarde",[3] escreve Jan Morris sobre essa cidade cintilante, porém semi-invisível, instalada, como ela observa, na "terra de ninguém"[4] da Inglaterra Central, entre Londres e Birmingham. Então, talvez fosse apropriada a ida daquela *aristocrazia* do Vale do Silício – os arquitetos da terra de ninguém digital na qual passamos um tempo cada vez cada vez maior de nossa vida social – à antiga cidade universitária para dar cor a suas concepções sobre nosso futuro conectado.

O Vale do Silício fora a Oxford, literalmente e como ideia, como um símbolo da inovação futura. Estava ali fisicamente nas figuras mais inventivas do Vale – Reid Hoffman, Biz Stone, Chris Sacca, Mike Malone e Philip Rosedale. Mas o Vale também fora a Oxford na forma simbólica de "O Vale do Silício vem a Oxford", o programa de dois dias de debates e palestras organizado pela Said Business School da Universidade e acompanhado por estudantes interessados em conhecer o perfil de nosso futuro cooperativo.

Assim, lá estavam eles, esses arquitetos de nossa sociedade digital globalmente ligada em rede. Vestindo smokings, com *flûtes* de champanhe numa das mãos e smartphones na outra, a aristocracia da mídia social do Vale do Silício se espalhava pela biblioteca vitoriana de Woodward, socializando de forma analógica e digital. Eles se relacionavam fisicamente, formando pequenos grupos (essa multidão de superconectores não precisa, claro, do aplicativo de apresentação social MingleBird), brindando pelos recantos obscuros da biblioteca enquanto conspiravam sobre a última fusão ou compra de mídia social; ao mesmo tempo, num universo digital paralelo, usavam seus smartphones para se relacionar eletronicamente com seguidores e amigos globais, entrando em rede para lustrar suas reputações virtuais já brilhantes, entrando em rede em suas próprias redes sociais, para sempre em rede.

Ou eu deveria dizer *lá estávamos nós*, já que – como aspirante a superconector – eu também estava ali, relacionando-me com Philip Rosedale, o criador do Second Life, a sociedade tridimensional transparente projetada como um "espaço para se conectar"[5] e dirigida a cidadãos do mundo digital. "Estamos fazendo isso porque acreditamos que maior transparência é o segredo de uma economia estável e do crescimento econômico", disse Rosedale. "As economias com mais transparência e mais informação são as que crescem depressa."[6]

No dia seguinte, Rosedale iria debater com uma professora de neurociência de Oxford, a baronesa Susan Greenfield, sobre o tema "O Universo, o cérebro e Second Life", enquanto eu travaria uma batalha com @quixotic para saber se as redes sociais estavam se tornando os Estado-nação do século XXI. Mas, naquela noite, éramos ambos espectadores de outra contenda mais premente. Estávamos prestes a descer da biblioteca para a sala de debates da Associação, lugar onde alguns dos homens e mulheres mais poderosos dos dois últimos séculos – como Winston Churchill, Margaret Thatcher, Ronald Reagan, Albert Einstein e Malcolm X – se encontraram para discutir as questões mais importantes da história moderna.

Ao longo dos últimos 150 anos, a Associação também foi o palco no qual estudantes de Oxford, a *aristocrazia* aspirante de Pareto, criaram sua reputação intelectual debatendo os grandes problemas da época. Entre os antigos alunos que presidiram a Associação estão os primeiros-ministros britânicos Edward Heath e Herbert Asquith, a primeira-ministra assassinada do Paquistão Benazir Bhutto, o atual prefeito de Londres, Boris Johnson, e aquele mestre da reinvenção, Andrew Sullivan, uma das marcas mais hipervisíveis do mundo da mídia social hoje. Até Bertie – filho mais velho da rainha Vitória e do príncipe Albert durante muito tempo príncipe de Gales e futuro Eduardo VII, que foi estudar na Christ Church em 1859 – visitaria a Associação de Estudantes de Oxford toda quinta-feira para assistir às contendas. "Comparada ao resto de sua vida ali", comentou um historiador da instituição sobre as aventuras do apagado Bertie em Oxford, "foi definitivamente uma experiência estimulante."[7]

"Esta casa acredita que os problemas de amanhã são maiores que os empreendedores de hoje", estava prestes a debater a Associação de Estudantes de Oxford. De um lado estavam os que hoje correm riscos – Biz Stone e Reid Hoffman, empreendedores habilidosos em pular de penhascos e pilotar aviões durante a descida. Do outro, céticos como Ian Goldin, vice-presidente do Banco Mundial, e o escritor Will Hutton, duvidando que "fracassar rápido" fosse uma solução para os problemas sociais do século XXI. Era uma disputa para saber se podíamos confiar aos empreendedores do Vale do Silício, aos arquitetos que moldam a atual revolução da Web 3.0, o nosso futuro num mundo digitalizado, onde as fronteiras entre primeira e segunda vida depressa se dissolvem.

Enquanto tomávamos champanhe juntos, sob a luz que morria no começo da noite em Oxford, Rosedale – um bronzeado californiano do sul cujo físico atlético parecia mais adequado à utopia bem-iluminada do Second Life que a uma escura biblioteca gótica do século XIX em Oxford – e eu nos aquecemos para o debate travando nossa própria pequena batalha intelectual. Comparávamos os méritos do prédio físico do século XIX, de Benjamin Woodward, à arquitetura transparente da rede virtual do século XXI.

– Então, em que estar aqui contrasta com estar na internet? – perguntei a ele, indicando a biblioteca com minha *flûte* pela metade. – Que experiência você acha mais memorável?

Rosedale ergueu os olhos para as pinturas da corte do rei Artur nas paredes. À luz artificial da biblioteca gótica, o tecnólogo californiano em traje de gala, o rosto bronzeado voltado para o céu, impunha uma presença exagerada, como se uma força brilhante, alguma luz alternativa, o iluminasse publicamente. Banhado em luz e cor, aquele arquiteto da realidade virtual do século XXI parecia se sobrepor à biblioteca gótica. Ele surgia como um retrato do futuro, hipervisível, não diferente da forma como os avatares de sua rede on-line Second Life se destacam na tela tridimensional.

Eu também ergui os olhos para as pinturas nas paredes da biblioteca, quadros que pareciam substituir as janelas no escuro prédio gótico de Woodward. Aquelas janelas não apenas não tinham vidros, elas também eram opacas. Em contraste com o hipervisível Rosedale, aquelas sete pinturas da corte do rei Artur – afrescos que incluíam o rei Artur com seus cavaleiros da Távola Redonda, as mortes heroicas de Merlin e Artur, a visão do Santo Graal por sir Lancelote – mal podiam ser observadas a olho nu, oferecendo apenas vislumbres elípticos de cores lavadas e imagens desbotadas. Era uma grande exposição que ninguém – nem Philip Rosedale, nem eu, nem ninguém – podia ver.

– Deve haver algum problema técnico – brincou Rosedale. – Que sistema operacional eles usam nas paredes daqui?

Arte social

Mas não havia motivo para rir. Realmente houve um problema técnico com as paredes. Elas foram pintadas por Dante Gabriel Rossetti e um grupo de amigos da Irmandade Pré-Rafaelita,[8] entre eles William Morris e Edward Burne Jones, no mesmo momento em que a própria Oxford era transformada, de forma radical, pelo que Peter Drucker chamou de "a primeira grande Revolução Industrial dos anos 1830 e 1840" (a ferrovia, manifestação mais literal da rede industrial só chegou à cidade universitária em 1844). Esses artistas romanticamente revolucionários devolveram à vida a corte mitológica do rei Artur em sete afrescos pintados entre 1857 e 1859.[9]

Aquela foi, desde o início, a empreitada amadora consciente de um grupo de alunos de Oxford brilhantemente talentosos, mas desorganizados. De acordo com sua classificação naquilo que o historiador Paul Johnson chama de "primeiro movimento de vanguarda artística",[10] o *projeto* da Irmandade Pré-Rafaelita para pintar a biblioteca da Associação foi uma experiência de arte social. Tendo observado que as paredes da sala decagonal de Woodward "clamavam por figuras",[11] Rossetti convocou um grupo de amigos estudantes para pintar as paredes com cenas do *Idylls of the King* (1845), de Alfred Tennyson – poema épico que idealizava a era da cavalaria do rei Artur e sua corte.

"Sim, eu teria gostado de viver ali na época ... cor, agiração, poder, liberdade", clama o poema de Tennyson sobre o mundo pré-industrial. Numa sociedade de meados do século XIX, em que a nova rede industrial transformava com violência todas as certezas da tradicional vida comunitária, não espanta que *Idylls of the King* tenha tido tal impacto sobre românticos como Rossetti e seus amigos de Oxford.

A despeito de seu apreço pelo passado, a postura da Irmandade Pré-Rafaelita em relação à tecnologia moderna era curiosamente dúbia. Por um lado, influenciados pelo romantismo gótico de poetas e escritores de meados do século XIX, como Tennyson, Thomas Carlyle e William Wordsworth, os pré-rafaelitas eram críticos em relação à fria natureza individualista da Revolução Industrial e tinham nostalgia do que o historiador da arte E.H. Gombrich chama de "espírito da Idade Média".[12] Como observa A.N. Wilson, historiador da Inglaterra vitoriana, "esses jovens pintores pretendiam criticar o espírito do seu tempo" e "reavivar a sociedade" com sua arte gótica.[13] Mas a nostalgia da comunidade simples da Idade Média – não diferente da idealização de Marshall McLuhan sobre a cultura oral do homem primitivo, ou as versões romantizadas de Clay Shirky e Robert Putnam para a democracia participativa na vida comunal pré-século XX – era uma invenção que tinha pouca ou nenhuma fidelidade ao passado. Essa representação num quadro idealizado do passado, como observa Laurence des Cars em seu estudo dos pré-rafaelitas, era "uma forma de substituir as realidades da vida moderna por romanças e cavalheirismo".[14]

Mas a Irmandade Pré-Rafaelita também tinha certa crença (talvez até uma fé religiosa mcluhaniana) no poder da tecnologia para ajudá-los a representar o mundo de forma acurada e tornar a obra criativa acessível para o público. Segundo Robert Hughes, os "bordões" dessa arte revolucionária eram "expurgar, simplificar, arcaizar"[15] a decadência da arte ocidental e retornar a uma época anterior a Rafael, o artista renascentista do século XVI, a fim de redescobrir a pureza da pintura de representação. Para os pré-rafaelitas, "Deus estava nos detalhes" de sua arte; assim, eles descobriram o que Hughes chamou de "ficção técnica" de "pintar com cores transparentes sobre uma base branca molhada"[16] e misturar pigmentos com verniz resinoso para manter as cores frescas[17] – técnicas que lhes permitiram exagerar o impacto de luz e cor e "reproduzir o ofuscamento da luz direta do sol"[18] em suas pinturas. Dessa maneira, os pré-rafaelitas se valiam da mais inovadora tecnologia moderna para produzir pinturas romantizando um passado que nunca existiu nem poderia existir. Talvez não fosse coincidência o fato de que o mais brilhante dos afrescos representasse a perspectiva de Rossetti sobre a forma como sir Lancelote vira o Santo Graal, aquele símbolo perene na iconografia ocidental – de sir Thomas More a sir Thomas Mallory, Alfred Tennyson e Philip Rosedale –, da coisa perfeitamente impossível e impossivelmente perfeita.

De início, o projeto de arte social pré-rafaelita nas paredes do prédio da Associação em Woodward foi considerado um triunfo, uma representação magnífica do poema de Tennyson. "Nunca, na longa história de Oxford, tais agrupamentos e individualidades se juntaram para concentrar devoção numa tarefa comum", escreveu um historiador da Associação.[19] Como observa Jan Morris, é o "mais famoso projeto pré-rafaelita em Oxford".[20] John Ruskin, o mais influente crítico de arte da era vitoriana, considerou o retrato que Rossetti fez de sir Lancelote diante do Santo Graal "brilhante a ponto de fazer com que as paredes parecessem as margens de um manuscrito com iluminuras".[21]

Mas a arte de código aberto (*open-source*),* como livros, filmes ou revoluções de código aberto, não funciona – não agora, não no futuro, e sem dúvida não na metade do século XIX industrial. Apesar de todo entusiasmo de Rossetti e seus jovens amigos pelo projeto artístico coletivo, aquela foi uma iniciativa com poucos recursos e desorganizada, que carecia de uma liderança coerente ou de um plano geral. Seu maior equívoco – irônico, considerando-se a confiança pré-rafaelita na tecnologia para exagerar a visibilidade de suas imagens – foi não garantir a necessária preparação técnica para proteger a tinta da degeneração.

---

* *Open-source* refere-se a um software de utilização livre, como, por exemplo, o Linux. (N.T.)

Em 1858, estava claro que os afrescos desbotavam na parede e estavam prestes a desaparecer. "O único remédio para tudo agora é a cal, e ficarei contente quando souber que foi aplicada", disse naquele ano Dante Gabriel Rossetti, sem qualquer interesse pelo projeto.[22] Assim, durante o último século e meio, esses afrescos pré-rafaelitas assombraram as paredes da biblioteca da Associação, tornando-se cada vez mais indecifráveis (a despeito de vários projetos de restauração bastante caros),[23] e sua fama vinha da própria ilegibilidade.

Mas Philip Rosedale, do Second Life, não sabia nada disso. Tudo o que ele podia ver eram pinturas ilegíveis e paredes que haviam esquecido a arte. Na cabeça desse pioneiro da transparência, as paredes estavam com um problema técnico. Não se fizera um back-up da informação. O sistema operacional falhara.

– Então isso prova minha tese – disse ele. – Enquanto a internet se lembra de tudo que colocamos nela, esta velha biblioteca só sabe como esquecer.

– Mas qual o valor de se lembrar de tudo? – perguntei com um sorrisinho amarelo.

Rosedale também sorriu. Mas o dele era um sorriso ofuscante, transbordando cor pré-rafaelita.

– Lembrar de tudo nos une – confessou. – Isso permite a unidade do homem.

– *A unidade do homem?* – perguntei, erguendo minha *flûte* num falso tributo. – Já ouvi isso antes. A história se repete, não?

Rosedale também ergueu sua *flûte* de champanhe.

– Ah, não, não desta vez – disse ele, fazendo tintim. – Desta vez será diferente.

Mas Rosedale estava errado. Desta vez não será nada diferente. Sabem, Santo Graal é Santo Graal, seja ele um projeto de arte social pré-rafaelita, um mundo tridimensional transparente, habitado por avatares, ou uma rede social global que une a humanidade. A unidade do homem é uma ilusão agora, em nossa era de grande exibicionismo, tanto quanto foi em meados do século XIX, na era da grande exibição.

Não, desta vez não será diferente. Para explicar por quê, vou contar a triste história do príncipe de um reino de conto de fadas cuja nobre ambição era estabelecer essa unidade dos homens.

A unidade dos homens

No começo da primavera de 1850, três anos antes de o arquiteto irlandês Benjamin Woodward começar a trabalhar em sua Associação dos Estudantes gótica, com janelas opacas que dão para um mundo imaginário, um bondoso príncipe alemão do reino de conto de fadas de Saxe-Coburgo e Gotha, chamado Francisco Alberto Augusto Carlos Emanuel, fez um discurso a respeito de um prédio muito mais transparente. No dia 21 de março de 1850, esse aristocrata com uma rede muito rica – mais conhecido hoje como príncipe Albert, marido da rainha Vitória e pai de Bertie, o aluno de Oxford que mais tarde se tornaria o rei Eduardo VII – falou em Londres para duzentos dos membros mais poderosos da *aristocrazia* da Inglaterra, os arquitetos da Revolução Industrial no país. Sua Alteza Real o príncipe Albert tinha uma grande ideia. Como Philip Rosedale, queria favorecer a unidade do homem aproximando a todos. E, como o fundador do Second Life, planejava fazer isso criando algo de cristalina transparência.

O discurso foi feito no Salão Egípcio da Mansion House, a residência oficial do prefeito de Londres, um prédio neoclássico do século XVIII situado na City de Londres, então o mais rico quilômetro quadrado da cidade mais rica e populosa da Terra.[24] Na plateia estavam lorde John Russell, primeiro-ministro britânico, lorde Palmerston, ministro do Exterior, William Gladstone, ex-presidente da Associação de Estudantes de Oxford, o arcebispo de Canterbury, o embaixador francês, mestres das guildas da cidade e políticos locais como Harry Forbes, prefeito de Bradford, centro da nova indústria mundial da lã.

Com suas enormes colunas neoclássicas, escudos pintados e a imponente estátua de Britânia numa das extremidades do salão, a sala egípcia da Mansion House era um palco imponente o bastante para a mensagem grandiosa do príncipe Albert. Após um banquete com sopa de tartaruga, enguia, lagosta, cordeiro, pombo, frutas, bolos e sorvetes, o príncipe Albert, que estava "resplandecente"[25] em seu uniforme de mestre da Trinity House Corporation, a empresa britânica de eletricidade, ergueu-se para falar. Começou ele:

> Ninguém que tenha prestado alguma atenção às características peculiares de nossa época duvidará por um momento de que estamos vivendo num período da mais maravilhosa transição, que tende, e muito depressa, a cumprir aquele grande objetivo para o qual, de fato, toda a história aponta – a realização da unidade de todos os homens.

Em certo sentido, o príncipe estava certo ao mencionar essa grande "transição" histórica – embora, como ele mesmo soubesse, ela não fosse "maravilhosa" para todos que por acaso a atravessavam. Ele descrevia a mudança grandiosa das antigas comunidades agrícolas fragmentadas, idealizadas por românticos como Alfred Tennyson e a Irmandade Pré-Rafaelita, para a nova arquitetura industrial em redes de ferrovias, linhas telegráficas e elétricas, estradas e fábricas. Citando novamente o Sean Parker do filme *A rede social*, "primeiro vivemos em aldeias, depois vivemos em cidades". E como Peter Drucker já nos lembrou, essa transformação tecnológica da vida agrícola em industrial é um dos acontecimentos sociais e econômicos mais grandiosos da história humana. "Em dois séculos, a vida cotidiana mudou mais do que havia mudado nos 7 mil anos anteriores", explica o historiador da economia Joel Mokr.[26]

Francisco Alberto Augusto Carlos Emanuel de Saxe-Coburgo e Gota, filho de uma das mais conectadas das antigas dinastias europeias, era um internacionalista – alguém que acreditava que a tecnologia da Revolução Industrial estava nos transformando de inimigos em amigos, nos unindo como raça humana pelo respeito mútuo, amor, amizade e confiança. Como a própria revolução tecnológica, essa meta de unir os homens por intermédio da tecnologia também era nova, e a palavra "internacional" era um neologismo então recente, inventado pelo nosso velho amigo Jeremy Bentham, em *Introduction to the Principles of Morals and Legislation*, de 1780.[27]

O internacionalismo de Albert, por assim dizer, era produzido por sua fé na tecnologia industrial. Com suas ferrovias mecânicas, navios a vapor, jornais de massa e linhas telegráficas, a Revolução Industrial reinventara a ideia de distância física, transformando um mundo antes geograficamente fragmentado numa nascente aldeia global mcluhaniana. O que Albert chamou de "realização da unidade dos homens" já fora visto um ano antes de seu discurso na Mansion House, durante a corrida ao ouro de São Francisco, em 1849, aquela expedição desastrosa a litorais estrangeiros, um acontecimento industrial[28] que não apenas transportou 250 mil argonautas de todo o mundo para a Califórnia em menos de três anos como também injetou no novo sistema econômico global o ouro necessário para garantir sua liquidez.[29]

Prosseguiu o príncipe Albert em seu discurso na Mansion House:

> As distâncias que separavam as diferentes nações e partes do globo estão desaparecendo depressa diante das conquistas da invenção moderna, e podemos atravessá-las com inacreditável facilidade; as linguagens de todas as nações são conhecidas, e sua aquisição, colocada ao alcance de todos; o pensamento se comunica com a rapidez – e mesmo com o poder – de um raio. Por outro lado, o grande princípio da divisão do trabalho, que pode ser chamado de força motriz da civilização, é levado a todos os setores de ciência, indústria e arte.

No entanto, a despeito do fim da distância, o príncipe Albert sabia que havia outra coisa freando a realização da unidade humana. A nova tecnologia da rede industrial, a despeito da milagrosa destruição da distância e do aumento drástico na capacidade de produzir bens, não necessariamente aproximara as pessoas. Embora a Grã-Bretanha fosse a nação industrial mais avançada do planeta em 1850,[30] ela também era, em muitos sentidos, a mais dividida. O que o príncipe Albert chamou de "o grande princípio da divisão do trabalho" na verdade resultara na separação econômica entre a Grã-Bretanha e o resto do mundo, e também entre os novos ricos, os arquitetos capitalistas da produção industrial, e os novos pobres, a nova classe operária industrial que compunha grande parcela do 1,5 milhão de habitantes de Londres; sem falar na crescente população de detentos trancafiados nas prisões benthamitas industrialmente projetadas da Grã-Bretanha vitoriana.

Em meados do século XIX, a prisão industrial e a fábrica industrial eram quase indistinguíveis. "A indústria moderna transformou a pequena oficina do antigo mestre de corporação na grande fábrica do capitalista industrial. Massas de operários, aglomerados nas fábricas, são organizadas como soldados", escreveram Karl Marx e Friedrich Engels no panfleto de 1848, *O manifesto comunista*, que, ao lado de *Sobre a liberdade*, de John Stuart Mill, é o mais conhecido tratado político do século XIX. "Eles não são apenas escravos da classe e do Estado burgueses, mas diariamente e a cada hora são escravos da máquina, do contramestre e, sobretudo, do próprio dono da fábrica."[31]

Embora não haja registro de que o príncipe Albert tenha lido *O manifesto comunista*, ele certamente estava bem consciente da horripilante vida do proletariado industrial inglês, que descreveu como "aquela classe de nossa comunidade que tem a maior parte do esforço e o menor dos prazeres deste mundo".[32] Por exemplo, ao longo de 1848 – ano de séria tensão política na Inglaterra e de revoluções pela maior parte da Europa –, ele atormentou lorde John Russel com o sofrimento dos trabalhadores, dizendo ao primeiro-ministro que o governo estava "disposto a fazer o possível para ajudar as classes trabalhadores a superar a atual hora de sofrimento". O fungo da batata, na Irlanda, e a violência cartista de 1848 apenas tornaram pior uma situação que já era péssima. "É terrível ver o sofrimento nessa hora", escreveu naquele ano o príncipe Albert – que também era presidente da Sociedade para a Melhoria das Condições das Classes Trabalhadoras –, após visitar uma sórdida favela de Londres.[33]

A situação foi considerada tão ruim durante as manifestações cartistas de abril de 1848 que o duque de Wellington, o general popular que derrotara Napoleão em Waterloo, em 1815, transformou Londres numa gigantesca casa de inspeção, repleta de espiões da polícia e controlada por uma enorme guarnição de soldados. Wellington, que foi convocado pelo primeiro-ministro John Russel como um símbolo popular da lei e da ordem, ergueu uma barricada no Museu Britânico, em Bloomsbury, rodeou o Banco da Inglaterra com sacos de areia, reforçou todas as penitenciárias de Londres com guardas fortemente armados e mobilizou um pequeno exército de vigilantes, incluindo o que A.N. Wilson descreve como "impressionantes" 85 mil agentes especiais.[34] A visibilidade já se tornara uma armadilha. É provável que um desses agentes especiais tenha tirado as primeiras fotos de um grande acontecimento histórico, uma das mais antigas origens das redes sociais de fotografia contemporâneas como o Instagram, registrando daguerreótipos que Wilson descreve como "de qualidade enevoada", mais tarde usados por espiões da polícia para identificar e prender desordeiros.

Havia três formas de tentar curar a discórdia internacional e a fragmentação da sociedade durante a Revolução Industrial de meados do século XIX. A primeira era, como Marx e Engels, tornar-se um comunista revolucionário e buscar destruir o capitalismo de modo a reorganizar a humanidade por intermédio do Santo Graal de uma sociedade sem classes e de alta tecnologia, na qual seríamos livres para "caçar pela manhã, pescar à tarde e criar gado ao anoitecer".[35] A segunda era se retirar, como a Irmandade Pré-Rafaelita ou o movimento ludita anti-industrial, para um mundo medieval reacionário, um passado remoto de comunidade orgânica e cavaleiros heroicamente generosos – estratégia que transformou a história em pinturas de contos de fadas. A terceira opção era tentar reformar o sistema por dentro, curando as divisões sociais e buscando políticas que parecessem unir, em vez de dividir as pessoas.

O príncipe Albert era mais reformista que revolucionário ou reacionário utópico. E fora isso que o levara ao Salão Egípcio no começo da primavera de 1850. Ele estava ali para descrever sua estratégia, no sentido de atingir a unidade humana. "Ele [o príncipe Albert] acreditava que o mundo alcançara um estágio em que todo conhecimento e inovação eram reconhecidos como propriedade da comunidade internacional, e não como algo que precisasse ser protegido por segredo dos olhares estranhos", observou um historiador.[36] Assim, Albert fora à Mansion House para promover um fato transparente que iria celebrar abertamente a ciência, a tecnologia e as leis do movimento. Esse festival de inovação, com sua fé na abertura e na transparência, iria unir o mundo. Ele se chamaria Grande Exposição.

"A ciência descobre essas leis de força, movimento e transformação; a indústria aplica-as à matéria-prima, que a terra nos fornece em abundância, mas que só se torna valiosa por meio do conhecimento. A arte nos ensina as leis imutáveis de beleza e simetria, e dá formas a nossos produtos de acordo com elas", explicou o príncipe Albert à sua plateia no Salão Egípcio. "Cavalheiros, a Exposição de 1851 nos dará um verdadeiro teste e um quadro vivo do ponto de desenvolvimento a que chegou toda a humanidade nessa grande tarefa; e um novo ponto a partir do qual todas as nações serão capazes de dirigir seus posteriores esforços."

A Grande Exposição dos Trabalhos da Indústria de todas as Nações em Londres, em 1851, como ficou oficialmente conhecida, seria de fato um "verdadeiro teste" para transformar classes sociais e países em guerra em amigos e realizar a unidade humana. Mas não seria uma exposição qualquer. O príncipe Albert, ele mesmo talentoso pintor amador de retratos, descobrira um arquiteto revolucionário para construir o templo de transparência de sua Grande Exposição. Ele descobrira um jardineiro com a excepcional capacidade de construir casas de vidro.

O Palácio de Cristal

O príncipe Albert viu pela primeira vez o trabalho de seu jardineiro em dezembro de 1843. O príncipe consorte e a rainha Vitória estavam visitando a propriedade do duque de Devonshire, em Derbyshire, hoje conhecida como Chatsworth House, majestosa casa de campo neoclássica, do século XVII, com vista panorâmica dos parques e jardins ao seu redor.

Mas em Chatsworth a vista que encantou a rainha Vitória e o príncipe Albert foi a de uma revolucionária estufa de ferro e vidro construída pelo jardineiro-chefe da mansão, um paisagista de origem humilde chamado Joseph Paxton. A rainha Vitória a descreveu como "em seu gênero, a coisa mais bela que se pode imaginar", enquanto o príncipe Albert a chamou de "magnífica e bela".[37]

O príncipe jamais se esqueceu do prédio de ferro e vidro de Joseph Paxton, e, depois que outros projetos arquitetônicos foram considerados caros demais, ele convocou Paxton – então representante no Parlamento – para construir um palácio industrial de vidro e aço com a finalidade de abrigar as obras da indústria de todas as nações. Como observou Bill Bryson: "No outono de 1850, no Hyde Park, em Londres, se ergueu a mais extraordinária estrutura: uma estufa gigantesca de aço e vidro cobrindo um terreno de 77 mil metros quadrados e contendo em sua vastidão arejada espaço suficiente para quatro catedrais de São Paulo."[38]

O que Paxton construiu no Hyde Park em apenas cinco meses foi, segundo o príncipe Albert, "uma peça de arte maravilhosa";[39] Bill Bryson o descreve como "o prédio mais ousado e icônico do século";[40] e Eric Hobsbawm o chama de "monumento brilhante"[41] às realizações da Revolução Industrial. Sua arquitetura era o oposto da escura biblioteca de Oxford, de Benjamin Woodward. O prédio era composto de 293.655 painéis de vidro, mais de 4.500 toneladas de aço e, de forma impressionante, 38 quilômetros de drenos. A revista satírica *Punch* o apelidou de "Palácio de Cristal", e o nome pegou. Para seu festival de inovação, com o objetivo de eliminar o segredo que vigorava no mundo pré-industrial, o príncipe Albert encomendara um palácio de vidro transparente impossível de proteger do olhar de estranhos.

"Após o café da manhã, seguimos com as cinco crianças para ver o Palácio de Cristal, que não estava concluído da última vez em que lá fomos, e realmente é uma das maravilhas do mundo, do qual nós os ingleses podemos nos orgulhar", escreveu a rainha Vitória em seu diário, em fevereiro de 1850. "As galerias estão concluídas, e do alto delas o efeito é maravilhoso. O sol penetra pelo transepto e transmite uma aparência encantada. O prédio é muito claro e gracioso, a despeito de seu imenso tamanho. Muitas das peças de exposição chegaram. ... Ele me deixou orgulhosa e feliz."[42]

Nem todos admiraram o milagre industrial de ferro e vidro de Paxton com o entusiasmo ou o orgulho da rainha Vitória. Os céticos góticos da tecnologia e do progresso, para dizer o mínimo, em nada se impressionaram. O santo padroeiro da Irmandade Pré-Rafaelita, o crítico John Ruskin, descreveu o Palácio de Cristal como "um suporte de pepineiro entre duas chaminés", enquanto Edward Burne-Jones, um dos artistas pré-rafaelitas que pintaram as paredes da Associação de Estudantes de Oxford, achou o projeto arquitetônico de Paxton "deprimente e monótono".[43]

Porém, ao mesmo tempo que o símbolo da Grande Exposição de 1851 era o palácio transparente de vidro e aço de Paxton, seu significado social era a tentativa do príncipe Albert de unificar a raça humana por meio de uma celebração universal de ciência e tecnologia. A mostra exibiu 100 mil itens de 14 mil empresas da Grã-Bretanha e do mundo todo. Era uma cornucópia de projetos industriais, tecnologia mecânica e máquinas a vapor. Havia máquinas para poupar o trabalho humano, impressoras e motores a vapor, globos mecânicos, amostras da recém-inventada ciência da fotografia, protótipos de submarinos e impressoras industriais e até máquinas para tirar as pessoas da cama. Ironicamente, a única peça ausente era o protocomputador de Charles Babbage, sua "máquina diferencial", que, talvez pela estranheza inimaginável,[44] foi rejeitada pelos organizadores da exposição.

As conquistas da engenharia expostas no Palácio de Cristal eram igualadas pelas conquistas de engenharia social da Grande Exposição. Como observa o historiador Benjamin Friedman, "a Grande Exposição foi uma exuberante celebração não apenas da ideia de progresso científico, e portanto material, mas ... também de progresso em questões sociais, cívicas e morais".[45] O principal objetivo do príncipe Albert – juntar as pessoas e romper os limites sociais da vida do século XIX – havia sido cumprido em muitos sentidos. A despeito do medo de uma insurreição socialista que fez da cerimônia de abertura um acontecimento privado, e não público, a

Grande Exposição foi o primeiro acontecimento verdadeiramente aberto e inclusivo do século XIX, no qual as classes operárias inglesas e a aristocracia se misturaram fisicamente como cidadãos da mesma nação.

Como Michael Leapman descreve em *The World for a Shilling: How the Great Exhibition of 1851 Shaped a Nation*, sua narrativa vívida de como a mostra afetou as vidas das pessoas comuns, a Grande Exposição do príncipe Albert contribuiu para a criação de uma identidade britânica coletiva. De fato, após sua transferência do Hyde Park para o subúrbio de Sydenham, no sul de Londres (hoje conhecido como Crystal Palace), em 1854, a estrutura de Paxton ficou conhecida popularmente como "Palácio do Povo",[46] e atraiu 60 milhões de visitantes nos trinta anos seguintes.[47]

Em muitos sentidos, a Grande Exposição foi um triunfo da fé do príncipe Albert na tecnologia industrial do século XIX para realizar a unidade dos homens. Mas o internacionalista príncipe consorte, que morreu em 1861, aos 42 anos, deixou o palco histórico no exato momento em que todo seu precioso otimismo com a "grande transição" da Revolução Industrial começava a se fazer em pedaços. Em vez de unificadora da humanidade, a tecnologia industrial estava ajudando a segregar os homens em classes sociais, tribos e Estados-nação desconfiados, sempre em guerra uns com os outros.

O estilhaçar do vidro

Na noite de 30 de novembro de 1936, o céu sobre Londres ficou vermelho-sangue com chamas de 150 metros sopradas por um alto vento noroeste. O Palácio de Cristal de Joseph Paxton, o símbolo da esperança de meados do século XIX num mundo industrial mais transparente e inclusivo, estava em chamas. Apesar dos esforços de centenas de carros-pipas, bombeiros e policiais, o palácio de Paxton, com todos os 293.655 painéis de vidro, logo se dissolveu numa pilha de vidro derretido e metal retorcido, vítima do que especialistas em incêndios chamam de "efeito funil" dos ventos altos combinado ao piso de madeira altamente combustível da construção. Um repórter do *Daily Mail*, contemplando o incêndio de um avião, o descreveu "como a cratera ardente de um vulcão".[48] O fogo podia ser visto de Hampstead Heath, no norte de Londres, até as cidades litorâneas de Brighton e Margate, no sul. Meio milhão de espectadores assistiu ao Palácio de Cristal arder no sul de Londres. Às 9h daquela noite, até ministros do Parlamento abandonaram o debate na Câmara dos Comuns para ver o incêndio a partir de suas salas de comissão e de seus terraços em Westminster.

Eles assistiam à queima do sonho internacionalista do príncipe Albert. Mas, na verdade, essa morte era pouco mais que simbólica, o enterro de um cadáver já morto havia meio século. "Orgulhoso com a esperança de progresso interminável e poder irresistível", havia sido a observação de John Ruskin sobre o Palácio de Cristal quando ele se transferira do Hyde Park para Sydenham, em 1854. O alerta sobre a *hybris* da fé de Albert na ciência e tecnologia para nos aproximar estava certo. À medida que o século XIX chegava ao fim, o Palácio de Cristal lutava para estabelecer o que no Vale do Silício seria chamado de modelo de negócio viável. A construção de Paxton mergulhou na falta de manutenção e nas dívidas. Em 1911, havia declarado falência; durante a Primeira Guerra Mundial, a estrutura de vidro e ferro foi rebatizada de HMS Crystal Palace e, com uma selvagem ironia, utilizada como base de treinamento naval para a guerra contra a Alemanha.

Em 1936, o sonho do príncipe Albert havia morrido não apenas no sul de Londres, mas também na maior parte do mundo. Sua fé na industrialização e a crença de que a tecnologia e a ciência nos uniriam se mostraram tragicamente equivocadas. Sim, o príncipe Albert estava certo, as redes analógicas da era mecanizada iriam criar novas identidades e organizações sociais, mas seu sonho de uma "maravilhosa transição" da história se revelou, em grande parte do mundo, um verdadeiro pesadelo.

Como argumenta o sociólogo Ernest Gellner em *Nations and Nationalism*, a Revolução Industrial resultou numa explosão de nacionalismo, e não em internacionalismo. "O trabalho na sociedade industrial não significa matéria em movimento. O paradigma do trabalho não é mais arar, colher, debulhar", argumentou Gellner. "O trabalho, em sua maior parte, já não é a manipulação de coisas, mas de significados. Geralmente, envolve se comunicar com outras pessoas ou manipular os controles de uma máquina."[49]

A nova rede de estradas, ferrovias, cabos telegráficos e a impressora mecanizada de fato forneceram a arquitetura necessária para a distribuição de significado, substituindo o antigo mundo agrícola fragmentado por uma sociedade muito mais conectada fisicamente. Porém, em vez de um esperanto ou de um código de computador universal, as linguagens dominantes desse mundo industrial no fim do século XIX e início do XX eram discursos nacionais exclusivos, como o italiano ou o alemão. Essas linguagens, suas tradições e histórias culturais supostamente eternas, nos aprisionaram em grupos linguísticos estreitos. Em vez de criar a unidade do homem, levaram à era do Estado-nação, um novo tipo de comunidade imaginária na qual nos definimos em termos únicos, que não apenas excluíam as nações vizinhas como também as minorias culturais em nossa própria sociedade.

Tome-se por exemplo a história moderna na Alemanha. Quando o internacionalista príncipe Albert morreu, em 1861, seu principado de conto de fadas, Saxe-Coburgo e Gotha, era parte da confederação da Baviera, no sul da Alemanha. Em 1870, a Baviera se uniu à Prússia de Bismarck numa guerra contra a França que culminou com a unificação da Alemanha em 1871. A história desse país entre 1871 e 1914 é dominada por uma revolução na indústria com impressionante sucesso; de outro, pela ascensão de um nacionalismo cada vez mais afirmativo. A derrota da Alemanha na Primeira Guerra Mundial levou à ascensão do nacional-socialismo e à emergência de uma identidade comunal ainda mais escatológica, fundida ao culto de valores medievais, basicamente dirigida contra os judeus, aqueles símbolos da própria modernidade e do internacionalismo que o príncipe Albert um dia idealizara.

Em 1936, o ano fatídico em que o Palácio de Cristal foi arrasado pelo incêndio, os nacional-socialistas alemães haviam tomado o poder e estavam usando a tecnologia e a ciência mais modernas com agressividade para rearmar o país. Contudo, na Alemanha, a noite sangrenta dos vidros quebrados aconteceu dois anos depois, em novembro de 1938. Os nacional-socialistas organizaram a *Kristallnacht* ("a Noite dos Cristais"), um pogrom moderno, patrocinado pelo Estado, no qual maltas humanas destruíram propriedades de judeus alemães, quebrando as janelas de suas casas e lojas, e levando um quarto de todos os judeus alemães de sexo masculino para as primitivas prisões de alta tecnologia que hoje chamamos de campos de concentração. Destruiu-se tanto vidro em 48 horas de tumulto que foram necessários dois anos inteiros da produção total de vidros lisos da Bélgica para substituir tudo o que se quebrara. Mas a *Kristallnacht* foi apenas o começo da violência e do ódio aos estrangeiros. Depois disso veio outra guerra mundial e os campos industriais da morte de Auschwitz e Belsen, que empregavam as tecnologias então mais recentes de uma forma que o príncipe Albert, em seus piores pesadelos, jamais poderia ter imaginado.

O mais chocante sobre a organização dos campos da morte foi sua corrupção dos dois grandes pilares do utilitarismo de Bentham: eficiência social e planejamento central. "Diz-se que Belsen parecia um laboratório de pesquisa atômica ou um estúdio cinematográfico bem-projetado", escreveu Aldous Huxley, autor de *Admirável mundo novo,* numa crítica violenta à casa de inspeção de Bentham. "Os irmãos Bentham estão mortos há mais de cem anos; mas o espírito do pan-óptico, o espírito da casa de trabalho compulsório para o mujique de sir Samuel, marchou rumo a destinos estranhos e tenebrosos."[50]

Enquanto isso, a leste da Alemanha nazista, o império russo degenerara do despotismo iluminado da mecenas de Samuel Bentham no século XVIII, Catarina a Grande, para o despotismo oriental do século XX, de Josef Stálin. Ali, no admirável mundo novo coletivo que havia sido a musa sombria de Orwell para o Ministério da Verdade, rostocrime, vidaprópria, Grande Irmão, tecnologia e ciência eram empregados sob a forma de um pesadelo que transformou o país numa transparente "casa de trabalho compulsório para o mujique".

Tendo sido apresentada com a linguagem utópica da irmandade entre os homens e da amizade universal das classes operárias, a Revolução Soviética havia sido tão corrompida pelo terror de Stálin que, como argumenta Hannah Arendt em *As origens do totalitarismo*, seu verdadeiro impacto foi de isolamento individual e laços sociais cada vez mais frágeis. Em novembro de 1936, quando o céu acima de Londres estava vermelho-sangue de chamas, a versão stalinista da Grande Exposição, os julgamentos-espetáculo públicos, conduzidos pelos chamados *apparatchiki*, funcionários dos brutais planos quinquenais, chegava a um clímax exibicionista sangrento.

O *apparatchik* criou um regime no qual a câmera nunca era desligada, o visor jamais era baixado. Mesmo depois da morte de Stálin, o Grande Irmão permaneceu no poder. Na Alemanha Oriental, por exemplo, cidadãos foram recrutados às dezenas de milhar pela polícia secreta Stasi para espionar seus vizinhos. Ao transformar a sociedade numa prisão transparente que jogava na ilegalidade a liberdade de pensamento independente, ao transformar os alemães orientais numa nação vertiginosa de Scottie Ferguson espiando a vida dos outros, o *apparatchik* matou a privacidade individual. Como argumenta Charles Fried, professor de direito em Harvard, a privacidade está intimamente ligada a respeito, amor, amizade e confiança, é o "oxigênio" com o qual os indivíduos são capazes de construir "relações [sociais] do tipo mais fundamental".[51] Foi exatamente esse *oxigênio* que o *apparatchik* desligou – destruindo assim respeito, amor, amizade e confiança que tradicionalmente vigoravam entre os seres humanos. Assim, na notória sala 101 de *1984*, de George Orwell, o *apparatchik* afinal esmagou o amor de Winston Smith por Julia, exatamente aquilo que o tornava humano e lhe dava esperança no futuro.

Essa foi a verdadeira tragédia do totalitarismo. Em vez de amor havia ódio; no lugar de amizade havia isolamento individual, desrespeito, medo e desconfiança mútuos. A esperança no futuro fora extinta numa sociedade que se transformara na paródia mais hedionda da onisciente casa de inspeção de Jeremy Bentham.

A volta do futuro

Você se lembra, Karl Marx escreveu que a história se repete – primeiro ela é tragédia, depois é farsa –, enquanto Reid Hoffman, um dos donos do nosso futuro, previu que esse futuro é sempre mais breve e mais estranho do que pensamos. Mas hoje, quando o sonho da unidade dos homens foi ressuscitado por utopistas como Philip Rosedale, qual é exatamente esse futuro coletivo? Será que a internet pode se revelar um gulag farsesco? Será que o plano de cinco anos de Mark Zuckerberg, de transformar a internet num dormitório brilhantemente iluminado, nos encarcera numa prisão global absurda onde todos somos obrigados a viver em público?

Na atual era digital sabemos que o Grande Irmão da sociedade industrial foi substituído pela "vasta legião de Pequenos Irmãos travessos" de Walter Kirn, equipados com suas máquinas da fama, BlackBerry, iPhone e Android.[52] Então, seria errado e também bastante tolo sugerir que Mark Zuckerberg é o Stálin 2.0 ou – seja lá o que Julian Assange possa alegar – que o Facebook é a nova Stasi.

Num debate na Techcrunch em abril de 2011, Tim O'Reilly, o magnata editorial que inventou o termo Web 2.0, e Reid Hoffman, o arcanjo por trás da revolução da Web 3.0 de hoje, debateram sobre o que mais tínhamos a temer num mundo digital cada vez mais cheio de informações personalizadas.[53] Para O'Reilly, o medo era de corporações todo-poderosas, enquanto o maior temor de @quixotic era do governo. Mas ambos ignoraram um terceiro espectro (e o terceiro trilho numa democracia como os Estados Unidos), que, em certo sentido, é mais desalentador que governos ou corporações enxeridos. O'Reilly e Hoffman esqueceram os bilhões de Pequenos Irmãos que, em 2020, serão proprietários de 50 bilhões de equipamentos inteligentes conectados à rede. Eles não conseguiram reconhecer que o mais temível no século XXI talvez sejamos nós mesmos.

"A máquina de ver foi um dia uma espécie de quarto escuro no qual indivíduos espiavam; tornou-se um prédio transparente no qual o exercício do poder pode ser supervisionado pela sociedade como um todo", escreveu Michel Foucault sobre a forma como a casa de inspeção de Bentham "se espalhou por todo o corpo social" na era industrial.[54] Mas Foucault morreu em 1984, o fatídico ano em que a Apple nos disse para "pensar diferente"; assim, nunca pôde ver a ressurreição da casa de inspeção como o grande tribunal de nosso novo mundo digital.

Essa mudança de poder, de um só Grande Irmão onisciente, no século XX, para a vasta legião de Pequenos Irmãos do século XXI, é o que distingue nosso futuro da era da grande exibição. O fracasso do totalitarismo, o declínio do papel e do poder do governo na maioria das sociedades democráticas e o atual cinismo generalizado em relação a todas as formas de autoridade política são, como argumenta o cineasta britânico Adam Curtis, "a ideologia da nossa época". Mas, embora o poder tenha se transferido do centro analógico para a periferia digital, distante tanto de ditadores malvados como Stálin quanto de reformistas bem-intencionados como o príncipe Albert, isso não significa que ele tenha sido eliminado, nem que estejamos prestes a realizar uma nova unidade do homem. O que vemos quando olhamos para o futuro é que todo o vidro um dia usado por Joseph Paxton para construir o Palácio de Cristal foi transformado, em nossa era de grande exibicionismo, em bilhões de autoícones.

O que vemos nesse futuro são quadros tão estranhos que poderiam ter sido criados pelo autor de *Absurdistão*. Vemos a volta do *apparatchik* como um aparelho sem fio onisciente. Vemos uma sociedade que está se tornando sua própria imagem eletrônica, uma (des)união de Pequenos Irmãos. Vemos seres humanos virados ao avesso, de modo que todas as suas informações mais íntimas são colocadas à vista da rede pública. Vemos uma economia da fama na qual respeito, amor, amizade e confiança estão substituindo o dinheiro como mercadoria mais escassa e portanto mais valiosa da sociedade. Vemos uma *História de amor real e supertriste* estrelada por superconectores globais com milhões de amigos, mas que não sabem os nomes de seus vizinhos. Vemos vertigem digital. Cada vez mais vertigem digital.

Sim, esses quadros do futuro são estranhos pra cacete.

Então imagine um mundo sem segredo e privacidade, no qual tudo e todos são transparentes. Imagine o retorno do *apparatchik* num universo no qual todos vivemos em público. Imagine o palácio de cristal de ontem se metamorfoseando na prisão de cristal de amanhã, onde nos encarceramos numa infinita sala de espelhos. E imagine, caso consiga, uma casa de inspeção de Bentham do século XIX que seja ao mesmo tempo o hotel de luxo do século XXI. Porque é exatamente para onde iremos a seguir, a fim de ver esses retratos assustadores do futuro.

7. A era do grande exibicionismo

"@JetPacks: Que tipo de mãe convoca uma entrevista coletiva ao saber da morte da filhinha? É ESSA chance de estrelato que você não pode deixar passar?"

A prisão de cristal

Estávamos na manhã de meu debate sobre o futuro, com Reid Hoffman, em Oxford. No mesmo dia, discutiríamos se as comunidades da mídia social iriam substituir o Estado-nação como fonte de identidade pessoal no século XXI. Mas, no momento, eu estava de pé, no centro do que, pelo menos à primeira vista, parecia uma prisão industrial. A cadeia na qual eu me encontrava, tomando emprestadas as palavras de Michel Foucault, tinha "muitas celas, muitos teatros nos quais cada ator está só".[1] Projetada para maximizar a visibilidade e a solidão dos detentos, na linguagem de Foucault, essa prisão industrial era o "oposto do princípio da masmorra". Seus objetivos eram tão simples quanto sua arquitetura: vigilância e controle.

De meu posto numa escada metálica do segundo andar, no átrio central da ala A da prisão, eu tinha uma vista panorâmica do prédio bem-iluminado e arejado com suas celas e teatros solitários espalhando-se ao meu redor. À esquerda e à direita se estendiam compridos corredores de celas simetricamente dispostas, todas com idênticas portas de ferro fundido e vigias com finas barras metálicas. Abaixo e acima de mim havia outros andares, com outros corredores cheios de celas, outras portas de metal e vigias. Girando sobre meu eixo, eu podia ver as portas de todas as celas em todos os andares da ala A. A perspectiva me deu uma sensação de controle onisciente. Como se eu fosse Deus, talvez. Ou Jeremy Bentham.

Não surpreende que o arquiteto original dessa prisão de Oxford tenha sido William Blackburn, "o pai do projeto radial de prisões"[2] e pioneiro na realização das ideias de Bentham na Grã-Bretanha. Iniciada em 1785, dois anos antes de Bentham publicar sua carta aberta da Rússia sobre a casa de inspeção, a prisão de Blackburn substituiu o que se tornara popularmente conhecido como "o monte de estrume"[3] das masmorras públicas sabidamente caóticas do castelo de Oxford por um prédio semicircular inteiramente novo, projetado como um enorme olho para vigiar os detentos.

A ala A, de três andares, havia sido acrescentada entre 1848 e 1856, coincidindo com a construção do Palácio de Cristal claro e arejado do príncipe Albert; encarcerou muitos dos homens e mulheres empobrecidos[4] que o iluminado príncipe esperava como visitantes da Grande Exposição. Era uma prisão baseada no princípio da vigilância constante, um tipo de grande exposição muito distinto do festival de ciência e tecnologia montado no Palácio de Cristal. As celas foram construídas com vigias em uma só direção, que punham fim à privacidade do prisioneiro e permitiam às autoridades vigiá-lo à vontade. O confinamento em solitária substituía os castigos físicos como principal modo de punição. Os presos recebiam números que se tornavam sua identidade institucional. A partir da década de 1860, as autoridades desenvolveram um sistema de registro penal que tirava vantagem da tecnologia então revolucionária da fotografia para criar instantâneos dos prisioneiros. Tomando emprestadas as palavras de Mark Zuckerberg, quem estava encarcerado em Oxford só tinha uma identidade. O objetivo era supervisionar cada movimento dos prisioneiros e administrar o tempo deles a cada minuto, de modo a que se transformassem, de seres humanos complexos, com suas "vidas próprias", em cronogramas empacotados de informação processada.

Nada mudou muito na ala A entre o fim do século XIX e o século XX. "A atual prisão de Oxford", observava Jan Morris em meados nos anos 1960, "na sinistra periferia do castelo, ... é um lugar pequeno, mas horrendo, habitado pelo tilintar de chaves, o ranger de trancas, o arrastar de pés e pela voz dos carcereiros ecoando em velhas paredes de pedra".[5] Esse é um retrato com o qual muitos fãs de filmes clássicos britânicos dos anos 1960 estão familiarizados. As cenas de prisão do filme *Um golpe à italiana*, de 1969 – estrelado por Michael Caine no papel do inescrupuloso Charlie Crocker e o inimitável Noel Coward como o chefão criminoso sr. Bridger –, foram filmadas na ala A de Oxford e oferecem uma introdução de humor negro à vida no cárcere no fim da era industrial.[6]

Mas no começo do século XXI a ala A tilintava com o som de um tipo muito diferente de chave. Já em setembro de 1996, a Prisão de Sua Majestade (Her Majesty's Prison, HMP) de Oxford foi, por assim dizer, destrancada e, na linguagem de seu guia oficial, "reformulada como complexo de lazer e consumo".[7] Uma empresa britânica chamada Malmaison Group, dona de hotéis "que ousam ser diferentes",[8] adquiriu a prisão e, conservando a arquitetura simples do prédio benthamita de William Blackburn, transformou-o em hotel-butique.

Ele hoje se chama The Oxford Mal e é um simulacro da prisão do século XIX. As velhas celas se tornaram quartos de luxo, mas ainda mantêm as vigias e portas de ferro fundido originais. A ala A é agora um iluminado átrio banhado pelo sol, ligando os quartos particulares do hotel às áreas públicas. As velhas celas de confinamento solitário no porão foram transformadas num agradável restaurante, Destination Brasserie, onde eu acabara de tomar, com @quixotic, um desjejum de salmão grelhado e ovos mexidos.

Numa cena memorável de *Um golpe à italiana*, Charlie Crocker entra na prisão de alta segurança para seduzir o sr. Bridger com a ideia de roubar US$ 4 milhões em ouro chinês. Hoje, porém, o Oxford Mal se tornou um lugar tão aprazível que nem só os criminosos inovadores gostariam de se hospedar em seus quartos luxuosos. "Desta vez não estamos fazendo prisioneiros", é como o site do Oxford Mal na internet o apresenta, de forma divertida, para clientes como eu. "Imagine uma prisão que é um hotel. ... Agora imagine uma prisão que de repente é um hotel-butique de luxo em Oxford, com a Destination Brasserie e espaço para os amantes da boa vida. Belisque-se. Você está cumprindo sua pena no Oxford Mal."

Eu não "cumpria pena" sozinho no Oxford Mal. Todos os inovadores da tecnologia que falavam no congresso "O Vale do Silício vem a Oxford" – Reid Hoffman, Philip Rosedale, Biz Stone, Chris Sacca e Mike Malone – estavam hospedados nesse hotel-butique de luxo. Imaginar todos esses magnatas da mídia social – em particular o obcecado e impertinente Stone e o querubínico Hoffman – trancados no quarto luxuoso de uma prisão remodelada é deliciosamente irônico. Mas o significado do hotel vai além da ironia. Ele é o retrato de onde um dia teremos de viver.

Como a versão britânica de um hotel temático de Las Vegas ou um cenário de Hollywood, o Oxford Mal pode ser visto como exemplo do que Umberto Eco e Jean Baudrillard chamam de hiper-realidade. "O *totalmente real* se identifica ao *totalmente falso*. ... A irrealidade absoluta é oferecida como uma presença real", explica Eco, enquanto Baudrillard define a hiper-realidade como "a simulação de algo que nunca existiu realmente". A história se repetiu com a prisão de Oxford, poderiam dizer Baudrillard e Eco, primeiro como tragédia, depois como farsa.

Contudo, em vez de uma farsa simples, como Madeleine Elster em *Um corpo que cai*, o Oxford Mal é ao mesmo tempo um fato histórico e um artefato do futuro. Embora o hotel do século XXI tenha a aparência de uma prisão do século XIX, sua verdadeira identidade é exatamente o oposto. Em vez de dar às autoridades o poder de olhar para dentro da cela, o Oxford Mal fornece a seus hóspedes a tecnologia de olhar para fora, para o átrio público. "A vigia é invertida, de modo que os hóspedes podem olhar para fora", é como o guia de viagem *Fodor's* explica a tecnologia revisada das portas do Oxford Mal.[9] Com essa inversão, o mestre onipresente da casa de inspeção é substituído pelo exército atomizado de Pequenos Irmãos de Walter Kirn, os bisbilhoteiros privados presos em teatros eletrônicos paralelos, que espiam para fora, mas não podem ser vistos, conhecer nem observar seu vizinho.

Somos encorajados a *imaginar uma prisão que é um hotel* pelo site da Malmaison na internet. Uma forma melhor de pensar no Oxford Mal, porém, é *imaginar um hotel que é uma prisão* – um lugar que nos encarcera sem que saibamos disso. E era exatamente isso o que eu estava imaginando na manhã de meu debate em Oxford com @quixotic, para saber se o homem digital será mais socialmente conectado que seu ancestral industrial. Enquanto eu olhava para o átrio iluminado do Oxford Mal, imaginei o hotel – com as vigias invertidas nas portas de ferro – como um microcosmo de nosso futuro em rede social. De repente, eu me dei conta, faltava na ala A um ingrediente básico do futuro.

A hipervisibilidade.

Meus olhos percorreram os longos corredores do Oxford Mal tomados por gaiolas nas quais cada hóspede do hotel está absolutamente só. Fiquei pensando no que aconteceria se as portas de ferro fundido do hotel desaparecessem. E se todos, todos os enxeridos em suas celas paralelas, pudessem ver o que todos os outros estavam fazendo? E se todos vivêssemos em público?

Eu me belisquei. E então?

Vivemos em público

"O futuro já está aqui, apenas é desigualmente distribuído", disse William Gibson em 1993. Uma versão do futuro, pelo menos do nosso futuro social, pode ter chegado alguns anos depois que Gibson fez essa observação pressagiosa no fim do século XX. Um empreendedor chamado Josh Harris a inventou. Harris, "o maior dos pioneiros da internet de que você tem notícia",[10] é um dos primeiros milionários ponto.com. Na explosão da internet dos anos 1990, ele abriu a firma de consultoria Jupiter Research, com sede em Nova York, e um site de vídeo na rede, o Pseudo.com. É menos conhecido como inovador proprietário de hotéis. No entanto, se Josh Harris for lembrado como uma espécie de pioneiro, será como fundador de um verdadeiro *malmaison* – um hotel que era literalmente uma prisão.

Vocês se lembram de que o defensor do excesso de partilhamento Steven Johnson descreveu a atual Web 3.0 como "uma versão em rede de *O show de Truman*, onde todos interpretamos Truman".[11] Josh Harris levou mais adiante, de uma maneira enlouquecida. Depois de ver *O show de*

Truman – o filme de Peter Weir, de 1998, sobre o homem comum Truman Burbank (interpretado com uma inocência ao estilo James Stewart por Jim Carrey), cuja vida real era transmitida para milhões de telespectadores fascinados –, Harris decidiu transformar o filme ficcional de Weir na experiência real de retransmissão constante e sem censura.

No começo de dezembro de 1999, como parte de um projeto artístico intitulado Quiet: we live in public, Harris abriu um hotel subterrâneo em Nova York chamado Capsule, com cem quartos em forma de cápsula que, em contraste com o Oxford Mal, não possuíam paredes nem portas. O Capsule era projetado para eliminar a solidão, um hotel-butique social, com uma arquitetura de transparência tão radical que nada, nem os atos e pensamentos mais íntimos dos hóspedes, se mantinham privados.

Ao voltar suas lentes para seus sujeitos de modo que todos se tornavam astros de seu próprio programa, 24 horas por dia, Harris foi o pioneiro do modelo de empresa de rede social uma década antes do nascimento do Hyperpublic, Airtime, BeKnown ou LivingSocial. Tudo no hotel Capsule – a comida e a bebida servidas em sua mesa de jantar de 12 metros, que lembrava as mesas comunais da *Utopia* de sir Thomas More, as acomodações no estilo de cápsula e um estande de tiro subterrâneo – era gratuito. Tudo, exceto a informação que os hóspedes, os cem Truman Burbank, geravam. Josh Harris era o *dono* dessa informação, como deixava absolutamente claro o contrato de todos os participantes do projeto.

Assim, o objetivo do hotel Capsule, seu modus vivendi, era permitir que identidades reais, pessoas de carne e osso, gerassem um enorme volume de informação. Essa casa de inspeção adotava a ideia de Web 3.0 de @quixotic antes mesmo de alguém ter imaginado a Web 2.0.[12] Portanto, havia câmeras por toda parte – na área de jantar comunal, nos quartos, nos chuveiros, até nos banheiros. O "modelo de negócios" de Josh Harris, se esse é o termo certo para tal projeto rudemente espoliador, era a reunião das informações pessoais mais íntimas dos residentes do hotel.

Felizmente, a experiência do Capsule de Harris, esse simulacro da casa de inspeção de Bentham no fim do século XX, foi captada em câmera pela cineasta Ondi Timoner no documentário *We Live in Public* (2009), que ganhou o grande prêmio do júri no Festival de Cinema de Sundance. O trabalho absolutamente íntimo de Timoner, que ela me descreveu como uma "versão hiperbólica da realidade", é uma obra séria na era de mídia social que Philip Rosedale insiste em qualificar de promotora da unidade humana. Após um mês de vida voltado o tempo todo para as câmeras, o projeto desmoronou em paranoia coletiva, inveja sexual, ódio e violência física. Em seu retrato da natureza antissocial da transparência social radicalizada, a professora do MIT Sherry Turkle, autora de *Alone Together*, poderia ter escrito o roteiro de *We Live in Public*. Em vez de eliminar a solidão, a experiência de Harris apenas a aumentou. Como um participante nervoso do projeto Quiet contou a Timoner: "Quanto mais você conhece um ao outro, mas solitário você se torna."

A coisa mais perturbadora no projeto Quiet de Josh Harris foi o reaparecimento do *apparatchik*. Como um hóspede do hotel contou a Ondi Timoner em *We Live in Public*, "era um Estado policial de vigilância absoluta". Assim que os voluntários se registravam no Capsule, não podiam mais sair. Com mau gosto hiper-real, Harris e seus acólitos até se travestiam de *apparatchiki*, arguindo os cidadãos do Quiet no estilo sádico dos interrogadores de *O zero e o infinito*, de Arthur Koestler, ou de *1984*, de Orwell, desencavando as revelações mais humilhantes sobre colapsos mentais, vícios em drogas e tentativas de suicídio.

Não satisfeito em arruinar a vida das outras pessoas, Harris passou a destruir a sua própria vida, transformando-se em Truman Burbank. Depois que o Capsule foi fechado pela polícia de Nova York, no Ano-novo de 2000, ele voltou as câmeras vigilantes e enxeridas para si mesmo e começou a transmitir uma versão sem censura, 24 horas por dia, de sua própria vida, em WeLiveInPublic.com. Essa experiência absurdamente autodestrutiva resultou não apenas no fim da amizade mais íntima de Harris, sua relação com a namorada, como na própria falência de sua reputação e de suas finanças. Atualmente Harris mora na Etiópia, exilado de parentes, amigos e credores, o mais triste visionário da internet de que já se teve notícia, o cadáver de um homem que tentou possuir todas as nossas imagens, mas hoje não possui absolutamente nada.

No entanto, em vez de sinalizar o fim do futuro, o fracasso de John Harris na verdade é apenas seu começo. Como Ondi Timoner me disse: "A internet está nos pastoreando de um modo que todos agora negociamos nossa privacidade." Contudo, em vez de WeLiveInPublic.com ou do hotel Capsule, a morte da privacidade terá como autor um pequeno gadget que enfiamos nos bolsos ou penduramos no pescoço.

A volta do *apparatchik*

O futuro pode ter sido um dia desigualmente distribuído, mas haverá um tempo em que sua distribuição será universal. Nesse futuro, todos teremos nos juntado ao *apparatchik*. Sim, isso será estranho pra cacete.

Esse futuro se chama *Uma história de amor real e supertriste*. Ele é imaginado pelo satirista Gary Shteyngart, autor desse horripilante romance lançado em 2010[13] sobre um futuro distópico em que todos nós possuímos um aparelhinho chique chamado Apparat, dedicado a quantificar e classificar os imensos volumes de informações pessoais gerados por nossas identidades reais.

Shteyngart explica a distopia de informações em que vivemos em público: "Todos têm esse aparelho chamado 'Apparat', que usam no bolso ou como um pingente. No momento em que você entra em algum lugar, todos o julgam. O aparelho tem o que se chama de tecnologia 'Rate Me Plus'. Então você imediatamente recebe uma nota. Todos podem comentar e classificar os outros, e todos fazem isso."[14]

Quando participou do meu programa da Techcrunch em julho de 2011, Shteyngart descreveu esse mundo como "a terra de William Gibson".[15] É um lugar em que nossas personalidades são quantificadas em listas, em tempo real, universalmente acessíveis como as redes de reputação da internet Hashable ou Kred. Mistério, privacidade e segredo foram eliminados desse mercado transparente. A bolsa de ações de reputação Empire Avenue terá substituído Wall Street como principal negociadora de valores. A economia irá se basear somente na reputação, um mercado de espelhos, um perfeito mercado de informações acerca de como os outros nos veem.

Esse Apparat, explicou-me Shteyngart, é uma versão madura e onisciente de gadgets contemporâneos como o iPhone e os smartphones Android do Google, que já nos espionam. "Meu Apparat varreu rapidamente os fluxos de informação lançados pelos clientes, como espuma poluída quebrando em praias antes inexploradas, e se concentrou em McKay Watson", observa o narrador de *Uma história de amor real e supertriste*, Lenny Abramov, sobre uma completa estranha que ele conhece numa loja, mas cujas informações mais íntimas ele acessou imediatamente em seu Apparat.

> Eu acariciei as informações de McKay. ... Ela se formara em Tufs com uma especialização em relações internacionais e um segundo diploma em ciência. Seus pais eram professores aposentados de Charlottesville, Virginia, onde ela foi criada. Não tinha namorado no momento, mas gostava de transar ficando por cima do cara e menos ficando de costas para ele.[16]

No mundo de Shteyngart nós não possuiremos o Apparat – ele nos possuirá. Esse gadget onisciente é fabricado por uma enorme corporação chamada LandO'LakesGMFordCredit (talvez uma "HyperPublicLiving-SocialPeekYou" atual), que agrega e estoca todas as nossas informações pessoais – dados sobre fortuna, grau de sofisticação, preferências quanto a roupas, nossa sexualidade – e as transmite para todo mundo. Em *Uma história de amor real e supertriste*, nós, os enxeridos, mulheres jovens como McKay Watson, fomos transformados, como Josh Harris e sua namorada patética, em WeLiveInPublic.com, em informações transparentes, o tipo de informação mais desejável (para todos, exceto para nós mesmos).

Nessa distopia, todos vivemos em público num eterno hotel Capsule, semelhante às redes de mídia social contemporâneas como SnoopOn.me ou Creepy. Nesse mundo saturado de *apparatchiki*, todos têm um perfil público, com dados sobre renda, tipo sanguíneo, nível de colesterol, preferências sexuais, poder de compra e, acima de tudo, hábitos de consumo. Ninguém pode fugir da sombra universal de seu Apparat, que – com sua tecnologia Rate Me Plus – é a realização eletrônica do Autoícone de Bentham, uma prisão inescapável, uma perpétua ala A na qual todos vivemos em nossa própria imagem.

Não há dúvida de que a aventura lúgubre de Shteyngart na terra de William Gibson é uma história de amor supertriste. Mas é realista? Pode ser verdadeira?

A história de Scoble

Tenho de confessar que não fiz referência aos hotéis Malmaison e Capsule ou ao Apparat em meu debate com Reid Hoffman em Oxford. Sequer mencionei Josh Harris, Gary Shteyngart ou WeLiveInPublic.com. Suspeito que todos esses quadros futuristas da mídia social teriam sido descartados pelo analítico @quixotic como coisas excessivamente fantásticas e pessimistas. A exemplo de Steven Johnson, Hoffman teria descartado Josh Harris como "tolo" e "visionário enlouquecido",[17] que poderia ser o tema fascinante de um documentário, mas sem qualquer relação com a realidade.

Assim, nosso debate foi bastante tedioso, cheio de discordâncias educadas e respeitosas sobre o que Peter Drucker descreveu como a "grande transição" entre sociedade industrial e de conhecimento, e não uma verdadeira troca de ideias. Ambos reconhecemos que comunidades de mídia social iriam de alguma forma substituir o Estado-nação como fonte de identidade pessoal no século XXI. Mas como seria esse futuro? Não sabíamos, porque, ao contrário de Gary Shteyngart, nem Reid Hoffman nem eu havíamos visitado a terra de William Gibson.

Algumas semanas após o debate com @quixotic, contudo, depois que voltei para casa no norte da Califórnia, fiz uma viagem ao futuro para ver de que modo a mídia social iria substituir o Estado-nação como fonte de identidade pessoal no século XXI. Minha jornada começou em São Francisco, na ponte Golden Gate, local do icônico mergulho de Madeleine Elster na baía, em *Um corpo que cai*. Estava indo de carro para o sul, passando pela parte de São Francisco onde fica a sede do Twitter, no vale de

Santa Clara, um dia conhecido como "vale das delícias do coração" e hoje sede empresarial do Facebook de Mark Zuckerberg, do LinkedIn de Reid Hoffman, do Google de Larry Page e de centenas de outras empresas do Vale do Silício que são a arquitetura social de nosso mundo da Web 3.0.

Dirigi rumo ao sul pela 101, aquela artéria reconhecidamente engarrafada que liga São Francisco a San José e, ainda mais ao sul, passa perto de San Juan Bautista, o assentamento da missão do século XVIII onde Hitchcock filmou o assassinato de Madeleine Elster e o suicídio de Judy Barton. Mas saí da 101 antes de San José, segui para oeste, pelo caminho sinuoso através das montanhas Santa Cruz, onde o próprio Hitchcock um dia teve uma casa, e cheguei ao litoral do Pacífico, ao norte de Pescadero, a pequena aldeia de pescadores onde cresceu Gordon Moore, um dos fundadores da Intel e autor da lei de Moore.

"Tenho de fazer uma última coisa, e então estarei livre do passado", diz Scottie Ferguson a Judy Barton na cena final de *Um corpo que cai* enquanto seguem rumo ao sul de São Francisco, para San Juan Bautista, pelo litoral da Califórnia. Mas em vez de me libertar do passado, meu negócio para além das montanhas Santa Cruz era visitar o futuro. Eu ia para o litoral do Pacífico a fim de entrevistar Robert Scoble, o megaevangelizador da mídia social do Vale do Silício e um dos primeiros colonos na terra de William Gibson.

Ao contrário de Josh Harris, Robert Scoble não é um "tolo" nem um "visionário enlouquecido". Ex-"executivo de humanização" da Microsoft, colunista da revista *Fast Company* e coautor de um elogiado livro sobre o valor do diálogo transparente,[18] Scoble é um propagador da mídia social muito admirado; no Vale do Silício, está entre os mais influentes animadores de torcida do atual *love-in* digital. A revista *Economist* o descreveu como uma "pequena celebridade entre *geeks* de todo o mundo",[19] e o jornal *Financial Times* incluiu Scoble – que tuíta para seus quase 200 mil seguidores como @scobleizer – em sua lista dos cinco tuiteiros mais influentes do mundo em março de 2011.[20]

Se William Gibson está certo e o futuro já chegou, então ele assumiu a forma de @scobleizer. Scoble está entre as figuras mais hipervisíveis da sociedade digital, com uma classificação no Klout superior à de Barack Obama.[21] Além de seu compromisso com o Twitter – de onde enviou mais de 50 mil tuítes em cinco anos, desde que entrou para o serviço, em 2006 – e o Google+, onde reuniu 114.500 seguidores em apenas seis semanas,[22] ele é um precoce e ativíssimo defensor do serviço de geolocalização foursquare, bem como da rede social de planejamento Plancast, da rede social de orientação Waze, da rede social de viagem TripIt, da rede social de fotografia Instagram, da rede social de comida My Fav Food, da rede social de televisão Into.now e até de Cyclometer, a rede social de ciclistas, onde você pode segui-lo enquanto ele pedala pelo Vale do Silício.[23] Onde quer que esteja, o que quer que esteja fazendo ou pensando, Scoble pode ser encontrado pela rede. Ele vive na terra de William Gibson – um lugar que não é diferente da cidade de Seahaven em *O show de Truman*, um gigantesco palco eletrônico onde todas as suas atividades são transmitidas o tempo todo.

Acima de tudo, Scoble é defensor do que ele chama de "rede aberta" e de viver em público. Muitas vezes anuncia a morte da privacidade, tendo confessado em meu programa na Techcrunch, em dezembro de 2010: "Mesmo que tentássemos travar uma conversa particular, não é muito alta a probabilidade de que ela permanecesse privada." Não que @scobleizer, que tuíta abertamente sobre quase todos os aspectos de sua vida, se preocupe com a decadência do domínio privado. "Quero viver minha vida em público. … Pode me deixar fora dessa coisa toda de privacidade", blogou em maio de 2010, confessando: "Desejaria que o Facebook NÃO TIVESSE PRIVACIDADE ALGUMA!"[24]

Esse defensor da publicalidade vive – reside fisicamente, quero dizer – com esposa e filhos na exclusiva cidade de Half Moon Bay, no litoral do Pacífico, um idílico balneário que, com sua aparência impecável, lembra a Seahaven de *O show de Truman*. A casa de Scoble, em falso estilo mediterrâneo, fica na subida da estrada que sai do luxuoso hotel Ritz-Carlton, num condomínio fechado composto de casas idênticas, no mesmo estilo arquitetônico. Enquanto eu me identificava para o segurança que protegia a comunidade de Scoble do mundo exterior, não conseguia deixar de pensar sobre um paradoxo não inteiramente previsível: o maior defensor da abertura no mundo vive numa comunidade fechada, numa cidade exclusiva no litoral do Pacífico – um enclave dentro de um enclave – que o isola do resto do mundo.

– Qual o número da casa de Robert Scoble? – perguntei ao segurança uniformizado que controlava o portão eletrônico do condomínio residencial.

Mas eu devo ter entendido errado o número, porque, quando toquei a campainha da casa, o homem com boné de beisebol e shorts que abriu a porta nunca tinha ouvido falar no hipervisível Scoble.

– Quem? – retrucou ele, com expressão vazia, ignorando uma celebridade global que tem uma das marcas mais hipervisíveis da internet. O sujeito obviamente não estava em Yatown, Nextdoor.com ou Hey Neighbor!, as redes sociais que conectam vizinhos e bairros de verdade.

Scoble morava na casa do outro lado da rua. Ele me cumprimentou com sua marca "Oi, e aí?", e subimos para o escritório de onde ele "se transmite". O pregador da mídia social, pessoalmente muito agradável – cujos modos alegres, rosto brilhante e olhos opacos lembram mesmo Truman Burbank –, sentou-se diante de mim. Atrás dele havia um monitor de 30 polegadas transmitindo a página de @scobleizer no Twitter. Em intervalos de segundos aparecia na tela uma nova mensagem de um dos amigos de Scoble. Então, enquanto eu olhava para o verdadeiro Scoble, via simultaneamente seu sinal no Twitter. Eu me dei conta de que ali estava um Jeremy Bentham digital dentro de seu Autoícone digital – um homem que lembrava suas próprias *imagens*. Ele, literalmente, se tornara informação. Isso não era só esquisito pra cacete, era também muito perturbador.

– Há quanto tempo vocês moram um na frente do outro? – perguntei a Scoble sobre o vizinho.

– Dois anos.

– E ele não conhece você!?

A ironia de um dos mais conhecidos e mais populares propagandistas da mídia social não ser conhecido pelo homem do outro lado da rua só aumentou a experiência surreal de olhar ao mesmo tempo para Scoble e para sua conta no Twitter. Eu estava procurando o humano em Scoble, mas não conseguia encontrar. Por um momento fiquei pensando se ele existia de fato. Talvez Scoble fosse @scobleizer. Talvez, imaginei, esse evangelizador da mídia social que escolhera existir em público vivesse de verdade na rede.

Em certo sentido ele vive – em todas as redes, exceto Hey Neighbor! ou Nextdoor.com. Sentados naquela tarde em sua sala saturada de mídia, o brilho pixelado da tela lançando uma sombra tremeluzente sobre seu rosto de Truman, Scoble me explicou que escolheu fazer amigos por intermédio de redes sociais, e não em sua comunidade física imediata, em Half Moon Bay. Confessou que tinha mais em comum com programadores da web em Pequim e empreendedores de mídia social em Berlim que com as pessoas do local, como seu vizinho desconhecido. Assim, explicou, escolheu fazer amigos na internet e usar as redes sociais para identificar pessoas ao redor do mundo com as quais partilhava interesses.

Eu me dei conta de que Scoble representava um futuro que nem @quixotic nem eu pudemos ver claramente em nosso debate em Oxford. A comunidade individualizada e personalizada de Scoble – uma síntese peculiar de culto ao indivíduo e culto ao social – oferecia a resposta para a questão de se as comunidades da mídia social podem acabar substituindo o Estado-nação como fonte de identidade no século XXI. Nos séculos XIX e XX, lembra-nos Ernest Gellner, os indivíduos eram unidos em comunidades físicas por idiomas e culturas comuns; hoje a comunidade está se tornando um reflexo daquele indivíduo. A comunidade de Scoble na mídia social era, portanto, uma extensão do seu self, uma sala de espelhos interminável, todos refletindo a mesma imagem opaca de Scoble – o que explicava por que, a despeito de sua abertura e de sua simpatia construídas, ele parecia tão solitário e perdido, tão assustadoramente infantil, tão Truman Burbank. Vivendo em seu enclave dentro de um enclave, a um só tempo conectado com todo mundo e com ninguém, sua história, *A história de Scoble*, por assim dizer, é uma prévia furtiva de como viveremos sozinhos juntos no eterno e impermanente século XXI.

Percebi que aquela era a nova (des)unidade do homem – uma prisão de cristal do self. Enquanto olhava para Scoble em sua sala de mídia, abarrotada de câmeras digitais, telas e outras bugigangas de autotransmissão que ele carregava para toda parte, minha memória recuou até a ala A do hotel Oxford Mal. A vigia eletrônica impedia o pregador da mídia social de se comunicar com seus vizinhos. Como disse Richard Sennet, "a comunicação eletrônica é um meio pelo qual a própria ideia de vida pública foi eliminada".[25] E Scoble, com sua identidade de agente livre e sua confusão existencial de Truman Burbank, é um dos primeiros residentes de uma sociedade digital em que o social é simplesmente uma extensão daquilo que nós, indivíduos, queremos.

Mas há uma diferença significativa entre *A história de Scoble* e *O show de Truman*. No filme ficcional de Peter Weir, Truman Burbank não tinha ideia de que sua vida se transformara num reality show de TV em tempo real. Robert Scoble, por outro lado, não é apenas o astro de *A história de Scoble* como também o produtor consciente e o diretor de seu programa não ficcional. Não há nada inevitável na vida hipervisível de Scoble. É opção dele viver tão abertamente, revelar sua localização a seus seguidores no foursquare, escrever 51 mil tuítes, fotografar para My Fav Food a salada Caesar que está comendo no hotel Ritz-Carlton de Half Moon Bay[26] e distribuir as imagens no Instagram; e estar presente em Waze, TripIt, Into.Now, Cyclometer e todas as outras redes transparentes da web social.

"Estamos todos nos tornando Robert Scoble", foi a chamada de meu programa na Techcrunch em dezembro de 2010. "Um dia, para o bem ou para o mal, todos podemos ser Robert Scoble", alertei.[27]

Porém, a verdade é que nem todos nós queremos nos tornar Scoble. A maioria não se sente confortável vivendo, como @scobleizer, sob o brilho do holofote público eletrônico. Ao contrário do que acredita Reid Hoffman, não somos seres fundamentalmente sociais. Assim, a despeito da revolução social, não queremos que todas as nossas informações – fotografias, localização, refeições, pensamentos, planos de viagem, passeios de bicicleta – sejam publicadas para que os outros vejam.

Então, o que fazer? Como garantir que nossas vidas não se tornem versões de *A história de Scoble*, que nós mesmos não nos transformemos em *voyeurs* reclusos numa prisão de luxo, totalmente desconectados de nossos vizinhos, mas com dezenas de milhares de amigos que nunca encontramos e jamais encontraremos? Como podemos assegurar nosso direito à privacidade e ao segredo na atual era de exibicionismo, para que o horror de hoje não se torne a necessidade de amanhã? Acima de tudo, como podemos ser deixados sozinhos, de modo a permanecer fiéis a nós mesmos como seres humanos no mundo vertiginoso da Web 3.0, que já cambaleia rumo a uma síntese assustadora do luxuoso Oxford Mal e com a transparência radical do hotel Capsule de Josh Harris?

A fim de iniciar nossa busca de uma cura para a atual vertigem digital, precisamos examinar algumas imagens que jamais foram concebidas para a exposição pública. Mais uma vez cabe voltar à metade do século XIX, para a sociedade que, como a nossa, estava lidando com as consequências da inovação tecnológica sobre o direito que o indivíduo tem de proteger sua vida privada dos olhos do público.

8. O melhor filme de 2011

> "@amgorder Andrea Michelle Ybor: homem negro de 1,90m com barba descuidada, camisa azul e shorts marrons dirigindo picape comercial me chamou. Entrou na wayne e me estuprou. Feliz de estar viva (27 de maio, via HootSuite Favorit Retweet Reply)
>
> @amgorder: A justiça pediu que eu parasse de tuitar. Por favor, entrem em contato com o departamento de rp até eu ser autorizada a discutir. Seu apoio tem sido inestimável (27/5/11)"

As imagens mais valiosas de 1848

Vamos começar com algumas imagens de uma exposição. Agora, em vez de uma pintura, trata-se de uma série de gravuras em placas de cobre feita por dois dos maiores símbolos da vida privada no século XIX, o príncipe Albert e a rainha Vitória, nos primeiros dias de casamento. Há 63 gravuras pessoais, de cenas domésticas, com parentes e amigos, incluindo os dois filhos mais velhos, Bertie – o herdeiro do trono de Vitória que, como estudante, assistiria aos debates na Associação de Estudantes de Oxford – e Vicky. É uma exposição indesejada, imagens privadas produzidas estritamente para o prazer pessoal e celebrando a amizade íntima entre eles.

Entre outubro de 1840 e novembro de 1847, Vitória e Albert mandaram as imagens para um impressor fazer cópias das placas de cobre. Mas um funcionário do impressor fez suas próprias cópias e vendeu as gravuras ao editor William Strange, de Londres, que lançou uma versão impressa das obras: *A Descriptive Catalogue of the Royal Victoria and Albert Gallery of Etchings.*[1] Strange teve até a audácia de prometer aos compradores do catálogo um fac-símile do autógrafo da rainha ou do príncipe consorte para acompanhar as imagens privadas.

Em 1848 a disputa foi para o tribunal, no processo Príncipe Albert vs. Strange, um "caso famoso", segundo Samuel Warren e Louis Brandeis, os advogados de Boston que escreveram o icônico artigo "Direito à privacidade" no *Harvard Law Review*, como vocês se lembram, definindo privacidade como o direito legal de ser "deixado em paz". Nesse artigo de 1890, escrito contra a publicação no jornal *Washington Post* de uma foto não autorizada do casamento da filha de Samuel Warren,[2] os advogados argumentavam que a tecnologia da Revolução Industrial comprometera nosso direito à privacidade. "As fotografias instantâneas e o comércio jornalístico invadiram os recintos sagrados da vida privada e doméstica; inúmeros aparelhos mecânicos ameaçam cumprir a previsão de que *aquilo que se sussurra no closet será proclamado dos telhados*", escreveram. "Durante anos vigora a sensação de que a lei deve dar alguma saída para a circulação não autorizada de retratos de pessoas privadas."[3]

A lei inglesa saiu em defesa do direito de Vitória e Albert à privacidade de suas próprias imagens. O caso Príncipe Albert vs. Strange foi resolvido a favor do queixoso, e o tribunal decidiu que o direito consuetudinário proibia a reprodução das gravuras. Como argumentavam Warren e Brandeis, a decisão foi um importante precedente para a proteção da privacidade da imagem pessoal durante a era da indústria.

A atual revolução da Web 3.0 também oferece profundos desafios à lei tradicional que protege a privacidade individual. O caso Ryan Giggs, por exemplo – que levou 75 mil pessoas a tuitar detalhes das estrepolias extraconjugais do jogador de futebol, mesmo contra uma determinação da Suprema Corte britânica proibindo comentários públicos sobre a vida privada de Giggs –, resultou no que Lionel Barber, editor do *Financial Times*, descreveu como "o debate sobre a liberdade de nossa era".[4] Por um lado, a lei não pode punir 75 mil pessoas por tuitar sobre a vida sexual de Giggs; por outro, contudo, a mesma lei que deveria proteger os direitos individuais contra a sociedade deve oferecer alguma defesa contra a ridicularização pública numa era digital na qual qualquer um pode publicar qualquer coisa sobre qualquer outro.

Lionel Barber está certo ao concluir que "a lei está ficando claramente para trás" diante da revolução da mídia social. Por infortúnio, o caso Giggs é apenas a ponta do iceberg jurídico atual. Agora, todos – do bombeiro britânico que tuitou sobre a suposta vida adúltera da esposa[5] a Julian Assange, o autonomeado czar da transparência wikivazada, passando por fundamentalistas da livre-expressão como Jeff Jarvis – parecem achar que têm o direito de publicar o que quiserem on-line, sem sofrer qualquer consequência. Então, como a lei pode acompanhar a utilização dessa tecnologia em rede? Em nosso mundo de Web 3.0, deveríamos estar exigindo novas leis para proteger os "recintos sagrados da vida privada e doméstica" contra o que os advogados da privacidade do século XIX, Warren e Brandeis, chamaram de "fofoca de mau gosto" da opinião pública?

Mark Zuckerberg e Eric Schmidt sem dúvida não pensam assim. No fim de maio de 2011, na semana anterior ao encontro de cúpula do G8 em Deauville, o presidente francês Nicolas Sarkozy convidou Zuckerberg, Schmidt e várias centenas de superconectores, incluindo a mim, para ir a Paris debater a necessidade de o governo regulamentar a internet. Respondendo ao apelo de Sarkozy no "e-G8" para o governo "civilizar" a internet e proteger a privacidade de seus usuários, Schmidt atacou o que chamou de regras governamentais "idiotas", argumentando: "A tecnologia se moverá mais depressa que os governos; então, não tentem legislar antes de entender as consequências."[6] Zuckerberg foi um pouquinho mais diplomático; no entanto, ainda assim, deixou claro que o governo não seria sábio ao regulamentar as inovações das empresas de mídia social.

De certa forma, Zuckerberg talvez esteja certo. A cura mais eficaz para a atual destruição da privacidade não é uma avalanche de leis. Como eu já disse, sou contra os apelos de políticos britânicos e mexicanos para suspender as redes sociais durante momentos de agitação pública. Nem sou a favor de apelos semelhantes, emitidos pelo Congresso dos Estados Unidos, para bloquear os talibãs no Twitter;[7] nem de se dar autorização legal ao Departamento de Justiça americano para, unilateralmente, vasculhar as contas de Twitter de políticos eleitos em outros países.[8] Goste-se disso ou não, a democracia do século XXI será cada vez mais moldada pela mídia social, de modo que é difícil argumentar que um governo democrático deve ser capaz de fechar ou controlar qualquer rede.

Além disso, como Eric Schmidt lembrou, a mídia social, em muitos sentidos, é apenas um espelho. O problema é que ninguém obriga nenhum de nós a atualizar nossas fotos no Instagram, revelar nossa localização no MeMap ou transmitir o que acabamos de almoçar no My Fav Food. O retrato mais fiel de nossa era de grande exibicionismo é *A história de Scoble*. Então, a despeito de minha preocupação com a crescente publicalidade da vida na era da mídia social, tenho dúvidas sobre convocar o governo ou os tribunais para nos proteger de nosso próprio exibicionismo.

Como John Stuart Mill argumenta em *Sobre a liberdade*, o governo existe para nos proteger dos outros, não de nós mesmos; a realidade é que, para o bem ou para o mal, assim que uma foto, uma atualização ou um tuíte são publicados na rede, eles se tornam propriedade pública. Então, sem querer soar como o megassuperficial Eric Schmidt, a única forma de proteger nossa própria privacidade é começando por não publicar nada.

Dito isso, é necessário criar alguma legislação governamental sobre políticas de privacidade on-line; como o acordo de março de 2011 entre a Comissão Federal de Negócios dos Estados Unidos e o Google acerca das "práticas enganosas de privacidade" da empresa no lançamento da rede social Buzz no mecanismo de busca;[9] ou a reação governamental a alguns dos mais flagrantes desrespeitos do Facebook à privacidade individual, no anúncio feito pela companhia, em junho de 2011, de que estavam adicionando o "reconhecimento facial" a seus serviços; bem como o acordo de vinte anos de privacidade que o governo fez com o Facebook, em novembro de 2011, determinando que a rede social peça autorização a seus usuários antes de alterar o modo como as informações pessoais são repassadas.[10] Mas o problema – considerando-se o poder financeiro, a velocidade e a capacidade virulenta de novas redes como Twitter e Facebook, quando comparadas à lentidão do governo – é saber em que exatamente se concentrar. Como observou Bob Sullivan, correspondente jurídico da

MSNBC, em março de 2011, "há pelo menos sete leis relativas à privacidade aprovadas ou a se aprovar na Câmara dos Representantes dos Estados Unidos".[11] Talvez por isso o governo Obama tenha pedido, em dezembro de 2010, a criação de uma "Carta de direitos de privacidade" na internet. Esse relatório de 80 páginas do Departamento de Comércio também solicitou a instituição de um Escritório de Políticas de Privacidade, que serviria "como centro de especialização em políticas de privacidade de informações comerciais".[12] A necessidade de uma resposta governamental mais objetiva à revolução da Web 3.0 é também o motivo pelo qual, em maio de 2011, a Casa Branca anunciou sua intenção de criar uma Lei Nacional de Violação de Informações para substituir a colcha de retalhos das leis estaduais por um padrão federal único.[13]

Provavelmente a lei mais promissora da atual legislatura americana é o projeto Não Rastrear, do senador John D. Rockefeller, da Virgínia Ocidental, de maio de 2011, determinando que empresas de dados da Web 3.0 ofereçam a seus usuários botões para recusar a coleta de informações. O presidente da Comissão de Comércio do Senado está certo em exigir que "os consumidores tenham o direito de decidir se suas informações podem ser coletadas e usadas on-line".[14] Várias empresas, entre elas a Microsoft e a Mozilla, já se adequaram ao projeto de Rockefeller, e o presidente da Comissão Federal de Negócios dos Estados Unidos, Jon Leibowitz, também tinha razão quando, em abril de 2011, conclamou o "retardatário" Google a acrescentar uma ferramenta "Não rastrear" em seu navegador Chrome.[15]

Outras leis são necessárias para garantir que o direito não fique para trás em relação à tecnologia. A celeuma de abril de 2011 sobre os smartphones Google e Apple, que rastreiam seus usuários, sem dúvida merece o cuidadoso exame do Congresso, como propugna o senador Al Franken, de Minnesota.[16] Ele, que era astro do programa de TV *Saturday Night Live*, está certo ao exigir que o Google e a Apple tenham o que chamou, em maio de 2011, de "uma política de privacidade clara e compreensível" para seus aplicativos de smartphones.[17] Levando em conta o papel pioneiro das duas empresas no desenvolvimento da "economia em nuvem", Franken seria sábio se também cobrasse uma política de privacidade transparente em relação a novos serviços extremamente poderosos, como o iCloud.

A mudança para a nuvem abre uma frente novíssima na guerra para proteger a privacidade. "Uma nuvem se forma sobre nossas liberdades digitais", alerta Charles Leadbeater, crítico que enxerga no horizonte imediato um mundo de corporações que ele chama de "Appbook" e "Facegoogle", controlando nossas informações pessoais.[18] Leadbeater sem dúvida não se limita ao temor à nuvem. "À medida que o novo gadget que tenho nas mãos se torna cada vez mais personalizado, fácil de usar, 'transparente' em seu funcionamento, mais a estrutura toda passa a depender de trabalho que é feito em outra parte, no vasto circuito de máquinas que coordenam a experiência do usuário", observa o crítico cultural esloveno Slavoj Žižek sobre o crescimento simbiótico de tecnologia personalizada e poder empresarial.[19] Assim, a privacidade de nossas informações é particularmente vulnerável a "Appbook" e "Facegoogle" na nuvem, e irá exigir o cuidadoso exame governamental por parte de políticos responsáveis como Al Franken.

A proposta dos senadores John Kerry e John McCain, formulada em 2011, de criar uma Carta de Direitos de Privacidade Comercial, é promissora – embora, como argumenta Richard Thaler, economista da Universidade de Chicago,[20] devesse incluir o direito de o consumidor acessar suas próprias informações. Como argumentou o senador Jay Rockefeller de modo consistente,[21] há uma grande necessidade de atualizar a Lei de Proteção da Privacidade On-Line das Crianças – em especial considerando-se a fenomenal popularidade de redes sociais infantis como Togetherville, da Disney, e a crença equivocada de Mark Zuckerberg de que crianças com menos de treze anos deveriam participar do Facebook.

A União Europeia tem sido muito mais agressiva que o governo dos Estados Unidos na defesa dos direitos de privacidade contra as redes sociais. Na questão fundamental do rastreamento on-line por empresas de mídia social, por exemplo, os regulamentadores europeus da privacidade têm lutado para estabelecer um acordo pelo qual os consumidores só possam ser rastreados se "optarem" voluntariamente por isso e permitirem o registro de suas informações pessoais.[22] Os europeus também têm sido mais agressivos na reação às principais empresas da Web 3.0. Em abril de 2011, por exemplo, o governo holandês ameaçou o Google com multas de até US$1,4 milhão se continuasse a ignorar exigências de proteção de informações relacionadas à sua tecnologia Street View.[23] Apple e Google enfrentam uma regulamentação muito mais rígida na Europa: a União Europeia classifica a informação de localização que essas empresas têm coletado com seus smartphones de "informação pessoal".[24] Os legisladores de proteção de informações da União Europeia analisaram com energia o lançamento pelo Facebook, em maio de 2011, do programa de reconhecimento facial que revela a identidade das pessoas sem a permissão delas.[25] Até chefes de tecnologia europeus, como Vittorio Colao, diretor executivo da gigante sem fio Vodaphone, criticou abertamente a postura antigovernamental de Zuckerberg no e-G8, argumentando que as leis que aumentam a confiança on-line e garantem a privacidade são determinantes se a rede quiser se tornar uma força civilizadora mundial.[26] O painel sobre privacidade e informações no qual eu falei no e-G8 estava dividido entre europeus e americanos: Mitchell Baker, presidente do conselho do navegador Mozilla, e Jeff Jarvis, autor de *Public Parts*, foram muito menos simpáticos à proteção do governo que os executivos de tecnologia europeus, como Christian Morales, da Intel.

Viviane Reding, comissária de justiça da União Europeia, quer que as redes sociais estabeleçam a opção "direito de ser esquecido", permitindo aos usuários destruir informações já publicadas na rede. "Quero esclarecer que as pessoas devem ter o direito – e não apenas a possibilidade – de retirar sua licença para o processamento de informações", disse ela ao Parlamento da União Europeia em março de 2011. "O ônus da prova deve ser dos controladores da informação – daqueles que processam seus dados pessoais. Eles têm de provar que precisam da informação; os indivíduos não são obrigados a provar que não é necessário coletar suas informações."[27]

Contudo, além da ação jurídica ou política, precisamos alfabetizar o consumidor acerca da natureza central das empresas da Web 3.0. Os consumidores devem entender que serviços "grátis" na internet nunca são mesmo de graça. Como me disse Michael Fertik, executivo da Reputation.com, o modelo de negócios de redes sociais supostamente gratuitas como o Facebook são a venda de nossas informações aos anunciantes. Nós, os produtores de informação na rede gratuita, somos seu produto, não seus amigos ou sócios. Portanto, na era da Web 3.0, os consumidores devem ler com cuidado os termos de serviço de sua rede social – documentos que com frequência precisam ser reduzidos e simplificados para que todos possam entendê-los (em contraste, por exemplo, com a "novela" de 6.400 palavras do LinkedIn sobre política de privacidade).[28] Mas também precisam reconhecer que Facebook, Twitter, Google, Zynga, Groupon, Apple, Skype e as outras empresas pioneiras da revolução das informações pessoais de @quixotic são todas multibilionárias e visam ao lucro, não são melhores nem piores que bancos comerciais, empresas petrolíferas ou farmacêuticas.

Privacidade: a grande nova mercadoria da rede

As soluções mais eficazes para proteger a privacidade podem estar no mercado e na tecnologia, e não depender tanto da legislação. "Grande Petróleo, Grande Comida, Grande Farma. Acrescente mais uma ao catálogo de grandes corporações que preocupam a muitos de nós, os pequeninos: Grande Informação" – vocês se lembram do argumento de Natasha Singer, do *New York Times*.[29] Mas enquanto nos preocupamos cada vez mais, e corretamente, com "a grande informação" em nossa economia feita de reputações, também assistimos a uma explosão de novas empresas como Reppler.com, Personal Inc, Safety web, Abine Inc, TRUSTe, IntelliProtect e Allow, que vendem serviços de privacidade aos consumidores. O *Wall Street Journal* chama a privacidade de "a grande nova mercadoria da rede", e argumenta que, "à medida que o rastreamento sub-reptício de usuários da internet se torna mais agressivo e disseminado, pequenas empresas e gigantes da tecnologia estão usando um novo produto: a privacidade".[30]

O mercado, claro, é simplesmente um reflexo de nossos desejos e ações coletivos. E é de se esperar que nós, como o mercado, rejeitemos muitas das redes sociais mais absurdas ou destrutivas, agora fundadas na corrida ao ouro social. A questão básica aqui é confiança. Bret Taylor, executivo de tecnologia do Facebook com quem tive embates públicos, no passado, sobre privacidade on-line,[31] apresentou isso de forma provocativa: "A confiança é a base da rede social", explicou Taylor a um Jay Rockefeller muito cético, numa audiência do Senado, em maio de 2011, sobre as políticas do Facebook para as crianças. "As pessoas irão parar de usar o Facebook se não confiarem em nossos serviços."[32] Essa confiança já pode estar erodida. Jenna Wortham, do *New York Times*, observa o crescimento do que ela chama de "resistentes ao Facebook", pessoas como eu (fechei minha conta pessoal no Facebook em setembro de 2011), que "se afastam claramente do site" porque faz com que elas "se sintam mais, e não menos alienadas".[33] Até superconectores do Vale do Silício como Mike Arrington, fundador da Techcrunch, e Loic Le Meur, organizador da popular conferência Le Web, parecem estar perdendo a confiança no Facebook. Arrington explicou que ninguém mais entra no serviço porque "está lotado demais";[34] e Le Meur sugere que a classe A agora fica com os amigos na rede Path, em tese mais protegida.[35]

No entanto, apesar dos resistentes, as pesquisas mostram que os usuários do Facebook hoje são mais confiantes que os usuários médios da internet.[36] Essa talvez seja uma das razões pelas quais com frequência eles são tão descuidados com as informações pessoais que revelam a seus "amigos". O desafio é tornar os usuários de serviços do tipo "grande informação em rede" mais desconfiados, e não menos. Felizmente, há algumas evidências de que isso já está acontecendo em relação à nossa postura diante de algumas *start-ups* sociais mais radicais da economia da Web 3.0. Vejam, por exemplo, a Blippy, de 2009, *start-up* social muito badalada que teve como um de seus fundadores Philip Kaplan, o criador do Fucked Company, famoso site da internet criado durante a quebra das ponto.com, em 2000, que festejou a falência de muitas empresas on-line. A Blippy, que levantou US$ 13 milhões em capital de risco, é uma rede de mídia social que exige de seus usuários que publiquem suas compras em cartão de crédito. Ainda bem que o mercado disse um sonoro não a essa ideia obviamente absurda.

"Então, quase ninguém quer que as pessoas confiram suas novas compras", explicou Alexia Tsotsis, na Techcrunch, em maio de 2011.[37] Parece que os números de utilização da Blippy nunca foram "espetaculares", e, de modo previsível, o site não mereceu a confiança de seus usuários. "Que pena", exclamou Tsotsis sobre a morte da Blippy. "Aleluia", digo eu sobre o destino de uma rede social que estimulava as pessoas a publicar todas as suas compras com cartão de crédito. *Fucked Company*, de fato.

O mercado não rejeitou só a Blippy. No Capítulo 1, alertei sobre a SocialEyes, uma *start-up* aberta em janeiro de 2010 que criou uma parede transparente de quadrados de vídeo on-line nos quais todos podíamos ver uns aos outros. No entanto, apesar de reunir mais de US$ 5 milhões, a SocialEyes jamais conquistou muitos usuários, e em janeiro de 2012 o serviço não estava mais disponível. Isso mostra que a imensa maioria de nós não deseja ser um quadrado transparente na *video wall* dos outros. Talvez nossos olhos não sejam tão sociais quanto querem nos fazer crer os comunitaristas digitais.

O mercado também pode obrigar as empresas de relacionamento social a se concentrar para tornar a privacidade algo central em seu serviço. Como Vic Gundotra e Bradley Horowitz sublinharam quando os entrevistei em meu programa na Techcrunch, o Google+ está se distinguindo de outras redes, em particular do Facebook, por redes de amigos chamadas "círculos", que operam a partir de um padrão de privacidade, e não de abertura. Depois dos fiascos de publicidade e mercado de Buzz e Wave, o Google parece ter aprendido que o público não quer redes plenamente transparentes, transmitindo os dados de todos para o mundo inteiro. "Em vez de se concentrar em novas características decorativas, ... o Google escolheu aprender com os próprios erros – e com os do Facebook. A empresa decidiu fazer da privacidade a característica número um de seu novo serviço", observa Nick Bilton, do *New York Times*, a respeito do Google+.[38] Essa preocupação com a privacidade decerto é uma das razões pelas quais o serviço conquistou 20 milhões de usuários em apenas três semanas após seu lançamento informal, e dobrou esse número nos primeiros cem dias. Com novas características, como "Bom saber",[39] que permite aos usuários monitorar o que está acontecendo com suas informações no Google, é de se esperar que a empresa se transforme em parâmetro empresarial de privacidade na era da Web 3.0.

A verdade é que a maioria de nós não quer partilhar on-line tudo que lê, vê e escuta. Assim, a grande novidade no mercado pode ser a defesa mais eficaz contra serviços indesejáveis, como a plataforma Open Graph do Facebook, que, como vocês se lembram, tenta tornar todas as nossas escolhas de mídia automaticamente públicas por intermédio do "compartilhamento sem atrito" de Mark Zuckerberg. Depois do lançamento atualizado do Open Graph na Conferência f8, em setembro de 2011, por exemplo, uma série de programadores associados começou a oferecer aos usuários do Facebook uma forma de evitar o compartilhamento do Open Graph; empresas jornalísticas como *The Washington Post, The Guardian, The Wall Street Journal* e *The Independent* também testam formas de permitir que seus leitores bloqueiem o "compartilhamento sem atrito".[40] O serviço de assinatura de música Spotify fez a mesma coisa, adicionando o modo "audição privada" depois que alguns de seus usuários do Facebook se queixaram do "compartilhamento sem atrito".[41]

Além do mercado, a própria tecnologia oferece ao consumidor uma reação diante do que algumas vezes parece ser a memória perfeita das grandes empresas de informação. Segundo Paul Sullivan e Nick Bilton, do *New York Times*, a internet "é como um elefante"[42] que "nunca se esquece"[43] – o que a torna análoga a "S", o jornalista russo do começo do século XX descrito por Joshua Foer em *Moonwalking with Einstein*, um homem que se lembrava de tudo.[44] Mas Bilton e Sullivan estão errados. A internet não tem de ser "S". Assim como as paredes da biblioteca da Associação de Estudantes de Oxford, ela é bem capaz de esquecer. Não é só Viviane Reding que tenta transformar o esquecimento em lei; duas recentes inovações tecnológicas oferecem a esperança de que a internet de fato possa aprender a esquecer. Pesquisadores alemães da Universidade Saarland, por exemplo, desenvolveram um software chamado X-Pire que, segundo a BBC, "dá um prazo de validade para as imagens, marcando-as com uma chave codificada". O X-Pire é projetado para aquelas pessoas que, nas palavras do professor Michael Backes, do Departamento de Segurança da Informação e Criptografia da Universidade de Saarland, "entram para redes sociais pela pressão social ... [e] tendem a postar tudo no primeiro dia, a se despir na internet".[45]

A BBC também noticia que pesquisadores da Universidade de Twente, na Holanda, estão trabalhando numa tecnologia que permitirá a degradação das informações com o tempo. Esse trabalho, orientado pelo centro de Telemática e Tecnologia da Informação da Universidade, é projetado para tornar a informação perecível. Com o tempo, dados de localização, por exemplo, se tornariam cada vez mais vagos, passando de um endereço de rua para um bairro, depois uma cidade e afinal uma região. "Você pode substituir aos poucos os detalhes por um valor mais geral", explica o diretor do projeto, o dr. Harold van Heerde; e isso garante – pelo menos a longo prazo – que as informações de alguém permaneçam privadas. Não estou argumentando que a internet deva se transformar em "E.P.", técnico de laboratório de 84 anos de idade com danos cerebrais que o especialista em memória Joshua Foer descreve como "o homem mais esquecido do mundo".[46] Mas uma arquitetura de esquecimento absoluto não é mais humana que outra, que se lembra de tudo. Então, se a internet quer ser nosso lar no século XXI, precisamos humanizá-la, para que ela exista como um acordo entre a memória perfeita de "S" e o esquecimento de "E.P.".

Se nenhuma dessas curas funcionar, sempre há a Máquina do Suicídio da Web 2.0, outra tecnologia de esquecimento desenvolvida na Holanda. Porém, ao contrário das informações que se degradam com o tempo ou com a determinação de uma data de validade, a Máquina do Suicídio da Web 2.0 mata todas as suas informações na rede social com uma só bomba de software. É a opção nuclear, que lhe permite "apagar totalmente sua vida virtual".[47]

"Quer encontrar seus vizinhos de verdade novamente?" – pergunta a Máquina do Suicídio da Web 2.0,[48] numa versão drástica do Nextdoor.com. Mas a verdade é que a opção nuclear da Web 2.0 não vale no atual mundo da Web 3.0, mesmo para superconectores como Robert Scoble, que jamais conheceram seus vizinhos. Em vez de apagar nossa vida virtual, precisamos administrá-la. Em vez de matar nossos milhares de amigos on-line com o clique de um botão de suicídio na rede, precisamos reduzi-los a um número administrável, para que eles se tornem amigos íntimos mesmo, e não pontos de informação em nossa sala de espelhos narcisista.

Afinal, quantas relações complexas uma pessoa realmente pode ter?

Um cachimbo de metanfetamina

Segundo o editor executivo do *New York Times*, a amizade se tornou uma espécie de droga na internet, o crack de nossa era digital. "Semana passada minha esposa e eu dissemos à nossa filha de 13 anos que ela podia entrar para o Facebook", confessou Bill Keller em maio de 2011. "Em algumas horas ela tinha acumulado 171 amigos, e eu me senti como se tivesse dado à minha filha um cachimbo de metanfetamina."[49]

Um estudo do Pew Research Center de junho de 2011, realizado entre mais de 2 mil americanos, revelou que pessoas com relacionamentos eletrônicos como a filha de Keller achavam que tinham mais "amigos íntimos" que aqueles – os "excluídos esquisitões", segundo um comentarista de mídia social particularmente insípido[50] – que não estão no Facebook nem no Twitter. O relatório do Pew descobriu que o usuário típico do Facebook tem 229 amigos (incluindo uma média de 7% que eles na verdade jamais encontraram)[51] na rede de Mark Zuckerberg e possuem mais "relações íntimas" que o americano médio.[52]

Mas essa pesquisa não tentou definir ou qualificar a ideia de "amizade", tratando-a quantitativamente, como um tique feito numa lista, e apresentando Facebook e Twitter como arquitetos de nossa intimidade. O que essa pesquisa não reconhece é que os seres humanos não são computadores, equipamentos alimentados a silício, com discos rígidos e memórias infinitamente expansíveis, que podem fazer mais amigos se estiverem cada vez mais em rede.

Então, quantos amigos devemos ter? Há um limite para o número de amizades que realmente *podemos* fazer?

Três quilômetros ao norte do hotel Oxford Mal fica a sede de tijolos cinzentos do Instituto de Antologia Cognitiva e Evolucionária da Universidade de Oxford. É lá, no banal ambiente acadêmico de um subúrbio do norte de Oxford, que encontramos o homem que determinou de quantos amigos realmente precisamos. O professor Robin Dunbar, diretor do Instituto, é antropólogo, psicólogo da evolução e autoridade no estudo do comportamento dos primatas, a ordem biológica que inclui macacos, chipanzés e seres humanos. Ele se tornou também um teórico da mídia social, mais conhecido por formular uma ideia sobre a amizade apelidada de "número de Dunbar".

"A grande revolução social dos últimos anos não foi nenhum grandioso acontecimento político, mas sim o modo como nosso mundo social foi redefinido por sites de relacionamento como Facebook, MySpace e Bebo." É assim que Dunbar começa a explicar o número que leva seu nome.[53] Essa revolução social, diz ele, tenta derrubar "as restrições de tempo e geografia" de modo a permitir que os primatas superconectados como @scobleizer façam amizades on-line com dezenas de milhares de outros primatas em rede.

"Então por que os primatas têm cérebros tão grandes?"[54] – é a pergunta retórica de Dunbar. Seus grandes cérebros, diz ele, usando uma teoria conhecida como "hipótese da inteligência maquiavélica", são resultado do "mundo social complexo no qual os primatas vivem". É a "complexidade de suas relações sociais", definida por suas intimidades "emaranhadas" e "interdependentes", argumenta Dunbar, que distingue os primatas de todos os outros animais.[55] E, como os membros mais bem-sucedidos e amplamente distribuídos da ordem dos primatas, prossegue ele, os seres humanos têm cérebros que evoluíram mais plenamente que os outros, pela complexidade intrincada de nossas "ligações sociais intensas".

Memória e esquecimento são os segredos da teoria de Dunbar sobre a sociabilidade humana. Vocês se lembram de que Paul Sullivan, do *New York Times*, sugeriu que a internet é "como um elefante" porque jamais esquece. Mas o que distingue animais como os elefantes dos primatas, explica Robin Dunbar, é que os últimos "usam o conhecimento da ordem social em que vivem para formar alianças com os demais da sua espécie, mais complexas que as dos outros animais".[56] Assim, os primatas têm muito mais a lembrar sobre nossas intimidades sociais que os elefantes. E talvez seja essa uma das razões pelas quais os seres humanos esquecem coisas, e os elefantes, supostamente, não.

Para o bem ou para o mal, a natureza não apareceu com uma versão da lei de Moore que pudesse dobrar o tamanho e a capacidade de memória de nosso cérebro a cada dois anos. Portanto, embora nossos grandes cérebros sejam o resultado de nossas complexas relações sociais, eles ainda são restringidos por sua memória limitada. É nossa incapacidade biológica de lembrar os intrincados detalhes sociais de grandes comunidades, explica Robin Dunbar, que limita nossa capacidade de fazer amizades íntimas. "Você só consegue se lembrar de 150 indivíduos", diz ele, "ou só consegue acompanhar todas as relações envolvidas numa comunidade de 150 seres." Esse é o número de Dunbar, nosso círculo social ótimo, para o qual nós, como espécie, somos projetados. De comunidades acadêmicas e militares tradicionais àquelas aldeias orais romantizadas por mcluhanianos nostálgicos, a pesquisa de Dunbar revela que o número ótimo de relacionamentos complexos que nossos cérebros conseguem administrar permaneceu o mesmo ao longo de toda a história humana. Nada a dizer, portanto, em relação à fé milenarista de Philip Rosedale na unidade do homem. Ou ao indivíduo "líquido" de @quixotic, capaz de construir vastas redes eletrônicas de amigos.

Em *O culto do amador*, minha polêmica contra a Web 2.0, eu insultei alguns primatas suscetíveis comparando blogueiros a chipanzés. Contudo, em vez de chipanzés, a Web 3.0 pode estar nos transformando numa espécie que tem cérebro pequeno. Elefantes, talvez, ou ovelhas, quem sabe enxames de insetos. Isso porque, como Robin Dunbar argumenta, "há um limite para o número de pessoas com as quais podemos manter determinado grau de intimidade".[57] As 171 conexões "acumuladas" pela filha de Bill Keller algumas horas após entrar para o Facebook, portanto, são tudo menos "amigos", no sentido de um verdadeiro primata; não fazem justiça a seu cérebro altamente desenvolvido ou a seu potencial, como membro da raça humana, para compreender a complexidade de sua comunidade.

Então, como podemos ensinar essa complexidade social à filha de Keller? Qual o melhor retrato que lhe podemos oferecer da genuína amizade e intimidade humanas?

O melhor filme de 2011

Em vez de legislação governamental ou novas leis, a melhor cura para a vertigem digital pode ser assistir a um filme. Ou a dois filmes, para ser exato. O ideal de amizade como qualidade definidora da condição humana, mais do que como ativo quantificável a ser agregado, foi demonstrado na 83ª cerimônia dos prêmios da Academia de Artes e Ciências Cinematográficas, os prêmios anuais de Hollywood para os melhores filmes do ano. De modo previsível, considerando a histeria geral que hoje cerca a revolução da Web 3.0, a maioria do noticiário sobre os Oscar de 2011 falou sobre mídia social. O *Wall Street Journal* descreveu a noite de gala anual de Hollywood como "O Oscar socializado e aplicativado", no qual havia mídia social e aplicativos sociais correlatos "em excesso".[58] No twitter, houve 1,2 milhão de mensagens produzidas por 388 mil usuários durante as três horas de transmissão ao vivo pela televisão.[59] Mas a mídia social também estrelou o conteúdo do Oscar 2011, com a história semifactual sobre a criação polêmica do Facebook por Mark Zuckerberg – com *A rede social*, produzido por David Fincher e escrito por Aaron Sorkin, que se tornou um dos dois filmes mais populares e elogiados do ano.

A rede social apresenta muitos dos personagens deste livro como tipos semificcionais no começo da história do Facebook, como Mark Zuckerberg, o executivo responsável pela revolução da mídia social, e Sean Parker, ex-presidente do Facebook e um dos criadores da rede social de vídeo Airtime. Também há papéis menores para Adam D'Angelo, um dos fundadores da rede social de conhecimento Quora, e para o primeiro investidor do Facebook, Peter Thiel, que foi apresentado a Parker e Zuckerberg por nosso velho amigo @quixotic, o rei das conexões do Vale do Silício.

Baseado no polêmico e pouco factual livro de Ben Mezrich, *Bilionários por acaso*, de 2009, o filme de Fincher e Sorkin é uma parábola sobre amizade, identidade e traição no nascimento do Facebook, no inverno nevado da Nova Inglaterra de 2003-2004. Filho superinteligente de um dentista judeu de Nova Jersey, Zuckerberg é apresentado como alguém deslocado no complexo mundo social de Harvard, com seus antigos clubes, costumes pouco claros e redes fechadas de aristocratas americanos. O professor Robin Dunbar, diretor do Instituto de Antologia Cognitiva e Evolucionária da Universidade de Oxford, nos conta que nossos cérebros se desenvolveram para compreender a complexidade dos arranjos sociais de Harvard, argumentando: "O que mantém a comunidade unida é uma noção de obrigação mútua e reciprocidade." Mas, embora não duvide do tamanho do cérebro de Mark Zuckerberg, *A rede social* o mostra como um ser humano incapaz ou talvez sem disposição para manter as complexas obrigações sociais e a reciprocidade que nos permitem, ao contrário dos elefantes, desenvolver amizades íntimas com outros primatas.

Esse Zuckerberg semificcionalizado em *A rede social* podia ser visto como modelo do que Georg Simmel – o sociólogo alemão da virada do século XX – identificou como o "individualismo da diferença" que definia a moderna sociedade democrática.[60] Zuckerberg não tem noção – nenhuma noção – de obrigação social ou reciprocidade e escolhe, por conta própria, ignorar toda a complexidade e o segredo da vida social de Harvard. Ao fundar o Facebook, uma suposta "rede social" de amigos, ele trai seu melhor amigo e sócio inicial, que financiou a empresa, humilha sua namorada on-line e rouba a ideia empresarial de outros dois estudantes que lhe haviam dado dinheiro e confiado nele para desenvolver seu site na internet. A despeito de toda a genialidade técnica e esperteza empresarial de um cérebro bem-dotado, o solitário Zuckerberg é retratado como um programador de computação sem amigos, incapaz de estabelecer relações sociais verdadeiras, que contraria as características próprias do ser humano. Talvez não seja coincidência o fato de esse programador socialmente disfuncional ter criado a rede social dominante do começo do século XXI – a empresa no coração de nossa economia Web 3.0 do "curtir", uma comunidade personalizada de quase 1 bilhão de indivíduos discretos, todos sozinhos juntos em suas celas de luxo.

Por acaso, o outro filme ilustre de 2011 também está ligado a alguns personagens deste livro. Vocês se lembram de Bertie, o filho mais velho de Albert e Vitória, cujas imagens de infância estiveram entre as gravuras privadas que deram origem ao processo Príncipe Albert vs. Strange, e que, como aluno de Oxford, aos dezoito anos, em 1859, frequentara, todas as tardes de quinta-feira, o prédio da Associação dos Estudantes projetado por Benjamin Woodward. Depois da morte da rainha Vitória, em 1901, Bertie, o príncipe de Gales, foi coroado como Eduardo VII. Quando Bertie morreu, em 1910, seu filho, George V, se tornou rei. Aí estão as origens do outro grande filme de 2011, *O discurso do rei*, de Tom Hooper.

George V teve dois filhos, Eduardo e Albert George (conhecido por seus entes queridos também como Bertie). Quando George morreu, em 1936, seu filho mais velho se tornou rei; porém, no final do mesmo ano, abdicou ao trono para se casar com uma americana divorciada chamada Wallis Simpson. *O discurso do rei* conta a história de Bertie, que se torna o rei George VI com a sensacional abdicação do irmão em novembro de 1936.

Mesmo comparada com a Harvard de Mark Zuckerberg no inverno de 2003-2004, a Inglaterra do inverno de 1936-1937 era uma sociedade muito complexa, à beira de uma guerra com a Alemanha nazista e enfrentando uma das mais sérias crises constitucionais de sua história. *O discurso do rei* é um filme sobre como Bertie – que sem dúvida tinha um cérebro menor que o de Mark Zuckerberg – conseguiu administrar essa complexidade tanto na vida pessoal quanto na pública.

O cerne de *O discurso do rei* é a história real de uma amizade improvável, porém íntima, entre o aristocrático Bertie e Lionel Logue, fonoaudiólogo australiano desacreditado e plebeu. O segredo de Bertie – que no mundo Web 3.0 de hoje sem dúvida seria tuitado até o esquecimento pela turba da mídia social – era a gagueira, que o impedia de fazer discursos públicos. A grandeza de *O discurso do rei* está no retrato que faz dos encontros emocionalmente intensos entre o futuro rei George VI e Logue, nos quais o rei e o plebeu tomam o cuidado de manter uma situação social assustadoramente complexa. A câmera se detém nos dois homens enquanto eles constroem a intimidade mútua, estabelecem uma confiança recíproca, reconhecem as obrigações sociais um do outro, demonstram lealdade um para com o outro, discutem, brincam e aos poucos começam a gostar um do outro, a se amar.

Os prêmios da Academia em 2011 nos ofereceram a opção, para melhor filme do ano, entre uma película sobre traição e colapso nos relacionamentos humanos e outra sobre a beleza da intimidade e da amizade humanas. *A rede social* é sobre um bilionário sem amigos que inventou a economia do "curtir", enquanto *O discurso do rei* é sobre um pai, marido e amigo amoroso que permaneceu fiel a si mesmo e uniu um país. Essa é a escolha que temos de oferecer à filha de Bill Keller: a opção entre curtir e amar; a escolha entre ser humano e ser um elefante ou uma ovelha.

"Não há uma pessoa de cujo self real você curta cada partícula. Por isso, o mundo do curtir é em última instância uma mentira", argumenta o romancista Jonathan Franzen num ataque apaixonado à própria tecnologia social que permitiu à filha de Bill Keller acumular 171 amigos em algumas horas. "Mas há uma pessoa de cujo self real você ame cada partícula. Por isso o amor é uma ameaça existencial à ordem tecnoconsumista: ele denuncia a mentira."[61]

Você consegue adivinhar qual filme ganhou quatro Oscar na 83ª cerimônia de premiação da Academia, "coroação" que incluiu os prêmios de melhor diretor, ator e filme?[62]

Conclusão

A mulher de azul

> "'Tome o cuidado de continuar a ser você mesma', ele me alertara há tanto tempo. Fiquei pensando se havia feito isso. Nem sempre era fácil saber."
>
> TRACY CHEVALIER, *Moça com brinco de pérola*

Exorcizando Bentham

Para concluir, precisamos voltar ao começo dessa história, ao meu encontro vertiginoso em Londres com o cadáver de Jeremy Bentham. Depois daquela experiência perturbadora diante do Autoícone, eu precisava de uns drinques. Cambaleei para fora do University College, cheguei à Gower Street – a via principal de Bloomsbury, onde Charles Darwin um dia morou e onde, no inverno de 1848-49, a Irmandade Pré-Rafaelita foi fundada[1] – e localizei um pub numa rua secundária próxima. Liguei meu BlackBerry Bold para ver a hora, calculei que tinha mais ou menos mais uma hora em Londres – mais uma hora de liberdade na cidade agradável, antes de ir ao aeroporto pegar meu voo para Amsterdam, onde falaria numa conferência sobre mídia social no dia seguinte.

Escurecia quando atravessei a Gower Street, disparando entre o fluxo de táxis pretos e ônibus vermelhos de dois andares que seguiam para o sul, para o centro de Londres. Enfiando as mãos nos bolsos, caminhei apressadamente pelo frio da tarde de novembro. O pub ficava na University Street, a menos de algumas centenas de metros do Autoícone de Bentham, que jaz no corredor do claustro sul do University College. Enquanto me aproximava, vi que, como a maioria dos bares de Londres, o pub tinha uma placa pendurada bem no alto, acima da porta. Com a forma de um pêndulo gigantesco, ela exibia a imagem de um homem idoso, de olhos brilhantes e cabelos grisalhos até os ombros. Apesar da penumbra do final da tarde, eu o reconheci imediatamente. Era um retrato de Jeremy Bentham, de cujo cadáver eu estava fugindo.

Chamado The Jeremy Bentham, o pub era um monumento vivo ao reformista social morto. Havia até uma placa histórica negra na parede, ao lado da porta de entrada, onde se lia JEREMY BENTHAM em letras pesadas, e um texto que começava com uma descrição de seu cadáver ilustre em exposição pública do outro lado da rua, no University College, e terminava com um elogio à sua filosofia utilitarista.

> O "Autoícone", como ele o chamava, é na verdade seu esqueleto, vestindo suas próprias roupas e encimado por um modelo de cera de sua cabeça. A cabeça real foi mumificada e é mantida no cofre da faculdade. Durante as reuniões do conselho da faculdade, a cabeça é retirada do cofre e registra-se a presença de Bentham, embora ele não vote. Acima do bar pode-se ver uma cópia da cabeça de cera, feita por alunos da faculdade. Ao rebatizar o pub em sua homenagem, nos recordamos de seu maior ideal: "A maior felicidade para o maior número de pessoas."

Meu coração ficou apertado. Assim como Scottie Ferguson não conseguia escapar do cadáver de Madeleine Elster em *Um corpo que cai*, de Hitchcock, era como se eu não conseguisse me livrar do corpo morto hipervisível de Jeremy Bentham. Em vez de me sentar no bar e olhar para uma cópia da cabeça de cera, enquanto bebia uma cerveja e comia batatas fritas, subi uma escada em caracol até uma sala pequena, que misericordiosamente parecia não expor lembranças do inventor da casa de inspeção. Tomando uma *pint* da melhor cerveja amarga do pub Jeremy Bentham, naquela sala livre de recordações suas, pensei em meu encontro com o cadáver ilustre naquela tarde.

A história realmente estava se repetindo, compreendi. A arquitetura simples do Autoícone de Bentham refletia, por assim dizer, o narcisismo digital de nosso mundo de mídia social. Também reconheci que os ideais utilitaristas de Bentham, em particular seu princípio da maior felicidade para o maior número de pessoas, eram pouco diferentes dos ideais dos visionários digitais contemporâneos como Mark Zuckerberg, cuja rede social, como vocês se lembram, está desenvolvendo um Índice de Felicidade Bruta para quantificar o sentimento global. Portanto, ocorreu-me que uma análise de Bentham também poderia ser a melhor estratégia para criticar a atual revolução da rede social. Então, qual era a forma mais eficaz, pensei, de demolir os princípios do utilitarismo, tão corrosivos hoje quanto eram no século XIX?

Tomando um gole de cerveja e olhando ao redor da sala para ter certeza de que não havia cabeças de cera penduradas em nenhuma das paredes, pensei em como exorcizar de minha cabeça o cadáver de Jeremy Bentham.

Sobre a liberdade digital

A solução me ocorreu na metade da segunda *pint* de cerveja. Eu me dei conta de que, como qualquer sistema doutrinal, as críticas mais eficazes eram as daqueles que um dia haviam sido apóstolos do credo. Minha memória se fixou num homem que havia nascido perto do pub Jeremy Bentham – em Rodney Terrace, Pentonville,[2] menos de dois ou três quilômetros a leste de Bloomsbury. Esse homem era John Stuart Mill, o mais influente pensador social e político britânico do século XIX.

Vocês se lembram de que foi Mill, um dia "o apóstolo dos benthamitas",[3] que, tendo "experimentado uma crise" em sua "história mental",[4] voltou-se contra seu guardião legal e o acusou de ser um "eterno garoto". Mill rejeitou a interpretação de Bentham dos seres humanos como simples máquinas de calcular. Em vez disso, considerava nossas identidades muito mais complexas e únicas, ao estilo dos nobres personagens de *O discurso do rei*, definidas tanto por amor e generosidade de espírito, por nossa poesia, originalidade e independência de pensamento, quanto pela maximização de nossos prazeres e a minimização de nossa dor.

Nascido em 1806 e morto em 1873, Mill teve uma vida em paralelo à Revolução Industrial da Grã-Bretanha, a revolução tecnológica que substituiu a tradicional sociedade da vida de aldeia pela arquitetura conectada da sociedade urbana de massas. Como hoje, aquele era um mundo revolucionário, definido pela tecnologia da conectividade – uma "era de fumaça e vapor", nas palavras de Eric Hobsbawn, historiador da economia. No Reino Unido, entre 1821 e 1848, por exemplo, empresas ferroviárias assentaram 8 mil quilômetros de trilhos, enquanto a inovadora tecnologia de John Loudon "Asfalto" McAdam para a construção de estradas, desenvolvida em 1823, havia dado à Grã-Bretanha o melhor sistema rodoviário do mundo desde o Império Romano. "Esse novo mundo precisava de novos pensadores", explica Richard Reeves, biógrafo de Stuart Mill, "e Mill estava determinado a ser um dos mais destacados."[5]

Houve duas razões para Mill se tornar o mais famoso pensador britânico desse novo mundo conectado. A primeira foi seu realismo. Ele reconheceu que, para o bem ou para o mal, a Revolução Industrial era inevitável; assim, via os conservadores culturais, a exemplo dos pré-rafaelitas, que romantizavam o passado pré-industrial, como seres que "se acorrentavam aos cadáveres inanimados de sistemas políticos e religiosos mortos".[6] Contudo, ele também não caiu na armadilha marxista de glorificar essa nova tecnologia da conectividade imaginando que ela acabaria por permitir uma unidade duradoura dos homens. Então, embora tivesse se preocupado a vida inteira com o sofrimento da nova classe operária industrial, e reconhecesse que o governo tinha um papel importante a desempenhar na sociedade, Mill nunca foi seduzido pelo utopismo que atraiu muitos de seus contemporâneos progressistas.

Contudo, o que mais distingue o pensamento de Mill e faz dele o mais importante pensador social e político da Grã-Bretanha do século XIX é sua compreensão de como esse novo mundo conectado tinha impacto sobre a autonomia do indivíduo. Utilitaristas como Bentham estavam preocupados com os direitos de todos os indivíduos,[7] mas Mill reconhecia que a nova arquitetura de estradas, ferrovias e jornais conectados criava uma sociedade de massas que ameaçava a mais valiosa de todas as coisas em qualquer sociedade – a capacidade dos indivíduos de pensar e agir por conta própria, independentemente da opinião pública. Mill fez essa crítica à sociedade de massas em seu clássico de 1859, *Sobre a liberdade*. O que ele mais temia na predominância da maioria própria do mundo industrial conectado era "a mediocridade criativa" de gostos, hábitos e opiniões populares. "Homens não são ovelhas",[8] escreveu ele, argumentando que o governo moderno não tinha tanto a responsabilidade de proteger o homem dele mesmo, mas os indivíduos da tirania da opinião pública. Devemos ser capazes de fazer aquilo de que gostamos, insistia ele, desde que nossos atos não prejudiquem ninguém. Se o credo de Bentham era "a maior felicidade para o maior número de pessoas", a fé de Mill era de que os indivíduos deviam evitar ser corrompidos pela conformidade das massas recém-conectadas e permanecer fiéis a si mesmos. Para ele, portanto, autonomia individual, privacidade e desenvolvimento pessoal são essenciais para o progresso humano e para o desenvolvimento de uma vida boa.

Enquanto eu estava sentado no segundo andar do pub Jeremy Bentham com minha cerveja, pensando em John Stuart Mill, o que me impressionou foi como *Sobre a liberdade* é pungentemente relevante hoje, numa era que também está sendo revolucionada por uma tecnologia de conexão disseminada. Segundo Mark Zuckerberg, este é um mundo no qual educação, comércio, saúde e finanças se tornaram sociais.[9] É um universo conectado definido por bilhões de aparelhos "inteligentes"; por turbas linchadoras em tempo real; por dezenas de milhares de pessoas transmitindo detalhes da vida sexual de um estranho; pela burocratização da amizade; pelo pensamento de grupo de Pequenos Irmãos; pela eliminação da solidão; e pela transformação da própria vida num *Show de Truman* voluntário.

Acima de tudo, é um mundo no qual muitos de nós esqueceram o que significa ser humano. "Mas nisso eu temo estar sendo nostálgica", escreve a romancista Zadie Smith, que, com Jonathan Freanzen e Gary Shteyngart, é uma das mais articuladas críticas contemporâneas da mídia social. "Estou sonhando com uma web que sirva a uma pessoa que já não existe. Uma pessoa privada, que é um mistério para o mundo e – o que é mais importante – para si mesma. A pessoa como um mistério: essa ideia de pessoa decerto está mudando, talvez já tenha mudado."[10]

O que Smith – bem como Franzen, Shteyngart e todos os outros críticos de nossa era cada vez mais transparente e social – lamenta é essa perda da pessoa privada; o desaparecimento do segredo e do mistério; o primado do curtir sobre o amar; a vitória do utilitarismo de Bentham sobre a liberdade individual de Mill; e, mais que tudo, a amnésia coletiva sobre o que realmente significa sermos humanos. É uma história de amor real e supertriste, na qual esquecemos quem somos.

Enquanto eu pensava na ideia de Zadie Smith, sobre o que significa sermos humanos, senti um movimento perto de minha perna. Não, eu não estava tonto com a melhor cerveja amarga do pub Jeremy Bentham. Era meu BlackBerry Bold que vibrava com insistência no bolso. Meu tempo em Londres se esgotara, o smartphone – que também me servia de relógio, despertador e agenda – estava me dizendo isso. Eu precisava ir para o aeroporto. Amsterdam e o Rijksmuseum esperavam por mim.

Quadros sociais

Mark Zuckerberg um dia teve um problema com quadros. Aluno de Harvard, ele se matriculou num curso de história da arte. Mas não tinha tempo para estudar ou ir a qualquer das aulas, porque estava construindo The Facebook (como era conhecido então). Assim, uma semana antes da prova final, ele começou a entrar em pânico. Zuckerberg não sabia nada sobre as pinturas ou os artistas analisados no curso. Então inventou uma solução social para seu dilema.

"Zuckerberg fez o que ocorre naturalmente a um nativo da rede. Entrou na internet e baixou imagens de todas as obras de arte que seriam abordadas na prova", explica Jeff Jarvis, que ouviu a história em primeira mão de um Zuckerberg de 22 anos, quando se conheceram em 2007, no Fórum Econômico Mundial, em Davos.

> Ele as colocou numa página da rede e acrescentou espaços vazios sob cada uma. Então mandou o endereço da página por e-mail para seus colegas de

> turma, dizendo a eles que acabara de criar um guia de estudo. ... A turma compareceu devidamente e preencheu os espaços com o conhecimento essencial sobre cada obra de arte, editando uns aos outros enquanto avançavam, cooperando para deixar tudo certo.[11]

Algumas vezes fiquei pensando quais artistas Zuckerberg estudava em seu curso de história da arte. A Irmandade Pré-Rafaelita, talvez, com sua nostalgia de um mundo que nunca existiu. Ou paisagistas do século XIX, como Albert Bierstadt, com suas perspectivas dramáticas do Oeste, de poder ilimitado. Ou talvez Johannes Vermeer e Rembrandt van Rijn, os dois gênios da arte holandesa do século XVII, que, de formas diferentes, foram mestres em nos lembrar quem realmente somos. Quem sabe o utilitarista Zuckerberg, o bilionário por acaso que acredita que o social pode tornar todo mundo mais eficiente e feliz, não baixou pinturas de Vermeer e Rembrandt. Talvez até tivesse essas imagens em sua tela enquanto vasculhava as bases de dados da Universidade de Harvard para lançar The Facebook.

O que me intriga, em particular, são os espaços vazios que Zuckerberg, em seu experimento de arte social, dispôs sob os quadros. Esses espaços eram para escrever o "conhecimento essencial" sobre as pinturas, sugerindo que elas, assim como a programação, tinham respostas certas e erradas. Fico pensando no que Zuckerberg teria escrito sobre os autorretratos de Rembrandt, em especial seu autorretrato quando velho, no qual se representou como o apóstolo Paulo. Qual a verdade, o "conhecimento essencial" sobre esses quadros que ele teria colocado no espaço vazio? Vejam, o conhecimento essencial sobre qualquer quadro, sobretudo quando ele tem algo *essencial*, é que seu mistério e seu segredo são muito mais interessantes que as respostas. A verdade sobre esses quadros é que seu significado não pode ser socialmente encaixado, como uma atualização do Facebook, em espaços vazios nas telas de computador. O conhecimento essencial sobre qualquer grande arte – tenha sido criada por Vermeer, Rembrandt ou mesmo por Hitchcock – é que ela nos lembra quem nós, seres humanos, realmente somos.

A mulher de azul

Retratos – em particular autorretratos – por acaso estavam em minha cabeça. Estávamos na manhã seguinte ao meu discurso sobre mídia social em Amsterdam, e me vi no Rijksmuseum, o museu que abriga algumas das mais ilustres pinturas holandesas do século XVII. Meu BlackBerry Bold estava desligado, enfiado no fundo do bolso. Assim, eu me via desacorrentado de meu gadget Research In Motion, desconectado de meus seguidores, fora da rede global. Não tinha câmera em rede, acesso a tuítes existenciais, atualizações de Facebook ou LinkedIn, tecnologia de reconhecimento facial, nada de Tweetie pedindo licença para revelar minha localização. Ao longo de duas horas, o grande exibicionismo do começo do século XXI havia sido substituído por uma exibição ainda maior da arte holandesa do século XVII.

Christine Rosen escreve sobre a "antropologia pintada" dos quadros. "Durante séculos os ricos e poderosos documentaram sua existência e seu status por meio de retratos pintados. Marca de riqueza e aposta na imortalidade, os retratos oferecem pistas intrigantes da vida cotidiana de seus retratados – profissões, ambições, posturas e, mais importante, posição social", observa ela.[12] Hoje, referindo-se a sites de relacionamento na rede como o Facebook, nossos retratos são "democráticos e digitais; compostos de pixels em vez de tintas".[13] Mas nem sempre foi assim, lembra ela. Houve uma época em que os retratos eram declarações universais, e não manifestações de narcisismo; um dia eles se dirigiram aos seres humanos, coletivamente, e não na linguagem personalizada da mídia social de agora.

No Rijksmuseum, eu acabara de apreciar dois autorretratos de Rembrandt: o primeiro, de um jovem ruivo e arrogante, num período em que o artista não era mais velho que Mark Zuckerberg; o segundo, dele já velho e cansado, caracterizado pelo que o historiador Simon Schama classifica de "olhos de Rembrandt", quando o artista, cuja fortuna declinara de maneira drástica, se representou como o sábio apóstolo Paulo. A despeito da natureza profundamente pessoal, os dois quadros são declarações universais, "conhecimento essencial" sobre a confiança da juventude e a exaustão muito humana da velhice. É por isso que, quase quatrocentos anos depois, eu estava de pé no Rijksmuseum, olhando admirado para pinturas que, tomando emprestadas as palavras de Christine Rosen, eram uma aposta na imortalidade e uma antropologia pintada da cultura individualista holandesa do século XVII.

E então eu a vi. Eu vi a mulher que é tudo, menos sua própria imagem. Eu vi um quadro de quem realmente somos.

Pintado por Johannes Vermeer entre 1663 e 1664, *Mulher de azul lendo uma carta* é o retrato de uma jovem holandesa, provavelmente grávida, lendo fascinada uma carta que segura com as duas mãos. Há um mapa na parede atrás dela, outra carta aberta na mesa à sua frente e uma cadeira vazia à direita da tela. Todos esses são símbolos universais de perda, oportunidade ou viagem – as pistas de Vermeer, sua linha do tempo para dar sentido ao quadro. O aposento é bem iluminado, mas não vemos a janela, nenhuma fonte do que parece ser luz natural. A jovem está tão envolvida, tão aprisionada em seu próprio mundo, a carta segurada com firmeza, que não percebe se alguém a observa.

Ver a *Mulher de azul*, claro, é um ato do mais puro voyeurismo. Eu não sabia nada sobre ela, mas sabia tudo. Sua concentração me hipnotizava. Vi que a carta podia estar cheia de notícias de morte ou nascimento, podia ser de um velho amigo, um pai doente ou um novo amor. Porém, quanto mais olhava para ele, mais secreto e mais privado o quadro se tornava; e mais relevante, premente, eterna e misteriosa parecia a carta nas mãos da mulher.

Há uma cena de *Um corpo que cai*, quando Scottie Ferguson vê Madeleine Elster pela primeira vez. Eles estão no Ernie's, o antigo e elegante restaurante na North Beach de São Francisco. Scottie está sentado no bar tomando um Martini, e Madeleine janta. Ele a observa por uma fresta enquanto ela caminha em sua direção. Usa um xale verde e um vestido preto decotado. Os violinos da trilha sonora de Bernard Herman sobem. Scottie, o pobre tolo, é fisgado de imediato. E também os espectadores, como eu. Até tenho essa imagem de Madeleine em minha página do Twitter (@ajkeen).[14] Ela é o papel de parede, o fundo de todos os meus tuítes.

Foi algo parecido com isso que aconteceu no Rijksmuseum, naquela manhã de novembro, quando vi a *Mulher de azul* de Vermeer. Eu me sentei diante do quadro, na mesma pose paralisada com que Madeleine se sentou na frente da pintura de sua parenta do século XIX, no Palácio das Belas-Artes de São Francisco. Mas, ao contrário de Madeleine, meu fascínio pela pintura não era uma encenação nem uma trama para despistar minha plateia. Eu olhava para ela fascinado, com toda a concentração voltada para seus mistérios insolúveis. O quadro se tornara a arquitetura de todas as minhas intimidades. Eu até exorcizara de minha cabeça o cadáver de Jeremy Bentham.

Seria fácil usar um argumento conservador e confortavelmente nostálgico sobre como nossa tecnologia do século XXI, os pixels digitais de Christine Rosen, nos afasta da produção de quadros desse tipo. "Sim, eu teria gostado de viver ali na época, cor, agitação, poder, liberdade", como disse aquele vilão Gavin Elster, de maneira tão falsa, sobre o suposto idílio na São Francisco de meados do século XIX. Mas, como nos lembra John Stuart Mill, que nunca foi um Jeremias,[15] é idiota nos acorrentarmos a sistemas políticos ou sociais mortos para denegrir o presente. Além disso, como já argumentei, uma análise tecnocêntrica assim é o Macguffin deste livro. A verdade é que Johannes Vermeer, tão tecnófilo quanto qualquer *geek* do século XXI, se concentrou em usar todas as tecnologias mais sofisticadas de seu tempo para que suas pinturas parecessem mais realistas. Como argumenta Philip Steadman em *Vermeer's Camera: Uncovering the Truth Behind the Masterpieces*, o conhecimento que Vermeer tinha da ciência ótica do século XVII permitiu-lhe construir uma "câmera obscura", uma versão primitiva da câmera moderna que lhe permitia captar os modelos de seus quadros com maior precisão fotográfica.[16]

Tomando emprestadas as palavras de Mark Zuckerberg, que "conhecimento essencial" a *Mulher de azul* nos ensina? Que verdade podemos descobrir por trás da obra-prima de Vermeer? No romance *Moça com brinco de pérola*, de Tracy Chevalier, a brilhante reconstrução da história de outra obra-prima de Vermeer, há um momento em que a protagonista, uma jovem criada chamada Griet, ouve de um comerciante local uma recomendação: "Tome cuidado para permanecer você mesma."[17] E é exatamente isso que faz a *Mulher de azul*. Não sabemos nada sobre ela, exceto que tomou o cuidado de *permanecer ela mesma*, um ser totalmente privado, invisível, um mistério para o mundo – a pessoa que Zadie Smith teme que tenhamos perdido. Ela pode ou não ser o "indivíduo único" de John Stuart Mill, mas representa a condição para a definição de Mill de vida boa, alguém entregue a seus próprios afazeres, autônomo, acima de tudo, alguém nem um pouco solitário, mas privado. Sua autenticidade está em seu mistério, não em sua nudez. *Mulher de azul* é uma imagem dela mesma sem saber disso – o oposto do cadáver empalhado de Jeremy Bentham olhando com tanta satisfação pessoal irrefletida a partir de seu Autoícone; o oposto do louco Josh Harris no hotel Capsule, vivendo inteiramente em público; ou do Robert Scoble de rosto brilhante, hipervisivelmente sentado diante do vídeo trêmulo do computador vendo os seguidores que o veem.

Continuei sentado mais algum tempo, hipnotizado, olhando para *Mulher de azul*. Eu me dei conta de que corremos o risco de perder exatamente aquele quadro atemporal. No grande exibicionismo de nosso mundo da Web 3.0 hipervisível, onde estamos sempre em exibição pública, sempre nos revelando para a câmera, perdemos a capacidade de permanecer nós mesmos.

Estamos esquecendo quem realmente somos.

Permanecendo nós mesmos

Depois de algum tempo, eu me levantei para partir. Vaguei por duas pequenas salas e me vi diante daquele que talvez seja o quadro mais famoso do mundo, a pintura de Rembrandt van Rijn de 1642, *A ronda da noite*, seu retrato de um grupo de burgueses holandeses. Primeiro olhei para a enorme pintura de quase quatrocentos anos que cobria uma parede inteira do museu, depois para sua descrição na parede ao lado:

> A mais conhecida e maior tela de Rembrandt foi feita para o prédio que era sede de uma das milícias de Amsterdam – os arcabuzeiros. Todo burguês

> tinha obrigação de servir na guarda, mas aqueles incluídos num retrato de grupo deviam pagar pelo privilégio, e aqui são exibidos os membros mais ricos da companhia. Rembrandt foi o primeiro a representar em quadro um grupo de pessoas em movimento.

Pisquei e li novamente a última frase na parede. "Rembrandt foi o primeiro a representar em quadro um grupo de pessoas em movimento." O *primeiro*! Comparados a toda a duração da história humana, quatrocentos anos não é muito tempo. Mas os quase quatrocentos anos que se passaram entre *A ronda da noite* de Rembrandt – moldados primeiro pela Revolução Industrial e depois pela digital – agora parecem uma eternidade. Em nossa era transparente de comunicações globais, em que fazemos o retrato coletivo da humanidade a cada minuto – quando, por exemplo, durante o assassinato de Osama bin Laden, em 1º de maio de 2011, foram escritos 3.440 tuítes sobre ele *por segundo* –,[18] é difícil imaginar uma época em que não havia retratos de pessoas em movimento.

Tentei avançar mentalmente, não quatrocentos anos, mas apenas quarenta – até a metade do século XXI. Fiquei pensando em quão mais rápido e mais social poderia se tornar nosso retrato de grupo em movimento. Em Oxford, numa entrevista para um programa da BBC sobre o futuro da tecnologia, eu perguntei a Biz Stone se nossas comunicações um dia iriam se tornar mais rápidas que o tempo real. Com seu jeito pretensioso, ele riu do absurdo. Mas eu pensei: em quarenta anos, quando a Web 3.0 de @quixotic parecer tão arcaica quanto *A ronda da noite* de Rembrandt, ou a *Mulher de azul lendo uma carta* de Vermeer, continuaremos a ser nós mesmos? Assumiremos a identidade das paredes na Associação de Estudantes de Oxford, de Benjamin Woodward, que perderam tudo que foi nelas pintado? Será que podemos de fato esquecer quem somos?

Eu comecei este livro com um cadáver vivo do passado, então, permitam-me terminar com um cadáver assombrado do futuro. Vocês se lembram que, como aluno de Oxford, o velho Jeremy Bentham tinha medo de fantasmas. Na verdade, o inventor da casa de inspeção sentia tamanho terror de assombrações ao longo de toda a vida que temia dormir sozinho à noite e pedia que seus assistentes compartissem seu quarto.[19] Ao contrário de Bentham, não tenho medo de fantasmas nem de assombrações. Mas devo confessar que temo o fantasma da humanidade, um fantasma que terá esquecido o que é ser humano. Esse fantasma estará vivendo hipervisivelmente, com inúmeros seguidores, companheiros e amigos, em toda rede social, passada e futura. A existência desse fantasma, confesso, também me deixaria com medo de dormir sozinho, e eu exigiria que meu assistente dormisse bem ao meu lado.

Alfred Hitchcock um dia disse que por trás de todo bom filme há um grande cadáver. Mas a humanidade não é um filme, e não há nada de bom numa espécie que se tornou cadáver por ter esquecido o que foi um dia. John Stuart Mill, o maior crítico de Bentham no século XIX, estava certo ao argumentar que permanecer humanos exigia que algumas vezes nos desconectássemos da sociedade, para continuarmos privados, autônomos e secretos. A alternativa, reconheceu Mill, era o "predomínio da maioria" e a morte da liberdade individual. Esse não é um temor irreal. Como alerta Michel Foucault, o crítico mais criativo de Bentham no século XX, "o homem não é nem o mais antigo nem o mais constante problema no caminho do conhecimento humano", portanto poderia ser facilmente "apagado, como um rosto desenhado na areia da praia".[20]

Hoje, mais de 150 anos depois de Mill publicar *Sobre a liberdade*, enquanto uma nova e mais virulenta revolução da conectividade acontece ao nosso redor e estamos todos vertiginosamente nos transmitindo a partir de nossos palácios de cristal conectados, precisamos recuar até o antibenthamiano John Stuart Mill em busca de orientação. Os homens não são ovelhas, diz Mill. Nem são exércitos de formigas ou bandos de elefantes. Não, assim como @quixotic está errado em acreditar que somos basicamente seres sociais, e Biz Stone, ao dizer que o futuro tem de ser social, Sean Parker se equivoca quando afirma que o assustador hoje é a necessidade de amanhã. Em vez disso, como nos lembra John Stuart Mill, nossa especificidade como espécie está em nossa capacidade de nos destacar da multidão, de nos libertar da sociedade, de sermos deixados sós, de pensar e agir por conta própria.

O futuro, portanto, deve ser tudo, menos social. É o que temos de lembrar como seres humanos no alvorecer do século XXI, quando, para o bem ou para o mal, o mundo da Web 3.0 de @quixotic, das informações pessoais disseminadas, essa internet de pessoas, está se tornando um lar para todos nós. E esse é exatamente o "conhecimento essencial" que eu gostaria que vocês aprendessem nesse retrato da vertigem digital em nossa era de grande exibicionismo.

Notas

Introdução: Hipervisibilidade (p.9-26)

1. Para a história completa do cadáver de Bentham, ver a "Introdução" de James E. Crimmin in *Jeremy Bentham's Auto-Icon and Related Writings*, Bristol, 2002; disponível em: http://www.utilitarian.net/bentham/about/2002----.htm.
2. C.F.A. Marmoy, "The auto-icon of Jeremy Bentham at University College", *History of Medicine at UCL Journal*, abr 1958; disponível em: http://www.ncbi.nlm.gov/pmc/articles/PMC1034365/.
3. Aldous Huxley, *Prisons*, Trianon & Grey Falcon, 1949; disponível em: http://www.johncoulthart.com/feuilleton/2006/08/25/aldous-huxley-on-piranesis-prisons/.
4. John Dinwiddy, *Bentham*, Oxford, 1989, p.18.
5. Fabricado pela muito adequadamente batizada Research in Motion (RIM), maior empresa de tecnologia do Canadá, com sede mundial em Waterlooville, Ontário. Meu modelo era o BlackBerry Bold.
6. Uma câmera Canon Digital Rebel XSi 12.2 mp com lentes zoom EF-S 55–250mm f/4-5.6 IS.
7. Rip Empson, "Infographic: a look at the size and shape of the geosocial universe in 2011", Techcrunch, 20 mai 2011; disponível em: http://techcrunch.com/2011/05/20/infographic-a-look-at-the-size-and-shape-of-the-geosocial-universe-in-2011/.
8. Ver Chris Dixon, "An internet of people", cdixon.org, 19 dez 2011; disponível em: http://cdixon.org/2011/12/19/an-internet-of-people/. Dixon cita o investidor de risco da Sequoia Roelof Botha, que descreve essa internet de pessoas como uma economia de "confiança" e "reputação".
9. Matthew Ingram, "The daily dot wants to be the Web's Hometown Paper", Gigaom, 1º abr 2011; disponível em: http://gigaom.com/2011/04/01/the-daily-dot-wants-to-be-the-webs-hometown-paper/.
10. Durante quarenta anos de sua vida adulta Bentham viveu em uma casa em Westminster, debruçada sobre o St. James Park, que ele chamava de Queen's Square Place. Talvez por acaso, considerando o grande interesse de Bentham pela reforma penal, esse local de Westminster, hoje conhecido como 102 Petty France, é ocupado pelo Ministério da Justiça britânico.
11. O princípio da maior felicidade de Bentham foi apresentado em seu folheto de 1831, *Parliamentary Candidate's Proposed Declaration of Principles*, no qual argumentava que o objetivo do governo é maximizar o prazer ou a felicidade do maior número de pessoas; ver John Dinwiddy, *Bentham*, Oxford, cap.2, "The greatest happiness principle".

12. Richard Florida, *The Rise of the Creative Class*, Basic, 2002, p.74; John Hagel e John Seely Brown, *The Power of Pull*, Basic, 2010, p.90.
13. Georg Simmel, "The metropolis and mental life", in Kurt H. Wolff (org.), *The Sociology of Georg Simmel*, Free Press, 1950, p.409.
14. Jonathan Raban, *Soft City*, n.15. Raban também é o autor de *Surveillance*, Pantheon, 2006, excelente romance sobre a crescente onipresença da vigilância eletrônica em nossa era digital.
15. "O Ministério da Verdade – Miniver em novilíngua – era muito diferente de qualquer outro objeto à vista", foi como Orwell descreveu o Ministério da Verdade em *1984*. "Era uma enorme estrutura piramidal de concreto branco cintilante, se erguendo, terraço após terraço, trezentos metros no ar. De onde Winston estava era possível ler, destacado em sua fachada branca, em letras elegantes, os três lemas do Partido: GUERRA É PAZ, LIBERDADE É ESCRAVIDÃO, IGNORÂNCIA É FORÇA."
16. Richard Cree, "Well connected", *Director*, jul 2009.
17. Ver Leena Rao, "Boom! Professional social network LinkedIn passes 100 million members", Techcrunch, 22 mar 2011; disponível em: http://techcrunch.com/2011/03/22/boom-professional-social-network-linkedin-passes-100-million-members/.
18. *Laptop Magazine*, fev 2011, p.71.
19. Ben Parr, "LinkedIn founder: 'Web 3.0 will be about data'", *Mashable*, 30 mar 2011. Vídeo da entrevista de Hoffman a Liz Gannes na Web 2 Expo disponível em: http://www.web2expo.com/webexsf2011/public/schedule/detail/17716.
20. Os outros são um dos fundadores do Netscape, Marc Andreessen, o lendário investidor inicial Ron Conway e Peter Thiel, colega de Hoffman no Paypal e investidor inicial do Facebook; ver "The 25 tech angels, 11 good angels and 18 geeks everyone wants to fly with", *San Francisco Magazine*, dez 2010; disponível em: http://www.sanfranmag.com/story/25-tech-angels-11-good-angels-and-18-geeks-everyone-wants-fly-with.
21. "The Midas list: technology's top 100 investors", *Forbes*, 6 abr 2011; disponível em: http://www.forbes.com/lists/midas/2011/midas-list-complete-list.html.
22. "Reid Hoffman", Soapbox, *The Wall Street Journal*, 23 jun 2011; disponível em: http://online.wsj.com/article/SB10001424052702303657404576363452101709880.html.
23. Evelyn M. Rusli, "The king of connections is tech's go-to-guy", *The New York Times*, 5 nov 2011; disponível em: http://www.nytimes.com/2011/11/06/business/reid-hoffman-of-linkedin-has-become-the-go-to-guy-of-tech.html?pagewanted=all.
24. Ver minha entrevista com Reid Hoffman no "Keen On", na Techcrunch.tv, ago 2010; disponível em: http://techcrunch.com/2010/08/30/keen-on-reid-hoffman-leadership/.
25. "Fail fast advises LinkedIn founder and tech investor Reid Hoffman", BBC, 11 jan 2001; disponível em: http://www.bbc.co.uk/news/business-12151752.
26. Leena Rao, "LinkedIn surpasses MySpace to become n. 2 social network", Techcrunch, 8 jul 2011; disponível em: http://techcrunch.com/2011/07/08/linkedin-surpasses-myspace-for-u-s-visitors-to-become-no-2-social-network-twitter-not-far-behind/.

27. A IPO do LinkedIn aconteceu em 18 de maio de 2011. Tendo começado o dia cotadas a US$ 40, as ações triplicaram de valor em dado momento e fecharam o dia em US$ 94, avaliando a empresa em quase US$ 9 bilhões de dólares e dando a Hoffman uma participação de mais de US$ 2 bilhões em sua nova empresa; ver Ari Levy, "Linkedin's top backers own $6.7 billion stake", *Bloomberg News*, 18 mai 2011; disponível em: http://www.bloomberg.com/news/2011-05-19/linkedin-s-founder-biggest-backers-will-own-2-5-billion-stake-after-ipo.html. Ver também Nelson D. Schwartz, "Small group rode LinkedIn to a big payday", *The New York Times*, 19 jun 2011; disponível em: http://www.nytimes.com/2011/06/20/business/20bonanza.html?hp, para uma análise da IPO e de como, "para Reid Hoffman, presidente do conselho da LinkedIn, foram precisos menos de trinta minutos para ganhar mais US$ 200 milhões".
28. Em conversa com Liz Gannes, da All Things D, 29 dez 2010; disponível em: http://networkeffect.allthingsd.com/20101229/video-greylocks-reid-hoffman-and-david-sze-on-the-future-of-social/.
29. A Zynga – que tem o muito popular jogo social Farmville em seu estábulo digital – se tornou tão grande tão depressa que seu valor é quase igual ao da Electronic Games (EA), segunda maior editora de jogos do mundo. De acordo com pesquisa publicada por SharesPost em outubro de 2010, a Zynga, de capital fechado, valia US$ 5,1 bilhões, enquanto a EA, com ações em bolsa, valia US$ 5,16 bilhões na bolsa Nasdaq. Para saber mais, ver Bloomberg Businessweek, 26 out 2010; disponível em: http://www.businessweek.com/news/2010-10-26/zynga-s-value-tops-electronic-arts-on-virtual-goods.html.
30. Samuel Warren e Louis Brandeis, "The right to privacy", *Harvard Law Review*, v.IV, n.5, 15 dez 1890. O texto foi descrito como "lendário", e "o artigo de resenha mais influente de todos"; muitos estudiosos da privacidade consideram-no a base da legislação sobre o tema nos Estados Unidos. Para saber mais, ver Daniel J. Solove, *Understanding Privacy*, Harvard University Press, 2008, p.13-8.
31. "Antiga prisão transformada em inovadora escapada", é assim que a Malmaison se anuncia ao viajante moderno entediado com os hotéis de luxo tradicionais. Malmaison no Twitter disponível em: http://twitter.com/#!/TheOxfordMal.
32. O argumento de Aristóteles em *Política*, de que "o homem é por natureza um animal social (um indivíduo naturalmente antissocial não por acaso está abaixo de nossa percepção ou é mais que humano. A sociedade é algo que precede o indivíduo)" é o disparo inicial de um argumento comunitarista de dois mil anos que considera o social mais importante que o individual. A posição de Aristóteles ("qualquer um que não possa levar a vida comum ou for tão autossuficiente a ponto de não precisar disso, e portanto não desfruta da sociedade, é um animal ou um deus") foi contestada de forma divertida pela máxima de Friedrich Nietzsche em *Crepúsculo dos ídolos*: de que "de modo a viver sozinho, é preciso ser um animal ou um deus – diz Aristóteles. Falta a terceira possibilidade: é preciso ser ambos – um filósofo."

33. Sacca comanda um fundo de investimento em mídias sociais de US$ 1 bilhão. Em fevereiro de 2010, seu fundo bilionário, o Lowercase Capital (que tem o J.P. Morgan como um dos investidores) era o maior proprietário institucional de ações do Twitter, com uma participação de cerca de 9% na rede social em tempo real; ver Evelyn Rusli, "New fund provides stake in Twitter for JP Morgan", *The New York Times Deal Book*, 28 fev 2011; disponível em: http://dealbook.nytimes.com/2011/02/28/new-fund-gives-jpmorgan-a-stake-in-twitter/.
34. Ver relato de minhas conversas com Stone em Oxford, bem como uma fotografia de Stone e Hoffman de smoking, na biblioteca da Oxford Union; disponível em: http://andrewkeen.independentminds.livejournal.com/3676.html
35. Debate na Oxford Union, domingo, 23 nov 2008.
36. A velocidade de aumento do valor de mercado do Twitter é impressionante. Em outubro de 2010, a empresa privada – que efetivamente continua sem dar retorno – recebeu uma avaliação secundária do mercado em US$ 1,575 bilhão. Em dezembro de 2010, a empresa de capital de risco *blue chip*, Kleiner Perkins, do Vale do Silício, liderou um investimento de US$ 200 bilhões no Twitter, para uma avaliação em US$ 3,7 bilhões. Depois, em fevereiro de 2011, *The Wall Street Journal* noticiou boatos de que Google e Facebook estavam interessados em adquirir o Twitter por algo entre US$ 8 e US$ 10 bilhões. E em março de 2011, a avaliação do Twitter no mercado secundário havia subido para US$ 7,7 bilhões. Em abril de 2011 a revista *Fortune* noticiou que o Twitter havia recusado uma oferta de aquisição por US$ 10 bilhões por parte do Google. Mas em julho o Twitter havia levantado outros US$ 400 milhões em capital de risco, para uma avaliação em US$ 8 bilhões. E em agosto de 2011 o *Financial Times* confirmou a avaliação do Twitter em US$ 8 bilhões, e seu investimento, liderado pela empresa russa de investimentos na internet DST.
37. Leena Rao, "New Twitter stats: 140M tweets sent per day, 460K accounts created per day", Techcrunch, 14 mar 2011; disponível em: http://techcrunch.com/2011/03/14/new-twitter-stats-140m-tweets-sent-per-day-460k-accounts-created-per-day/.
38. Antes do Twitter, Stone foi executivo de várias empresas de tecnologia, entre elas o Google. Entre seus livros estão *Blogging: Genius Strategies for Instant Web Content*, 2002; e *Who Let The Blogs Out: A Hyperconnected Peek at the World of Weblogs*, 2004.
39. Em junho de 2011, Stone se aposentou de seu cargo em tempo integral no Twitter como alguém "em parte pregador, em parte contador de histórias e em parte futurista" para se tornar conselheiro estratégico da Spark Capital. Ver Claire Cain Miller, "Twitter co-founder joins venture capital firm", *The New York Times*, 7 jul 2011; disponível em: http://bits.blogs.nytimes.com/2011/07/07/twitter-co-founder-joins-venture-capital-firm/.
40. Dominic Rushe, "Twitter founder to join Huffington Post", *The London Guardian*, 15 mar 2011; disponível em: http://www.guardian.co.uk/media/2011/mar/15/twitter-founder-joins-huffington-post.
41. C.F.A. Marmoy, "The Auto-icon of Jeremy Bentham at University College, London", *The History of Medicine at UCL Journal*, abr 1958.

42. Bentham se tornou o guardião legal de John Stuart Mill seis anos após o nascimento de John, quando James Mill ficou gravemente doente. Ver Richard Reeves, *John Stuart Mill: Victorian Firebrand*, Atlantic, 2007, p.11.
43. John Stuart Mill, "Bentham", in *John Stuart Mill and Jeremy Bentham: Utilitarianism and Other Essays*, Penguin, 1987, p.149.
44. Mill popularizou o termo "utilitarista" no inverno de 1822-23, quando criou a "Sociedade Utilitarista" (ver J.S. Mill, *Autobiography*, p.49). Mas, sem que Mill soubesse, a palavra havia sido usada pela primeira vez por Bentham em correspondência do século XVIII com o teórico político francês Pierre Étienne Louis Dumont. Ver Richard Reeves, *John Stuart Mill*, p.37.
45. J.S. Mill, "Bentham", p.149.
46. Umberto Eco, *Travels in Hyperreality*, Harcourt, Brace, Jovanovich, 1983, p.6-7.
47. Pierre Boileau e Thomas Narcejac, *The Living and the Dead*, Washburn, 1957.
48. Nicholas Carr, "Tracking is an assault on liberty", *The Wall Street Journal*, 7 ago 2010.
49. "Soapbox: Reid Hoffman", *The Wall Street Journal*, 23 jun 2011; disponível em: http://online.wsj.com/article/SB10001424052702303657404576363452101709880.html.
50. "Fail fast advises LinkedIn founder and tech investor Reid Hoffman", *BBC Business News*, 11 jan 2011; disponível em: http://www.bbc.co.uk/news/business-12151752.
51. Na conferência South by Southwest de março de 2011, Hoffman apresentou sua definição da Web 3.0: "Se a Web 1.0 significou 'Vá procurar, recolha informações', e a Web 2.0 representou 'Identidades reais' e 'Relacionamentos reais'", disse ele, a Web 3.0 envolve "identidades reais gerando enormes volumes de informação". Ver Anthony Ha, "LinkedIn's Reid Hoffman explains the brave new world of data", 15 mar 2011, VentureBeat; disponível em: http://venturebeat.com/2011/03/15/reid-hoffman-data-sxsw/.
52. Estimativa da Cisco; disponível em: http://www.electrictv.com/?p=4323. Ver também as observações do diretor executivo e presidente da Ericsson, Hans Vestberg, no Monaco Media Forum de novembro de 2010; disponível em: http://www.youtube.com/watch?v=vTT-Wve1WWo. Mas mesmo em prazo muito curto é inevitável que o número de pessoas e aparelhos conectados aumente bastante. No Mobile World Congress de Barcelona, em fevereiro de 2011, por exemplo, o diretor executivo da Nokia, Stephen Elop, prometeu "conectar os desconectados" e colocar 3 bilhões de pessoas ao redor do mundo on-line por intermédio de seus celulares. Ver Jenna Wortham, "Nokia wants to bring 3 billion more online", *The New York Times*, 18 fev 2011; disponível em: http://bits.blogs.nytimes.com/2011/02/16/nokia-wants-to-bring-3-billion-more-online/.

1. Uma ideia simples de arquitetura (p.27-54)

1. John Dinwiddy, *Bentham*, Oxford, 1989, p.38.
2. Originalmente o projeto da Casa de Inspeção deveria ser implantado pelo governo. Em 1813, para compensar Bentham pela não implantação, ele recebeu do Parlamento

£ 23 mil que lhe permitiram alugar uma "casa magnífica" no oeste, onde passava verões e outonos. Ver: John Dinwiddy, *Bentham*, p.16-7.

3. "CIA's 'vengeful librarians' stalk Twitter and Facebook", *The Daily Telegraph*, 4 nov 2011; disponível em: http://www.telegraph.co.uk/technology/twitter/8869352/CIAs-vengeful-librarians-stalk-Twitter-and-Facebook.html.
4. Aldous Huxley, *Prisons*, Trianon & Grey Falcon Presses, 1949; disponível em: http://www.johncoulthart.com/feuilleton/2006/08/25/aldous-huxley-on-piranesis-prisons/.
5. Jeremy Bentham, *Panopticon Letters*, 1787, original não publicado, University College London Library.
6. Bentham, com seu irmão Samuel, estava ajudando o príncipe Grigory Potemkin, amante de Catarina a Grande e mais poderoso proprietário de terras da Rússia czarista, a projetar uma aldeia inglesa com fábricas industriais modernas na cidade de Krichev, no leste da Bielorússia. Potemkin, claro, é mais lembrado hoje por suas "aldeias Potemkin" – comunidades artificiais criadas apenas para impressionar Catarina. Para outras informações, ver Simon Sebag Montefiore, "The Bentham brothers, their adventure in Russia", *History Today*, ago 2003.
7. Michel Foucault, *Discipline & Punish: The Birth of the Prison*, Vintage, 1979, p.200 (trad. bras., *Vigiar e punir*, Petrópolis, Vozes, 1987).
8. Jeremy Bentham, carta 1, "Idea of the inspection principle, the panopticon writings", Verso, 1995.
9. Norman Johnson, *Forms of Constraint: A History of Prison Architecture*, p.56.
10. Georg Simmel, "The metropolis and mental life", in Kurt H. Wolff (org.), *The Sociology of Georg Simmel*, Free Press, 1950, p.409.
11. Michel Foucault, op.cit., p.200.
12. Em 2010, as televisões inteligentes estavam em apenas 2% das casas ao redor do mundo, de acordo pesquisa realizada em agosto de 2010 pela empresa de pesquisa de mercado iSuppli. Mas em 2014, segundo projeções da iSuppli, essa penetração global terá chegado a 33%; disponível em: http://www.ft.com/cms/s/2/9be3d412-b783-11df-8ef6-00144feabdc0.html?ftcamp=rss.
13. Como o console Kinect da Microsoft, um produto que conecta jogos controlados por movimento com videoconferência e interatividade de voz.
14. Na Consumer Electronics Show de Las Vegas, em janeiro de 2011, por exemplo, havia 380 expositores de eletrônica embarcada apresentando tecnologia em rede como acesso rápido à internet para carros. Ver "At CES, cars take center stage", *The New York Times*, 6 jan 2011; disponível em: http://wheels.blogs.nytimes.com/2010/01/06/at-ces-cars-move-center-stage/.
15. A visão que Jeremy Bentham tinha do pan-óptico foi esboçada em uma série de cartas que escreveu em 1789, de Crecheff, na Crimeia, para um amigo não identificado na Inglaterra. Ver Miran Bozovic (org.), *The Panopticon Writings*, Verso, 1995. Bentham foi para a Rússia em 1785, com o irmão Samuel, para ajudar o príncipe Potemkin, amante de Catarina a Grande e mais poderoso proprietário de terras

da Rússia, a projetar uma aldeia industrial inglesa. Ver Simon Sebag Montefiore, "Prince Potemkin and the Benthams", *History Today*, ago 2003.

16. Clay Shirky, *Cognitive Surplus: Creativity and Generosity in a Connected Age*, Penguin, 2010, p.54 (trad. bras., *A cultura da participação*, Rio de Janeiro, Zahar, 2011).

17. Do discurso de Bill Clinton, "Remarks on internet freedom", em Washington D.C., 21 jan 2010. O termo também foi usado pelo guru da mídia social da Microsoft, Marc Davis, em seu discurso na conferência Privacy Identity Innovation (PII), em Seattle, 18 ago 2010; disponível em: http://vimeo.com/14401407.

18. *Cognitive Surplus*, p.196-7.

19. Patrick Kingsley, "Julian Assange tells students that the web is the greatest spying machine ever", *The London Guardian*, 15 mar 2011; disponível em: http://www.guardian.co.uk/media/2011/mar/15/web-spying-machine-julian-assange.

20. Matt Brian, "Wikileaks founder: Facebook is the most appalling spy machine that has ever been invented", *The Next Web*, 2 mai 2012; disponível em: http://thenextweb.com/facebook/2011/05/02/wikileaks-founder-facebook-is-the-most-appalling-spy-machine-that-has-ever-been-invented/.

21. Uma pesquisa Pew Internet and American Life, em novembro de 2011, mostrou que 4% dos americanos on-line já estão usando esses serviços baseados em localização (disponível em: http://www.pewinternet.org/Reports/2010/Location-based-services.aspx), sugerindo – como Jay Yarow argumentou em Business Insider (disponível em: http://www.businessinsider.com/location-based-services-2010-11) – que serviços como o Gowalla crescem no mesmo ritmo viral do Twitter em seu estágio inicial de desenvolvimento.

22. Os comentários de Shirky sobre a crescente "legibilidade" da sociedade foram feitos – pedindo desculpas pelo trocadilho – de forma mais transparente quando ele foi entrevistado pela correspondente diplomática da BBC Bridget Kendall no programa de rádio do serviço mundial da BBC *The Forum*, 19 set 2010; disponível em: http://www.bbc.co.uk/programmes/p009q3m3.

23. Katie Roiphe, "The language of Facebook", *The New York Times*, 13 ago 2010.

24. Sobre YouCeleb.com, ver Rip Empson, "YouCeleb lets you look like a star for cheap", Techcrunch, 28 fev 2011; disponível em: http://techcrunch.com/2011/02/28/youceleb-lets-you-look-like-a-star-for-cheap/.

25. *The Forum*, 19 set 2010.

26. Jean Twenger e W. Keith Campbell, *The Narcissism Epidemic: Living in the Age of Entitlement*, Free Press, 2009.

27. Elias Aboujaoude, *Virtually You*, Norton, 2011, p.72.

28. Neal Gabler, "The elusive big idea", *The New York Times*, 13 ago 2011.

29. Neil Strauss, "The insidious evils of 'like' culture", *The Wall Street Journal*, 2 jul 2011; disponível em: http://online.wsj.com/article/SB10001424052702304584004576415940086842866.html.

30. Jonathan Franzen, "Liking is for cowards. Go for what hurts", *The New York Times*, 29 mai 2011; disponível em: http://www.nytimes.com/2011/05/29/opinion/29franzen.html.

31. Idem.
32. Christine Rosen, "Virtual friendship and the new narcissism", *The New Atlantis: A Journal of Technology and Society*, n.17, verão de 2007.
33. Ross Douthat, "The online looking glass", *The New York Times,* 12 jun 2011.
34. David Brooks, "The saga of Sister Kiki", *The New York Times*, 23 jun 2011; disponível em: http://www.nytimes.com/2011/06/24/opinion/24brooks.html.
35. Loretta Choa e Josh Chin, "A billionaire's breakup becomes China's social-media event of the year", *The Wall Street Journal,* 17 jun 2011; disponível em: http://online.wsj.com/article/SB10001424052702304563104576357271321894898.html.
36. Steven Johnson, "In praise of oversharing", *Time Magazine*, 20 mai 2010.
37. Jeff Jarvis, "What if there are no secrets", Buzzmachine.com, 26 jun 2010.
38. Feito em Berlim. Ver http://www.buzzmachine.com/2010/04/22/privacy-publicness-penises/.
39. Jarvis anunciou seu câncer de próstata em um post intitulado "The small c and me", em seu blog BuzzMachine, 10 ago 2009; disponível em: http://www.buzzmachine.com/2009/08/10/the-small-c-and-me/.
40. Ver a edição de março de 2011 da revista britânica *Wired*, na qual Jeff Jarvis, Steven Johnson e eu apresentamos nossas posições sobre privacidade na rede; disponível em: http://www.wired.co.uk/magazine/archive/2011/03/features/sharing-is-a-trap. Ver meu debate com Jarvis no programa *Today*, da BBC, 5 fev 2011; disponível em: http://news.bbc.co.uk/today/hi/today/newsid_9388000/9388379.stm?utm_source=twitterfeed&utm_medium=twitter. Ver também minha entrevista com Jarvis em "Keen On", ago 2010, Techcrunch.tv; disponível em: http://techcrunch.com/2010/08/12/keen-on-publicness-jeff-jarvis-tctv/.
41. Jeff Jarvis, *Public Parts: How Sharing in the Digital Age Improves the Way We Work and Live*, Simon and Schuster, 2012.
42. Jeff Jarvis, "Public parts", 20 mai 2010; disponível em: http://www.buzzmachine.com/2010/05/20/public-parts/.
43. O ideal de "publicalidade que concede imortalidade" foi uma das dez teses de Jarvis sobre publicalidade, a qual ele apresentou em discurso na conferência Public/Privacy, Seattle, ago 2010. As outras nove teses eram que a publicalidade: 1) cria e melhora relacionamentos; 2) permite a colaboração; 3) gera confiança; 4) nos liberta do mito da perfeição; 5) mata tabus; 6) permite a sabedoria da multidão; 7) nos organiza; 8) nos protege; 9) cria valor. Ver também *Public Parts*, p.56-8, em que ele defende a tese arendtiana de que "apenas sendo públicos podemos deixar nossa marca no mundo".
44. David Kirkpatrick, *The Facebook Effect*, Simon & Schuster, 2010, p.67.
45. Jarvis, *Public Parts*, p.11.
46. Doerr, que tinha um valor líquido estimado pela *Forbes* em mais de US$ 1 bilhão, foi um dos primeiros investidores de muitas das maiores empresas do Vale do Silício, entre elas Sun Microsystems, Netscape, Amazon e Google.
47. Ver: "John Doerr on 'The Great Third Wave' of technology", *The Wall Street Journal*, 24 mai 2010.

48. Pui-Wing Tam e Geoffrey A. Fowler, "Kleiner plays catch-up", *The Wall Street Journal*, 29 ago 2011; disponível em: http://online.wsj.com/article/SB1000142405311190336650457648643262070172 2.html.
49. "Kleiner Perkins invests in Facebook at $52 billion", *The Wall Street Journal*, 14 fev 2011. "Kleiner Perkins Caufield & Byers e Facebook finalmente estão juntos", começa a matéria – mas o impressionante é quão pouco você pode comprar com US$ 38 milhões na exuberante economia da mídia social de hoje. Ver: http://blogs.wsj.com/venturecapital/2011/02/14/kleiner-perkins-invests-in-facebook-at-52-billion-valuation/.
50. Em 25 de fevereiro de 2011, apenas onze dias após se anunciar o investimento da Kleiner, essa avaliação de US$ 52 bilhões havia disparado para US$ 70 bilhões em SecondMarket.com, site em que ações secundárias de empresas privadas são compradas e vendidas por investidores. Ver: M.G. Siegler, "Facebook valuation back at a cool $70 billion on SecondMarket", 25 fev 2011; disponível em: http://techcrunch.com/2011/02/25/facebook-70-billion/. A IPO do Facebook esperada para 2012 deveria acabar com esse tipo de disparidades e mudanças absurdas no valor da empresa.
51. Ver a entrevista de Bing Gordon, Techcrunch.tv, out 2010; disponível em: http://techcrunch.tv/whats-hot/watch?id=ZpYXZyMTqZYQbxJZVMzVi8–IMqliDi3; ele argumenta que a categoria social irá crescer de dez a 25 vezes nos próximos cinco anos.
52. *The Social Network* é uma adaptação livre do best-seller de Ben Mezrich *The Accidental Billionaires: The Founding of Facebook: A Tale of Sex, Money, Genius, and Betrayal*, Doubleday, 2009.
53. Zadie Smith, "Generation why", *The New York Review of Books*, 25 nov 2010; disponível em: http://www.nybooks.com/articles/archives/2010/nov/25/generation-why/?page=1.
54. Zuckerberg usou essa frase no e-G8 (disponível em: http://www.eg8forum.com/en/), a conferência de maio de 2011 em Paris organizada pelo presidente francês Nicolas Sarkozy, reunindo muitos dos principais pensadores, empreendedores e administradores da internet. Eu também participei do acontecimento em uma oficina sobre privacidade de informações.
55. David Gelles, "Facebook's grand plan for the future", *London Financial Times*, 3 dez 2010; disponível em: http://www.ft.com/cms/s/2/57933bb8-fcd9-11df-ae2d-00144feab49a.html#axzz18UHJchkb.
56. Zuckerberg disse isso ao pregador da mídia social do Vale do Silício Robert Scoble. Para a íntegra da conversa entre Zuckerberg, Scoble e alguns jornalistas, ver o post no blog de Robert Scoble, 3 nov 2010, "Great interview: candid disruptive Zuckerberg"; disponível em: http://scobleizer.com/2010/11/03/great-interview-candid-disruptive-mark-zuckerberg/.
57. Lev Grossman, "Mark Zuckerberg", *Time Magazine*, 15 dez 2010.
58. "A trillion pageviews for Facebook", labnol.org, 23 ago 2011: disponível em: http://www.labnol.org/internet/facebook-trillion-pageviews/20019/.

59. "Facebook now as big as the entire internet was in 2004", Pingdom, 5 out 2011; disponível em: http://royal.pingdom.com/2011/10/05/facebook-now-as-big-as-the-entire-internet-was-in-2004/.
60. "CIA's Facebook program dramatically cut agency's costs", *The Onion*, 21 mar 2011; disponível em: http://www.theonion.com/video/cias-facebook-program-dramatically-cut-agencys-cos.19753/.
61. "CIA's 'vengeful librarians' stalk Twitter and Facebook", *The Daily Telegraph*, 4 nov 2011; disponível em: http://www.telegraph.co.uk/technology/twitter/8869352/CIAs-vengeful-librarians-stalk-Twitter-and-Facebook.html.
62. Ver M.G. Siegler, "Pincus: in five years, connection will be to each other, not the web; we'll be dial tones", Techcrunch, 21 out 2010; disponível em: http://techcrunch.com/2010/10/21/pincus-web-connections/.
63. Segundo uma projeção de dezembro de 2010 feita por Horace Dedlu, do serviço de informações de mercado Asymco. Ver: http://www.asymco.com/2010/12/04/half-of-us-population-to-use-smartphones-by-end-of-2011/.
64. Sarah E. Needleman, "Adult use of social media soars", *The Wall Street Journal*, 30 ago 2011; disponível em: http://blogs.wsj.com/in-charge/2011/08/30/adult-use-of-social-media-soars/.
65. Entre 2006 e 2009, o Internet and American Life Project, do Pew Research Center, revelou que a atividade adolescente nos blogs caiu para a metade. Ver Verne G. Kopytoff, "Blogs wane as the young drift to sites like Twitter", *The New York Times*, 20 fev 2011; disponível em: http://www.nytimes.com/2011/02/21/technology/internet/21blog.html.
66. Sarah E. Needleman, op.cit.
67. Verne G. Kopytoff, op.cit.
68. Joe Nguyen, "Is the era of webmail over?", Comscore.com, 12 jan 2011; disponível em: http://blog.comscore.com/2011/01/is_the_era_of_webmail_over.html.
69. Números oficiais do Facebook, jul 2010.
70. Segundo o serviço de aferição da internet Hitwise, com 8,93% de todo o tráfego na rede nos Estados Unidos dirigido ao Facebook, em 2010. Ver http://searchengineland.com/facebook-most-popular-search-term-website-in-2010-59875.
71. "Facebook achieves majority", Relatório, abr 2011, Edison Research and Arbitron Inc.; disponível em: http://www.edisonresearch.com/home/archives/2011/03/facebook_achieves_majority.php.
72. Erick Schonfeld, "Share this study: Facebook accounts for 38 percent of sharing traffic on the web," Techcrunch, 6 jun 2011; disponível em: http://techcrunch.com/2011/06/06/sharethis-facebook-38-percent-traffic/.
73. Leena Rao, "Zuckerberg: as many as 500 million people have been on Facebook in a single day", Techcrunch, 22 set 2011; disponível em: (http://techcrunch.com/2011/09/22/zuckerberg-on-peak-days-500-million-people-are-on-facebook/).
74. "Facebook now as big as the entire internet was in 2004", Royal Pingdom; disponível em: http://royal.pingdom.com/2011/10/05/facebook-now-as-big-as-the-entire-internet-was-in-2004/.

75. Alexis Tsotsis, "Twitter is at 250 million tweets per day, iOS5 integration made sign-ups increate 3X", Techcrunch, 17 out 2011; disponível em: http://techcrunch.com/2011/10/17/twitter-is-at-250-million-tweets-per-day/. Ver também "Meaningful growth", The Twitter Blog, 15 dez 2010; disponível em: http://blog.twitter.com/2010/12/stocking-stuffer.html.
76. Greg Finn, "Twitter hits 100 million 'active' users", Searchengineland.com, 8 set 2011; disponível em: http://searchengineland.com/twitter-hits-100-million-active-users-92243.
77. Evelyn M. Rusli, "Groupon shares rise sharply after I.P.O.", *The New York Times*, 4 nov 2011; disponível em: http://dealbook.nytimes.com/2011/11/04/groupon-shares-spike-40-to-open-at-28/.
78. Douglas MacMillian e Serena Saitto, "LivingSocial said to weigh funding at $6 billion instead of IPO", Bloomberg, 22 set 2011; disponível em: http://www.bloomberg.com/news/2011-09-22/livingsocial-said-to-weigh-funding-at-6-billion-rather-than-pursuing-ipo.html. Ver também Stu Woo, "LivingSocial's CEO weathers rapid growth", *The Wall Street Journal*, 29 ago 2011; disponível em: http://blogs.wsj.com/venturecapital/2011/08/29/qa-with-livingsocial-ceo-tim-oshaughnessy/.
79. No começo de dezembro de 2010, o Farmville estava em primeiro na lista de aplicativos do Facebook, com quase 54 milhões de usuários (ver http://www.appdata.com/). Mas, no final de dezembro, o jogo de realidade social da Zynga CitiVille, que havia sido lançado apenas no começo do mês, eclipsara o Farmville, conquistando 61,7 milhões de usuários (ver http://techcrunch.com/2010/12/28/zynga-cityville-farmville/).
80. Ver Leena Rao, "Zynga moves 1 petabyte of data daily; adds 1,000 servers a week", Techcrunch, 22 set 2010; disponível em: http://techcrunch.com/2010/09/22/zynga-moves-1-petabyte-of-data-daily-adds-1000-servers-a-week/.
81. Kara Swisher, "Zynga raising $500 million at $10 billion valuation", All Things Digital, 17 fev 2010; disponível em: http://kara.allthingsd.com/20110217/zynga-raises-500-million-at-10-billion-valuation/.
82. Pascal-Emmanuel Gobry, "Foursquare gets 3 million check-ins per day, signed up 500,000 merchants", SAI Business Insider, 2 ago 2011; disponível em: http://articles.businessinsider.com/2011-08-02/tech/30097137_1_foursquare-users-merchants-ins.
83. Casey Newton, "Foursquare's Dennis Crowley talks of check-ins", SFGate.com, 25 dez 2011; disponível em: http://articles.sfgate.com/2011-12-25/business/30556083_1_check-ins-location-based-service-social-service. Para o valor empresarial do Foursquare, ver minha entrevista, dez 2011, Techcrunch.tv, com Carmine Gallo, autor de *The Power of foursquare* (2011); disponível em: http://techcrunch.com/2011/12/21/keen-on-carmine-gallo-the-power-of-foursquare-tctv/.
84. Erick Schonfeld, "Tumblr is growing by a quarter billion impression every week", Techcrunch, 28 jan 2011; disponível em: http://techcrunch.com/2011/01/28/karp-tumblr-quarter-billion-impressions-week/.
85. Jenna Wortham, "Tumblr Lands $85 million in dunding", *The New York Times*, 26 set 2011; disponível em: http://bits.blogs.nytimes.com/2011/09/26/tumblr-lands-85-million-in-funding/.

86. Ver a entrevista que fiz com com Cheever, na Techcrunch.tv, 22 mai 2011; disponível em: http://techcrunch.com/2011/05/27/quora-we-have-an-explicit-non-goal-of-not-selling-the-company/.
87. Lydia Dishman, "Q&A site Quora builds buzz with A-List answerers", *Fast Company*, 4 jan 2011; disponível em: http://www.fastcompany.com/1713096/innovation-agents-charlie-cheever-co-founder-quora.
88. Nicholas Carson, "Quora investor scoffs at $1 billion offer price", *Business Insider*, 22 fev 2011; disponível em: http://www.sfgate.com/cgi-bin/article.cgi?f=/g/a/2011/02/22/businessinsider-quora-would-turn-down-a-1-billion-offer-says-investor-2011-2.DTL.
89. Fórum Econômico Mundial, "Personal data: the emergence of a new asset class", Relatório, jan 2011; disponível em: http://www.weforum.org/reports/personal-data-emergence-new-asset-class.
90. Brin disse isso em 20 de janeiro de 2011, na conferência com analistas em que Eric Schmidt anunciou sua demissão como CEO da empresa. Ver Leena Rao, "Sergey Brin: we've touched 1 percent of what social search can be".
91. Dean Tsouvalas, "How to use Facebook to get accepted to College", Student Advisor.com, 22 fev 2011; disponível em: http://blog.studentadvisor.com/Student Advisor-Blog/bid/53877/How-to-Use-Social-Media-to-Help-Get-Accepted-to-College-UPDATED.
92. Kelsey Blair, "Are social networking profiles the resumes of the future?", SocialTimes.com, 25 fev 2011; disponível em: http://www.socialtimes.com/2011/02/are-social-networking-profiles-the-resumes-of-the-future/.
93. Jennifer Preston, "Social media History becomes a new job hurdle", *The New York Times*, 20 jul 2011; disponível em: http://www.nytimes.com/2011/07/21/technology/social-media-history-becomes-a-new-job-hurdle.html.
94. Elizabeth Garone, "Updating a resume for 2011", *The Wall Street Journal*, 3 jun 2011; disponível em: http://online.wsj.com/article/SB10001424052702303657404576363612674900024.html?mod=WSJ_hp_us_mostpop_read.
95. Dan Schawbel, "LinkedIn is about to put job boards (and resumes) out of business", *Forbes*, 1º jun 2011; disponível em: http://blogs.forbes.com/danschawbel/2011/06/01/linkedin-is-about-to-put-job-boards-and-resumes-out-of-business/. Schwabel também é o autor de *Me 2.0: 4 Steps to Building Your Future*, Kaplan, 2010.
96. Em uma entrevista, em novembro de 2010, com o pregador de mídia social do Vale do Silício, Robert Scoble. Ver "Great interview: candid, disruptive Mark Zuckerberg", Scobleizer.com, 3 nov 2010; disponível em: http://scobleizer.com/2010/11/03/great-interview-candid-disruptive-mark-zuckerberg/.
97. Mical Lev-Ram, "Zuckerberg: kids under 13 should be allowed on Facebook", *Fortune*, 20 mai 2011; disponível em: http://tech.fortune.cnn.com/2011/05/20/zuckerberg-kids-under-13-should-be-allowed-on-facebook/.
98. Steven Levy, *In the Plex: How Google Thinks, Works and Shapes our Lives*, Simon & Schuster, 2011, p.382.

99. Hussein Fazal, "Prediction: Facebook will surpass Google in advertising revenue", Techcrunch, 6 jun 2011; disponível em: http://techcrunch.com/2011/06/05/facebook-will-surpass-google/.
100. Pui-Wing Tam, Geoffrey A. Fowler e Amir Efrati, "A venture-capital newbie shakes up Silicon Valley", *The Wall Street Journal*, 10 mai 2011; disponível em: http://online.wsj.com/article/SB10001424052748703362904576218753889083940.html.
101. David Cohen, "Sequoia capital's Mike Moritz added to LinkedIn's board", Social Times, 18 jan 2011; disponível em: http://socialtimes.com/sequoia-capital%E2%80%99s-michael-moritz-added-to-linkedin%E2%80%99s-boardb11438.
102. Evelyn Rusli, "New fund provides stake in Twitter JP Morgan", *The New York Times,* 28 fev 2011.
103. M.G. Siegler, "With +1, Google search goes truly social: as do Google ads", Techcrunch, 31 mar 2011; disponível em: http://techcrunch.com/2011/03/30/google-plus-one/. Ver também Amir Efrati, "Google wants search to be more social", *The Wall Street Journal*, 31 mar 2011.
104. Stephen Shankland, "Google launches +1, a new social step", CNET, 1º jun 2011; disponível em: http://news.cnet.com/8301-306853-20068073-264.html.
105. "Doing more with the +1 button, more than 4 billion times a day", Business Insider, 24 ago 2011; disponível em: http://www.businessinsider.com/doing-more-with-the-1-button-more-than-4-billion-times-a-day-2011-8.
106. Nicholas Carlson, "Larry Page just tied all employees' bonuses to the success of Google's social strategy", SAI Business Insider, 7 abr 2011; disponível em: http://www.businessinsider.com/larry-page-just-tied-employee-bonuses-to-the-success-of-the-googles-social-strategy-2011-4.
107. "Keen On: why Google is now a social company", Techcrunch.tv, 23 jul 2011; disponível em: http://techcrunch.com/2011/07/22/keen-on-why-google-is-now-a-social-company-tctv/.
108. Amir Efrati, "Google+ pulls in 20 million in 3 weeks", *The Wall Street Journal,* 22 jul 2011; disponível em: http://online.wsj.com/article/SB10001424053111904233404576460394032418286 .html.
109. Erick Schonfeld, "Google+ added $20 billion to Google's market cap", Techcrunch, 10 jul 2011; disponível em: http://techcrunch.com/2011/07/10/google-plus-20-billion-market-cap/.
110. Jerey Scott, "Google Plus users about to get Google Apps, share photos like mad", reelseo.com, 20 out 2011; disponível em: http://www.reelseo.com/google-plus-google-apps/.
111. Paul Allen, "Google+ growth accelerating. Passes 62 million users. adding 625,000 new users per day. Prediction: 400 million users by end of 2012", Google+, 27 dez 2011; disponível em: https://plus.google.com/117388252776312694644/posts/ZcPA5ztMZaj.
112. Steven Levy, "Is too much plus a minus for Google", Wired.com, 12 jan 2012; disponível em: http://www.wired.com/epicenter/2012/01/too-much-plus-a-

minus/?utm_source=feedburner_&_utm_medium=feed_&_utm_campaign=Feed_%3A+wiredbusinessblog+_%28Blog+-+Epicenter+%28Business%29%29.

113. A aliança estratégica anti-Google da Microsoft com o Facebook provavelmente irá se aprofundar nos próximos cinco anos, à medida que a economia social amadurece. Ver, por exemplo, "Bing expands Facebook liked results", Bing.com, 24 fev 2011; disponível em: http://www.bing.com/community/siteblogs/b/search/archive/2011/02/24/bing-expands-facebook-liked-results.aspx?wa=wsignin1.0. Assim que superarmos o horizonte de cinco anos, tudo é possível, inclusive o Facebook comprar a Microsoft.

114. Anthony Ha, "Does Gmail's people widget spell trouble for email startups?", Social-Beat, 26 mai 2011; disponível em: http://venturebeat.com/2011/05/26/gmail-people-widget/.

115. Steven Bertoni, "Sean Parker: agent of disruption", *Forbes*, 21 set 2011: disponível em: http://www.forbes.com/sites/stevenbertoni/2011/09/21/sean-parker-agent-of-disruption/.

116. Fundada apenas em maio de 2010, o GroupMe já enviava 1 milhão de textos todos os dias em fevereiro de 2011. Ver Erick Schonfeld, "GroupMe is now sending one million texts every day", Techcrunch, 14 fev 2011; disponível em: http://techcrunch.com/2011/02/14/groupme-one-million-texts/. Em agosto de 2011, o GroupMe, com um ano de idade, foi adquirido por valor não revelado pelo Skype. Ver Michael Arrington, "Skype to acquire year-old group messaging system GroupMe", 21 ago 2011; disponível em: http://techcrunch.com/2011/08/21/skype-to-acquire-year-old-group-messaging-service-groupme/.

117. Leena Rao, "Cliqset founder takes on personal publishing and social conversations with Stealthy Startup Glow", Techcrunch, 28 mai 2011; disponível em: http://techcrunch.com/2011/05/28/cliqset-founder-takes-on-personal-publishing-and-social-conversations-with-stealthy-startup-glow/.

118. Apoiado por Kleiner Perkins, o Path – que recusou uma oferta de compra de US$ 100 milhões, feita pelo Google, em fevereiro de 2011 – é um bom exemplo de como a privacidade completa não é mais viável na internet. Fundada em 2010 pelo antigo executivo do Facebook Dave Morin como uma rede social totalmente privada para amigos íntimos e parentes, ela adotou um modelo mais "aberto" em janeiro de 2011, permitindo aos usuários partilhar suas informações publicamente. Ver Michael Arrington, "Kleiner Perkins, index ventures lead $8.5 million round for Path", 1º fev 2011; disponível em: http://techcrunch.com/2011/02/01/kleiner-perkins-leads-8-5-million-round-for-path/. Sobre o crescimento meteórico do Path, ver Rip Empson, "Nearing 1 million users, Path stays the course", Techcrunch, 20 out 2011; disponível em: http://techcrunch.com/2011/10/19/nearing-1-million-users-path-stays-the-course/.

119. Verne G. Kopytoff, "Companies are erecting in-house social networks", *The New York Times*, 26 jun 2011; disponível em: http://www.nytimes.com/2011/06/27/technology/27social.html?pagewanted=all.

120. David Kirkpatrick, "Social power and the coming corporate revolution", *Forbes*, 7 set 2011; disponível em: http://www.forbes.com/sites/techonomy/2011/09/07/social-power-and-the-coming-corporate-revolution/. Kirkpatrick, autor de *Facebook Effect*, é muito mais simpático ao Rypple que eu, dizendo que ele "estima a pressão social e dos pares para fazer a avaliação de emprego mais eficaz na determinação do desempenho futuro". Para mim, isso é uma inaceitável invasão da privacidade do trabalhador e aumentará as pressões do trabalho, muitas vezes já insuportáveis na atual economia desacelerada.
121. Eric Eldon, "YouTube's new homepage goes social with algorithmic feed, emphasis on Google+ and Facebook", Techcrunch, 1º dez 2011; disponível em: http://m.techcrunch.com/2011/12/01/newyoutube/?icid=tc_home_art&.
122. Para minhas entrevistas de maio de 2011 na Techcrunch.tv, intituladas "So what exactly is social music?", com Alexander Ljung, da Soundcloud, e Steve Tang, da Soundtracking, ver http://techcrunch.com/2011/05/31/disrupt-backstage-pass-so-what-exactly-is-social-music-tctv/.
123. Matérias nas edições de fevereiro de *Entertainment Weekly* e *People* indicavam que *The X Factor* e *American Idol* iriam se reinventar com o envolvimento e a votação social. Ver Andrew Wallenstein, "Facebook TV invasion looms via *American Idol* voting", PaidContent.com, 23 fev 2011; disponível em: http://paidcontent.org/article/419-facebook-tv-invasion-looms-via-american-idol-voting/.
124. Ryan Lawler, "Miso now knows what you're watching, no check-in required", *The New York Times*, 1º set 2011; disponível em: http://www.nytimes.com/external/gigaom/2011/09/01/01gigaom-miso-now-knows-what-youre-watching-no-check-in-requ-109.html.
125. Erick Mack, "Report: Netflix swallowing peak net traffic fast", CNET, 17 mai 2011; disponível em: http://news.cnet.com/report-netflix-swallowing-peak-net-traffic-fast/8301-17938105-20063733-1.html.
126. Leena Rao, "Reed Hastings: we have a 'Five Year Plan' for social features and Facebook integration", Techcrunch, 1º jun 2011; disponível em: http://techcrunch.com/2011/06/01/reed-hastings-netflix-is-a-complement-to-the-new-release-business/.
127. News.me foi desenvolvido para *The New York Times* por Betaworks, a criadora de mídia social de Nova York que incubou uma série de importantes empresas, entre elas a redutora de URL bit.ly e o aplicativo para Twitter Tweetdeck. Para minha entrevista no "Keen On" da Techcrunch.tv com o CEO da Betaworks, John Borthwick, ver http://techcrunch.com/2011/01/24/keen-on-john-borthwick-betaworks-tctv/.
128. Mark Hefflinger, "Flipboard raises $50 million, inks deal with Oprah's OWN", DigitalMediaWire, 15 abr 2011; disponível em: http://www.dmwmedia.com/news/2011/04/15/flipboard-raises-50-million-inks-deal-oprah039s-own.
129. Sarah Perez, "First look at ImageSocial, the photo sharing start-up that just raised $15 million in funding", Techcrunch, 11 out 2011; disponível em: http://techcrunch.com/2011/10/11/first-look-at-imagesocial-the-photo-sharing-network-that-just-scored-15-million-in-funding/.

130. Liz Gannes, "With $41 million in hand, Color launches implicit proximity-based social network", *All Things D*, 23 mar 2011; disponível em: http://networkeffect.allthingsd.com/20110323/with-41m-in-hand-color-deploys-new-proximity-based-social-network/. Ver também Geoffrey A. Fowler, "Money rushes into social start-ups", *The Wall Street Journal*, 23 mar 2011; disponível em: http://online.wsj.com/article/SB1000142405274870336290457621897089384324 8.html#ixzz1HTtSKXVl. Segundo Fowler, a visão que Color tem da privacidae "é que tudo no serviço é publico – permitindo que usuários que ainda não se conhecem espiem as vidas dos outros".
131. Riley McDermid, "MeMap App lets you track Facebook friends on one central map", VentureBeat, 24 mar 2011; disponível em: http://venturebeat.com/2011/03/24/memap-launches/.
132. Jenna Wortham, "Focusing on the social, minus the media", *The New York Times*, 4 jun 2011; disponível em: http://www.nytimes.com/2011/06/05/technology/05ping.html?r=1&hpw.
133. "Finding a seatmate through Facebook", CNN, 10 dez 2011; disponível em: http://articles.cnn.com/2011-12-14/travel/travel/social-media-seating1facebook-pals-seat-selection-klm-royal-dutch-airlines?s=PM:TRAVEL.
134. Em outubro de 2011 o Waz levantou US$ 30 milhões em financiamento com Kleiner e o bilionário chinês das telecomunicações e investidor do Facebook Li Ka-Shing. Ver Leena Rao, "Social navigation and traffic app Waze raises $30 million from Kleiner and Li Ka-Shing", Techcrunch, 18 out 2011; disponível em: http://techcrunch.com/2011/10/18/social-navigation-and-traffic-app-waze-raises-30m-from-kleiner-perkins-and-li-ka-shing/.
135. Katie Kindelan, "Is new Bump.com license plate feature a privacy car wreck?", 18 mar 2011; disponível em: http://www.socialtimes.com/2011/03/is-new-bump-com-license-plate-feature-a-privacy-car-wreck/.
136. Colleen Taylor, "Meet Proust, a social network that digs deeper", GigaOm, 19 jul 2011; disponível em: http://gigaom.com/2011/07/19/proust/.
137. O aplicativo Ditto permite que usemos nossa rede social para nos dizer o que devíamos fazer. Ver M.G. Siegler, "Ditto: the social app for what you should be doing", Techcrunch, 3 mar 2011; disponível em: http://techcrunch.com/2011/03/03/ditto/.
138. Richard Waters, "Microsoft in $8.5 billion Skype Gamble", *Financial Times*, 10 mai 2011; disponível em: http://www.ft.com/cms/s/2/9461dbb4-7ab8-11e0-8762-00144feabdc0.html#axzz1MPPBpiZb.
139. Cari Tuna, "Software from big tech firms, start-ups take page from Facebook", *The Wall Street Journal*, 29 mar 2011.
140. Ver David Kirkpatrick, "Social power and the coming corporate revolution", *Forbes*, 7 set 2011; disponível em: http://www.forbes.com/sites/techonomy/2011/09/07/social-power-and-the-coming-corporate-revolution/. A ideia de Kirkpatrick, de "empresas iluminadas", parece o "Iluminismo" da Rússia sob Catarina a Grande, que aderiu às ideias de casa de inspeção dos irmãos Bentham.
141. "Social network Ad revenues to reach $10 billion worldwide in 2013", eMarketer, 5 out 2011; disponível em: http://www.emarketer.com/Article.aspx?R=1008625.

142. Michael Arrington, "RadiumOne about to corner the market on social data before competitors even know what's happening", Techcrunch, 20 mai 2011; disponível em: http://techcrunch.com/2011/05/20/radiumone-about-to-corner-the-market-on-social-data-before-competitors-even-know-whats-happening/.
143. Ver, por exemplo, Edmund Lee, "SocialVibe closes $20 million funding round", *Ad Age*, 22 mar 2011; disponível em: http://adage.com/article/digital/socialvibe-closes-20-million-funding-round/149506/.
144. A CapLinked oferece uma plataforma de colaboração para investidores e novas empresas. Lançada em outubro de 2010 e já com mais de 2 mil empresas e mil investidores em sua plataforma, ela tem como investidor Peter Thiel, que Reid Hoffman apresentou a Mark Zuckerberg como o investidor original do Facebook.
145. A Cheapism, rede social para jantares baratos, já está gerando preocupação com a privacidade. Ver, por exemplo, Ann Carrns, "Do tips on nearby bargains outweigh privacy concerns?", *The New York Times,* 20 mai 2011.
146. M.G. Siegler, "Investors cough up $1.6 million to dine with Grubwithus, the brilliant social dining service", Techcrunch, 6 mai 2011; disponível em: http://techcrunch.com/2011/05/06/grubwithus-funding/.
147. Para uma confissão sobre dietas sociais, ver Owen Thomas, "Apps to share your pride at the gym", *The New York Times,* 9 fev 2011; disponível em: http://www.nytimes.com/2011/02/10/technology/personaltech/10basics.html.
148. "Fitbit users are unwittingly sharing details of their sex lives with the world", The Next Web, 3 jul 2011; disponível em: http://thenextweb.com/insider/2011/07/03/fitbit-users-are-inadvertently-sharing-details-of-their-sex-lives-with-the-world/.
149. Kenna McHugh, "A social network for neighbors: former googlers launch Yatown", *Social Times,* 12 mai 2011; disponível em: http://socialtimes.com/a-social-network-for-neighbors-former-googlers-launch-yatownb62012.
150. A Zenergo foi fundada por Patrick Ferrell, um dos criadores da SocialNet com Reid Hoffman, em 1997. Ver Rip Emerson, "Organizing offline: Zenergo launches social network for real world activities", Techcrunch, 5 mai 2011; disponível em: http://techcrunch.com/2011/05/06/organizing-offline-zenergo-launches-social-network-for-real-world-activities/.
151. A Chime.in é sustentada pelo respeitado Bill Gross e sua incubadora Ubermedia. Ver Leena Rao, "Bill Gross explains what's different about Chime.in: 'You can follow part of a person'", Techcrunch, 18 out 2011; disponível em: http://techcrunch.com/2011/10/18/gross-chime-in-follow-part-person/.
152. Liz Gannes, "LAL people is now ShoutFlow, a 'magical' social discovery app", AllThingsD, 15 set 2011; disponível em: http://allthingsd.com/20110915/lal-people-is-now-shoutflow-a-magical-social-discovery-app/.
153. Alexis Tsotsis, "Open study wants to turn the world into 'One Big Study Group'", Techcrunch, 8 jun 2011; disponível em: http://techcrunch.com/2011/06/08/open-study-wants-to-turn-the-world-into-one-big-study-group/.
154. A Asana tem como um de seus fundadores o criador do Facebook Dustin Moskowitz, que também foi colega de quarto de Mark Zuckerberg em Harvard.

Como o Facebook, a Asana tem obsessão por se tornar uma "utilidade". Ver Sarah Lacy, "Finally: Facebook co-founder opens the curtain on two-year old Asana", Techcrunch, 7 fev 2011; disponível em: http://techcrunch.com/2011/02/07/finally-facebook-co-founder-opens-the-curtain-on-two-year-old-asana/.

155. Liz Gannes, "Q&A: Joshua Schachter on how Jig differs from other social sites", AllThingsD, 29 ago 2011; disponível em: http://allthingsd.com/20110829/qa-joshua-schachter-on-how-jig-is-different-from-other-social-sites/.

156. Matthew Lynley, "Endomondo raises $800,000 to make cardio training virtually social", Mobile Beat, 22 mar 2011; disponível em: http://venturebeat.com/2011/03/22/ctia-endomondo-app-launch/.

157. A compra da Togetherville pela Disney é um exemplo do que Eco e Baudrillard queriam dizer com "hiper-realidade", como eu tuitei em fevereiro de 2011, "O que um humorista deve fazer quando a Disney realmente compra a rede social infantil Togetherville?"; disponível em: http://bit.ly/fvPvPz. Para saber mais sobre essa aquisição, ver Leena Rao, "Disney acquires social network for kids Togetherville", Techcrunch, 24 fev 2011; disponível em: http://techcrunch.com/2011/02/23/disney-acquires-social-network-for-kids-togetherville/.

158. Michael Arrington, "Techcrunch disrupt champion shaker shakes down investors for $15 million", Uncrunched, 9 out 2011; disponível em: http://uncrunched.com/2011/10/09/techcrunch-disrupt-champion-shaker-shakes-down-investors-for-15-million/. A ideia de Shaker, de um "mecanismo de agradáveis acasos sociais", foi apresentada pelo investidor de risco do Vale do Silício Shervin Pishevar, cuja empresa, a Menlo Ventures, foi uma investidora inicial no Shaker.

159. Richard MacManus, "Amazon brings social reading to Kindle: but will you use it?", ReadWriteWeb, 8 ago 2011; disponível em: http://www.readwriteweb.com/archives/amazon-brings-social-reading-to-kindle.php.

160. Descrição dos objetivos do Scribd; disponível em: http://www.scribd.com/about.

161. Jason Kincaid, "Scribd raises another $13 million, aims to bring social reading to every device", Techcrunch, 18 jan 2011; disponível em: http://techcrunch.com/2011/01/18/scribd-raises-another-13-million-aims-to-bring-social-reading-to-every-device/.

162. Erick Schonfeld, "Rethinking the Bible as a social book", Techcrunch, 24 jan 2011: disponível em: http://techcrunch.com/2011/01/24/rethinking-bible-social-book/?icid=maing|main5|dl13|sec1lnk3|39393.

163. Joshua Brustein, "A social networking device for smokers", *The New York Times*, 10 mai 2011; disponível em: http://www.nytimes.com/2011/05/11/technology/11smoke.html.

164. Russ Adams, "RealNetworks founder in online video... again", *The Wall Street Journal*, 1º mar 2011.

165. David Zax, "The new technology of creepiness: online ways to date, stalk, home-wreck, and cheat", *Fast Company*, 28 fev 2011; disponível em: http://www.fastcompany.com/1732533/creepiness-innovation-new-ways-to-date-stalk-home-wreck-and-cheat.

166. "Creepy app uses Twitter and Flickr data to track anyone on a map", WSJ.com, 25 fev 2011; disponível em: http://onespot.wsj.com/technology/2011/02/25/b2d19/creepy-app-uses-twitter-and-flickr-data.

2. Vamos ficar nus (p.55-74)

1. George Orwell, *Nineteen Eighty-four*, Penguin, 2008, p.69 (trad. bras., *1984*, São Paulo, Companhia das Letras, 2009).
2. Christopher Hitchens, *Why Orwell Matters*, Basic, 2002. Hitchens termina sua defesa tipicamente agitada sobre a relevância contemporânea de Orwell com um ataque à imprecisão linguística de pós-modernistas, como Michel Foucault. Contudo, parece-me que, se Foucault e Orwell ainda estivessem por aqui, eles formariam uma frente unida, por assim dizer, contra os olhares enxeridos da mídia social.
3. Dirigido por Ridley Scott e produzido pela agência de publicidade de Nova York Chiat/Day com orçamento de US$ 900 mil, esse comercial de um minuto ganhou o prêmio de "Grande Comercial de Todos os Tempos" da TV Guide em 1999.
4. Walter Kirn, "Little brother is watching", *The New York Times*, 15 out 2010; disponível em: http://www.nytimes.com/2010/10/17/magazine/17FOB-WWLN-t.html.
5. Katharine Viner, "Adam Curtis: have computers taken away our power?", *The Guardian*, 6 mai 2011; disponível em http://www.guardian.co.uk/tv-and-radio/2011/may/06/adam-curtis-computers-documentary.
6. Idem.
7. David Gelles, "Picture this, social media's next phase", *Financial Times*, 28 dez 2010; disponível em: http://www.ft.com/cms/s/0/a9423996-11e2-11e0-92d0-00144feabdc0.html#axzz19UBncKAf.
8. Umair Haque, "The social media bubble", HBR.org, 23 mar 2010.
9. Ver http://twitter.com/umairh.
10. "The Twitter 100", *London Independent Newspaper*, 15 fev 2011. Fry e Brand ficaram em quarto e sexto lugares, respectivamente. Ver http://www.independent.co.uk/news/people/news/the-twitter-100-2215529.html.
11. Entrevista que fiz com Don Tapscott, "Keen On", Techcrunch.tv, nov 2010; disponível em: http://techcrunch.com/2010/11/02/keen-on-don-tapscott-macrowikinomics/.
12. Don Tapscott e Anthony D. Williams, *MacroWikinomics: Rebooting Business and the World*, Portfolio, 2010.
13. Ibid., cap.2.
14. Brian Stelter, "Upending anonymity, these days the web unmasks everyone", *The New York Times*, 20 jun 2011; disponível em: http://www.nytimes.com/2011/06/21/us/21anonymity.html.
15. Rachel Botsford e Roo Rogers, *What's Mine Is Yours: How Collaborative Consumption Is Changing the Way We Live*, Harper Business, 2010. Ver também Leo Hickman, "The end of consumerism", *The Guardian*.

16. John Stuart Mill, *On Liberty*, Cambridge, 1989, p.67.
17. Neil Strauss, "The insidious evils of 'like' culture", *The Wall Street Journal*, 2 jul 2011.
18. Jonas Lehrer, "When we're cowed by the crowd", *The Wall Street Journal*, 28 mai 2011.
19. Bryce Roberts, "Why I deleted my AngelList account", Bryce.VC, 21 fev 2011.
20 Mark Suster, "What's the real deal with AngelList?", Techcrunch, 26 fev 2011.
21. Clive Cookson e Daryl Ibury, "United they stand", *The Financial Times*, 28 dez 2011; disponível em: http://www.ft.com/intl/cms/s/0/9eec57ac-2c8e-11e1-8cca-00144feabdc0.html#axzz1hyS6HQ3p.
22. Scot Hacker, "Let's get naked: benefits of publicness versus privacy", birdhouse.org, 14 mar 2011; disponível em: http://birdhouse.org/blog/2011/03/14/publicness-v-privacy/.
23. Jeff Jarvis, "One identity or more?", *Buzzmachine*, 8 mar 2011.
24. A.G. Sulzberger, "In small towns, gossip moves to the web, and turns violent", 16 set 2011; disponível em: http://www.nytimes.com/2011/09/20/us/small-town-gossip-moves-to-the-web-anonymous-and-vicious.html?r=1.
25. Idem.
26. Idem.
27. John Cloud, "How the Casey Anthony murder case became the social-media trial of the century", *Time*, 16 jun 2011; disponível em: http://www.time.com/time/nation/article/0,8599,2077969,00.html.
28. Walter Kirn, "Little Brother is watching", *The New York Times*, 20 out 2010.
29. Jennifer Preston, "Fake identities were used on Twitter to get information on Weiner", *The New York Times*, 17 jun 2011; disponível em: http://www.nytimes.com/2011/06/18/nyregion/fake-identities-were-used-on-twitter-to-get-information-on-weiner.html?r=2&partner=rss&emc=rss&pagewanted=all.
30. Sheryl Gay Stolberg, "Naked Hubris: when it comes to scandal girls won't be boys"; Kate Zernike, "...while digital flux makes it easier for politicians to stray", *The New York Times*, 12 jun 2011; disponível em: http://www.nytimes.com/2011/06/12/weekinreview/12women.html?partner=rss&emc=rss.
31. Dick Meyer, *Why We Hate Us: American Discontent in the New Millenium*, Crown, 2008, p.6 e 16.
32. Ver, por exemplo, George Vecsey, "Athlete-fan dialogue becomes shouting match", *The New York Times*, 18 jun 2011; disponível em: http://www.nytimes.com/2011/06/19/sports/basketball/george-vecsey-lebron-jamess-words-and-a-deeper-meaning.html.
33. James Poniewozik, "Birdbrained", *Time*, v.177 n.25, 20 jun 2011.
34. O comentário, no Facebook, do empregado de concessionária da Colúmbia Britânica, em agosto de 2010, dizia: "Algumas vezes você tem dias tranquilos, quando ninguém está fo***do com sua capacidade de ganhar a vida. ... e algumas vezes acidentes REALMENTE acontecem, é uma infelicidade, mas é por isso que [eles são] chamados de acidentes, certo?"
35. Lester Haines, "Teen sacked for 'boring' job Facebook comment", *The Register*, 26 fev 2009; disponível em: http://www.theregister.co.uk/2009/02/26/facebookcomment/.

36. Jonathan Zimmerman, "When teachers talk out of school", *The New York Times*, 3 jun 2011; disponível em: http://www.nytimes.com/2011/06/04/opinion/04zimmerman.html.
37. "Gilbert Gottfried fired as Aflac Duck after Japanese tsunami tweets", *Huffington Post*, 13 mar 2011; disponível em: http://www.huffingtonpost.com/2011/03/14/gilbert-gottfried-fired-aflacn835692.html.
38. Press Association, "Man on trial over Twitter 'affair' claims says case has 'big legal implications'", *The Guardian*, 15 jun 2011; disponível em: http://www.guardian.co.uk/technology/2011/jun/15/twitter-affair-claims-legal-implications.
39. Tereance Corcoran, "Kent girls harass friend, 10, make lewd posts on her Facebook account", Lohud.com, 24 set 2011; disponível em: http://www.lohud.com/article/20110924/NEWS04/109240353/Kent-girls-harass-friend-10-make-lewd-posts-her-Facebook-account.
40. Somini Sengupta, "Case of 8,000 menacing posts tests limits of Twitter speech", *The New York Times*, 26 ago 2011; disponível em: http://www.nytimes.com/2011/08/27/technology/man-accused-of-stalking-via-twitter-claims-free-speech.html.
41. George Orwell, *Collected Works*, Secker & Warburg, 1980; "Inside the whale", p.494-518.
42. Jarvis, *Public Parts*, p.11.
43. Matt Rosoff, "Sean Parker: yes, my new start-up is called Airtime", *Business Insider*, 17 out 2011; disponível em: http://www.businessinsider.com/sean-parker-yes-my-new-startup-is-called-airtime-2011-10?op=1.
44. Sheryl Sandberg, "Sharing to the power of 2012", *The Economist*, 12 nov 2011; disponível em: http://www.economist.com/node/21537000.
45. Sam Gustin, "Google's Schmidt: I screwed up on social networking", Wired.com, 1º jun 2011; disponível em: http://www.wired.com/epicenter/2011/06/googles-schmidt-social/.
46. Disponível em: http://www.theregister.co.uk/2009/12/07/schmidtonprivacy/.
47. Holman W. Jenkins, "Google and the search of the future", *The Wall Street Journal*, 14 ago 2010; disponível em: http://online.wsj.com/article/SB10001424052748704901104575423294099527212.html.
48. Iniciativa interna do Facebook anunciada no final de 2009; ver *The Facebook Effect*, p.332.
49. Ver, por exemplo, a entrevista de Zuckerberg a Michael Arrington, na Crunchies Award Ceremony, Techcrunch, 8 jan 2010; disponível em: http://www.youtube.com/watch?v=LoWKGBloMsU.
50. Zuckerberg apresentou essa lei pela primeira vez num evento no Vale do Silício, em novembro de 2008. Ver Saul Hansell, "Zuckerberg's law of information sharing", *The New York Times*, 6 nov 2008; disponível em: http://bits.blogs.nytimes.com/2008/11/06/zuckerbergs-law-of-information-sharing/.
51. Erick Schonfeld, "Zuckerberg: 'We are building a web where the default is social'", Techcrunch, 21 abr 2010; disponível em: http://techcrunch.com/2010/04/21/zuckerbergs-buildin-web-default-social/.

52. Liz Gannes, "The big picture of Facebook f8: prepare for the oversharing explosion", 22 set 2011; disponível em: http://allthingsd.com/20110922/the-big-picture-of-facebook-f8-prepare-for-the-sharing-explosion/.
53. Ben Elowitz, "Facebook boldly annexes the web", AllThingsD, 22 set 2011; disponível em: http://allthingsd.com/20110922/facebook-boldly-annexes-the-web/.
54. Jeff Sonderman, "With 'frictionless aharing', Facebook and news orgs push boundaries of online privacy", 29 set 2011; disponível em: http://www.poynter.org/latest-news/media-lab/social-media/147638/with-frictionless-sharing-facebook-and-news-orgs-push-boundaries-of-reader-privacy/.
55. Ben Elowitz, "Facebook boldly annexes the web", AllThingsD, 22 set 2011; disponível em: http://allthingsd.com/20110922/facebook-boldly-annexes-the-web/.
56. Chris Nutall, "Take care how you share", *Financial Times*, 6 out 2011; disponível em: http://www.ft.com/intl/cms/s/0/7409813c-ef48-11e0-918b-00144feab49a.html#axzz1avqVXfyt.
57. Liz Gannes, op.cit.
58. Jeff Sonderman, op.cit.
59. "The Facebook Timeline is the nearest thing I've seen to a digital identity (and it's creepy as hell)", Benwerd.com, 23 set 2011; disponível em: http://benwerd.com/2011/09/facebook-timeline-nearest-digital-identity-creepy-hell/.
60. Jenna Wortham, "Your life on Facebook, in total recall", *The New York Times*, 15 dez 2011; disponível em: http://www.nytimes.com/2011/12/16/technology/facebook-brings-back-the-past-with-new-design.html?pagewanted=all.
61. "The world's most powerful people list", *Forbes*, 2 nov 2011; disponível em: http://www.forbes.com/powerful-people/.
62. Ben Elowitz, op.cit.
63. Segundo a Bloomberg, a avaliação do Facebook subiu para mais de US$ 41 bilhões em dezembro de 2010; disponível em: http://www.bloomberg.com/news/2010-12-17/facebook-groupon-lead-54-rise-in-value-of-private-companies-report-find.html. Depois, em 2 de janeiro de 2011, o *New York Times* anunciou que o Goldman Sachs liderara um investimento de US$ 500 milhões no Facebook, para uma avaliação de US$ 50 bilhões; disponível em: http://dealbook.nytimes.com/2011/01/02/goldman-invests-in-facebook-at-50-billion-valuation/.
64. A avaliação do Facebook em US$ 45 bilhões o colocaria à frente do PIB de quarenta países africanos em 2009.
65. William D. Cohan, "Facebook's best friend", *The New York Times*, 4 jan 2001; disponível em: http://opinionator.blogs.nytimes.com/category/william-d-cohan/.
66. Richard Waters, "Why $50bn may not be that much between friends", *Financial Times*, 8-9 jan 2011; disponível em: http://online.wsj.com/article/SB10001424052748703951704576091993394718716.html; James B. Stewart, "Why Facebook looks like a bargain – even at $50 billion", *Wall Street Journal*, 22 jan 2011; disponível em: http://online.wsj.com/article/SB10001424052748703951704576091993394718716.html.

67. M.G. Siegler, "Facebook secondary stock just surged to $34 – that's an $85 billion valuation", Techcrunch, 21 mar 2011; disponível em: http://techcrunch.com/2011/03/21/facebook-85-billion-valuation/.
68. *The Facebook Effect*, p.200.
69. Ibid.
70. Foi H.L.A. Hart, professor de jurisprudência na Universidade Oxford, quem descreveu Bentham nesses termos memoráveis em *Bentham*, Dinwiddy, p.109.
71. *The Facebook Effect*, p.199.
72. O MingleBird foi apresentado na Launch Conference de São Francisco em 24 de fevereiro de 2011, o evento anual de novas empresas produzido por Jason Calacanis. Ver Anthony Ha, "MingleBird wants to make event networking less awkward", VentureBeat, 24 fev 2011; disponível em: http://venturebeat.com/2011/02/24/minglebird-launch/.
73. Para uma introdução a essa economia da reputação, ver Jessica E. Vascellaro, "Wannable cool kids aim to game the web's new social scorekeepers", *The Wall Street Journal*, 8 fev 2011; disponível em: http://online.wsj.com/article/SB10001424052748704637704576082383466417382.html.
74. A AOL adquiriu o About.me por "dezenas de milhões de dólares" em dezembro de 2010, apenas quatro dias após seu lançamento oficial; ver Michael Arrington, "AOL acquires personal profile start-up About.Me", Techcrunch, 20 dez 2010; disponível em: http://techcrunch.com/2010/12/20/aol-acquires-personal-profile-startup-about-me/.
75. Christine Rosen, "Virtual friendship and the new narcissism", *The New Atlantis: A Journal of Technology and Society*, verão 2007.
76. George Orwell, "Politics and the English language", op.cit.
77. Ben Zimmer, "The rise of the Zuckerverb: the new language of Facebook", *The Atlantic*, 30 set 2011; disponível em: http://www.theatlantic.com/technology/archive/2011/09/the-rise-of-the-zuckerverb-the-new-language-of-facebook/245897/.
78. Ibid.
79. Stephanie Rosenbloom, "Got Twitter? You've been scored", *The New York Times*, 26 jun 2011; disponível em: http://www.nytimes.com/2011/06/26/sunday-review/26rosenbloom.html.
80. Como o MingleBird, o eEvent foi lançado no evento Launch de fevereiro de 2011, em São Francisco; ver Anthony Ha, "eEvent helps spread the word", VentureBeat, 24 fev 2011; disponível em: http://venturebeat.com/2011/02/24.eevents-launch/.
81. John Dewey, *Experience and Nature*. Para uma discussão mais ampla das ideias de Dewey, ver Daniel J. Solove, *The Future of Reputation*.
82. *Experience and Nature*, p.166.
83. Peggy Noonan, "The eyes have it", *The Wall Street Journal*, 22-23 mai 2010.
84. *The Facebook Effect*, p.200.

3. A visibilidade é uma armadilha (p.75-94)

1. Esse diálogo no Facebook aconteceu em 16 de junho de 2011, após os tumultos em Vancouver, depois que o time de hóquei no gelo local, o Canucks, perdeu a última partida da Stanley Cup. Ver Brenna Ehrlich, "Vancouver rioters exposed on crowdsourced Tumblr", Mashable, 16 jun 2011; disponível em: http://mashable.com/2011/06/16/vancouver-2011-tumblr/.
2. David Kirkpatrick, *The Facebook Effect*, p.200.
3. Walter Kirn, "Little Brother is watching", *The New York Times*, 20 out 2010; disponível em: http://www.nytimes.com/2010/10/17/magazine/17FOB-WWLN-t.html.
4. Keith Hampton, Lauren Session, Eun Ja Her e Lee Rainie, "Social isolation and new technology", 2 nov 2009; disponível em: http://www.pewinternet.org/Reports/2009/18-Social-Isolation-and-New-Technology.aspx.
5. Rob Nyland, Raquel Marvez e Jason Beck, "My Space: social networking or social isolation?", trabalho apresentado na conferência AEJMC Midwinter, Brigham Young University, Departamento de Comunicação, 23-24 fev 2007.
6. "Empathy: college students don't have as much as they used to, study finds", *Science Daily*, 29 mai 2010; disponível em: http://www.sciencedaily.com/releases/2010/05/100528081434.htm.
7. Graeme McMillan, "Science proves Twitter really has become more sad since 2009", *Time*, 22 dez 2011; disponível em: http://techland.time.com/2011/12/22/science-proves–twitter-really-has-become-more-sad-since-2009/.
8. Ver minha entrevista com Turkle no "Keen On" da Techcrunch.tv, fev 2011; disponível em: http://techcrunch.com/2011/02/15/keen-on-sherry-turkle-alone-together-in-the-facebook-age-tctv/.
9. Sherry Turkle, *Alone Together: Why We Expect More from Technology and Less from Each Other*, Basic, 2011.
10. Ibid., p.17.
11. Ibid., p.181.
12. Ibid., p.280-1.
13. "Facebook fuelling divorce research claims", *Daily Telegraph*, 21 dez 2009; disponível em: http://www.telegraph.co.uk/technology/facebook/6857918/Facebook-fuelling-divorce-research-claims.html.
14. Hannah Miet, "Serendipity is no algorithm on college dating site", 25 fev 2011; disponível em: http://www.nytimes.com/2011/02/27/fashion/27DATEMYSCHOOL.html?partner=rss&emc=rss.
15. *Alone Together*, p.192.
16. Ibid., p.160.
17. Ibid., p.173.
18. Ibid., p.192.
19. Dalton Conley, *Elsewhere U.S.A.*, Pantheon, 2009, p.7.
20. Guy Debord, *Society of the Spectacle*, Black and Red, 1983, 167 (trad. bras., *A sociedade do espetáculo*, Rio de Janeiro, Contraponto, 1997).

21. David Derbyshire, "Social websites harm children's brains: chilling warning to parents from top neuroscientist", *London Mail*, 24 fev 2009; disponível em: http://www.dailymail.co.uk/news/article-1153583/Social-websites-harm-childrens-brains-Chilling-warning-parents-neuroscientist.html.
22. Malcolm Gladwell, "Small change: why the revolution will not be tweeted", *The New Yorker*, 4 out 2010; disponível em: http://www.newyorker.com/reporting/2010/10/04/101004_fafact_gladwell. Ver também o debate entre Gladwell e Fareed Zakaria no programa deste, na CNN, *Fareed Zakaria GPS*, 27 mar 2011; disponível em: http://transcripts.cnn.com/TRANSCRIPTS/1103/27/fzgps.01.html.
23. Schmidt fez essa defesa da internet ao falar no Media Guardian Edinburgh International Television Festival, no fim de agosto de 2011. Ver "Google's Eric Schmidt: don't blame the internet for the riots", *The Daily Telegraph*, 27 ago 2011; disponível em: http://www.telegraph.co.uk/technology/google/8727177/Googles-Eric-Schmidt-dont-blame-the-internet-for-the-riots.html.
24. O pedido de apagões foi liderado pela destacada deputada conservadora Louise Mensch. Ver Martin Beckford, "Louise Mensch MP calls for Twitter and Facebook blackouts during riots", *The Daily Telegraph*, 12 ago 2011; disponível em: http://www.telegraph.co.uk/news/uknews/crime/8697850/Louise-Mensch-MP-calls-for-Twitter-and-Facebook-blackout-during-riots.html.
25. Entre os políticos que pediam o banimento de participantes de conflitos da mídia social estava o primeiro-ministro britânico David Cameron. Ver Josh Halliday, "David Cameron considers banning suspected rioters from social media", *The Guardian*, 11 ago 2011; disponível em: http://www.guardian.co.uk/media/2011/aug/11/david-cameron-rioters-social-media.
26. Joshua Cooper Ramo, *The Age of the Unthinkable: Why the New World Disorder Constantly Suprises Us and What We Can Do About It*, Little Brown, 2009. Embora esse livro estimulante tenha sido publicado em 2009, já previa acontecimentos como os conflitos-relâmpago na Inglaterra em 2011.
27. Jennifer Preston, "Protests spurs online dialogue on inequity", *The New York Times*, 8 out 2011; disponível em: http://www.nytimes.com/2011/10/09/nyregion/wall-street-protest-spurs-online-conversation.html.
28. "Occupy Wall Street? These protests are not Tahir Square, but scenery", *The Guardian*, 20 out 2011; disponível em: http://www.guardian.co.uk/commentisfree/2011/oct/20/occupy-wall-street-tahrir-scenery.
29. Andrew Keen, "How Russia's internet hamsters outfoxed Vladimir Putin", CNN, 13 dez 2011; disponível em: http://www.cnn.com/2011/12/13/opinion/andrew-keen-russia/index.html.
30. Kurt Andersen, "The Protester", *Time*, 14 dez 2011; disponível em: http://www.time.com/time/specials/packages/article/0,28804,2101745210213221023 73,00.html.
31. "Keen On... Kurt Andersen: why 2011 has only just begun", Techcrunch.tv, 29 dez 2011; disponível em: http://techcrunch.com/2011/12/29/keen-on-kurt-andersen-why-2011-has-only-just-begun/.

32. Joe Klein, "People power: a new Palestinian movement", *Time*, 31 mar 2011; disponível em: http://www.time.com/time/magazine/article/0,9171,2062474,00.html.
33. Ramesh Srinivasan, "London, Egypt and the nature of social media", *The Washington Post*, 11 ago 2011; disponível em: http://www.washingtonpost.com/national/on-innovations/london-egypt-and-the-complex-role-of-social-media/2011/08/11/gIQA-Ioud8Istory.html.
34. George Friedman, *The Next Decade: Where We've Been... and Where We're Going*, Doubleday, 2011.
35. Evgeny Morozov, "A wake-up call from a fake Syrian lesbian blogger", *The Financial Times*, 17 jun 2011.
36. Inventado como termo pejorativo por Matthew Ingram, colunista de GigaOm, para criticar Morozov e Malcolm Gladwell. Ver "Malcolm Gladwell: social media still not a big deal", GigaOm, 29 mar 2011.
37. Evgeny Morozov, *The Net Delusion: The Dark Side of Internet Freedom*, Public Affairs, 2011.
38. "Keen On... Evgeny Morozov: why America didn't win the Cold War and other net delusions", Techcrunch, 11 jan 2011; disponível em: http://techcrunch.com/2011/01/11/keen-on-evgeny-morozov-why-america-didn%E2%80%99t-win-the-cold-war-and-other-net-delusions-tctv/.
39. "Thai Facebookers warned not to 'like' anti-monarchy groups", *The Guardian*, 25 nov 2001; disponível em: http://www.guardian.co.uk/world/2011/nov/25/thai-facebookers-warned-like-button.
40. Edward Wong, "Beijing imposes new rules on social networking sites", *The New York Times*, 16 dez 2011; disponível em: http://www.nytimes.com/2011/12/17/world/asia/beijing-imposes-new-rules-on-social-networking-sites.html.
41. Saeed Kamali Dehghan, "Iran clamps down on internet use", *The Guardian*, 5 jan 2011; disponível em: http://www.guardian.co.uk/world/2012/jan/05/iran-clamps-down-internet-use.
42. Em Veracruz, por exemplo, a Assembleia Estadual já tornou crime usar o Twitter; ver Damien Cave, "Mexico turns to social media for information and survival", *The New York Times*, 24 set 2011; disponível em: http://www.nytimes.com/2011/09/25/world/americas/mexico-turns-to-twitter-and-facebook-for-information-and-survival.html.
43. Mariano Castillo, "Bodies hanging from bridge in Mexico are warning to social media users", CNN.com, 14 set 2011; disponível em: http://articles.cnn.com/2011-09-14/world/mexico.violence_1_zetas-cartel-social-media-users-nuevo-laredo?_s=PM:WORLD.
44. Em conversa com Liz Gannes, All Things D, 29 dez 2010; disponível em: http://networkeffect.allthingsd.com/20101229/video-greylocks-reid-hoffman-and-david-sze-on-the-future-of-social/.
45. "Todos os animais são iguais, mas alguns animais *são mais iguais que outros*." George Orwell, *A revolução dos bichos*.

46. De "Twitter statistics for 2010", relatório de dezembro de 2010 do grupo de monitoramento de mídia social Sysomos, que examinou mais de 1 bilhão de tuítes; disponível em: http://www.sysomos.com/insidetwitter/twitter-stats-2010.
47. Chris Anderson, "The web is dead, long live to the internet", *Wired*, 17 ago 2011; disponível em: http://www.wired.com/magazine/2010/08/ffwebrip/all/1.
48. Stephanie Rosenbloom, "Got Twitter? You've been scored", *The New York Times*, 26 jun 2011; disponível em: http://www.nytimes.com/2011/06/26/sunday-review/26rosenbloom.html.
49. Zachary Karabell, "To tweet or not to tweet", *Time*, 11 abr 2011; disponível em: http://www.time.com/time/printout/0,8816,2062464,00.html#.
50. Vilfredo Pareto, *The Rise and Fall of Elites*, Bedminster Press, 2008, p.36.
51. Ver *The Numerati*, Houghton Miflin, 2008, a excelente introdução de Stephen Baker à nossa classe governante de *numerati*.
52. Meglena Kuneva, discurso, "Roundtable on online data collection, targeting and profiling", Bruxelas, 31 mar 2009.
53. James Gleick, *The Information: A History, A Theory, A Flood*, Pantheon, 2011, p.8.
54. Julia Angwin, "The web's new gold mine: your secrets", 30 jul 2010; disponível em: http://online.wsj.com/article/SB10001424052748703940904575395073512989404.html.
55. Ibid.
56. James Gleick, op.cit., p.8. Ver também entrevista que realizei na Techcrunch.tv com Gleick em junho.
57. Eli Pariser, *The Filter Bubble: What the Internet is Hiding from You*, Penguin, 2011, p.6 (trad. bras., *O filtro invisível*, Rio de Janeiro, Zahar, 2012). Ver também minha entrevista na Techcrunch.tv.
58. Douglass Rushkoff, "Does Facebook really care about you?", CNN.com, 23 set 2011; disponível em: http://edition.cnn.com/2011/09/22/opinion/rushkoff-facebook-changes/index.html?hpt=hpbn11.
59. Barney Jopson, "The mobile allure", *The Financial Times*, 21 dez 2011; disponível em: http://www.ft.com/intl/cms/s/0/8f992b56-2b0b-11e1-a9e4-00144feabdc0.html#axzz1i4QIU1rn.
60. Somini Sengupta, "Less web tracking means less effective ads, researcher says", *The New York Times*, 15 set 2011; disponível em: http://bits.blogs.nytimes.com/2011/09/15/less-web-tracking-means-less-effective-ads-researcher-says/.
61. Scott Thurm, "Online trackers rake in funding", *The Wall Street Journal*, 25 fev 2011.
62. Zadie Smith, "Generation why".
63. Ver "The web's new gold mine: your secrets", 30 jul 2010; "Microsoft quashed effort to boost online privacy", 2 ago 2010; "Stalkers exploit cellphone GPS", 3 ago 2010; "On the web's cutting edge, anonymity in name only", 4 ago 2010; "Google agonizes on privacy as ad world vaults ahead", 10 ago 2010.
64. Scott Thurm e Yukari Iwantani Kane, "Your apps are watching you", *The Wall Street Journal*, 18 dez 2010; disponível em: http://online.wsj.com/article/SB10001424052748704694004576020083703574602.html.

65. Amir Efrati, "'Like' button follows web users", *The Wall Street Journal*, 18 mai 2011; disponível em: http://online.wsj.com/article/SB10001424052748704281504576329441432995616.html.
66. Sarah Jacobsson, "Why Facebook's facial recognition is creepy", PC World, 8 jun 2011; disponível em: http://www.pcworld.com/article/229742/why-facebooks-facial-recognition-is-creepy.html.
67. Julia Angwin, "How Facebook is making friending obsolete", *The Wall Street Journal*, 15 dez 2009; disponível em: http://online.wsj.com/article/SB126084637203791583.html.
68. Kashmir Hill, "How facial recognition technology can be used to get your social security number", *Forbes*, 1º ago 2011; disponível em: http://www.forbes.com/sites/kashmirhill/2011/08/01/how-face-recognition-can-be-used-to-get-your-social-security-number/.
69. Steve Lohr, "Computers that see you and keep watch over you", 1º jan 2011; disponível em: http://www.nytimes.com/2011/01/02/science/02see.html.
70. Steven Johnson, *Where Good Ideas Come From*, Riverhead, 2010, cap.IV (trad. bras., *De onde vêm as boas ideias*?, Rio de Janeiro, Zahar, 2011).
71. Steve Lohr, op.cit.
72. Os dois pesquisadores são Pete Warden, ex-funcionário da Apple, e Alasdair Allan, cientista de visualização de dados; ver Charles Arthur, "iPhone keeps record of everywhere you go", *The Guardian*, 20 abr 2011; disponível em: http://www.guardian.co.uk/technology/2011/apr/20/iphone-tracking-prompts-privacy-fears.
73. Julia Angwin e Jennifer Valentino-Devries, "Apple, Google collect user data", *The Wall Street Journal*, 22 abr 2011; disponível em: http://online.wsj.com/article/SB10001424052748703983704576277101723453610.html.
74. Nicholas Carr, "Is Google making us stupid?", *The Atlantic*, jul-ago 2008; disponível em: http://www.theatlantic.com/magazine/archive/2008/07/is-google-making-us-stupid/6868/.
75. Amir Efrati, "Google calls location data 'valuable'", *The Wall Street Journal*, 1º mai 2011; disponível em: http://online.wsj.com/article/SB1000142405274870370330457629745003051783o.html?mod=googlenewswsj.
76. Eric Sherman, "Amazon Big Brother patent knows where you'll go", CBS News, 14 dez 2011; disponível em: http://www.cbsnews.com/8301-505124162-57342567/amazon-big-brother-patent-knows-where-youll-go/. Saber onde estivemos e para onde iremos promete ser um algoritmo particularmente invasivo de coação e sedução digital.
77. Brian Solis, "The evolution of a new trust economy", BrianSolis.com, 9 dez 2009.
78. Dan Gilmor, Google+, 28 set 2011; disponível em: https://plus.google.com/113210431006401244170/posts/YYwcR5Ua5JN.
79. Robert Vamosi, *When Gadgets Betray Us: The Dark Side of our Infatuation with New Technologies*, Basic, 2011; ver também minha entrevista com Vamosi, Techcrunch.tv, 28 abr 2011; disponível em: http://techcrunch.com/2011/04/28/keen-on-robert-vamosi-when-gadgets-betray-us-book-giveaway/.

80. Jacob Aron, "Internet probe can track you down to within 690 metres", *New Scientist*, 5 abr 2011; disponível em: http://www.newscientist.com/article/dn20336-internet-probe-can-track-you-down-to-within-690-metres.html.
81. Natasha Singer, "Data privacy, put to the test", *The New York Times*, 30 abr 2011.
82. "Who's watching you? Data privacy day survey reveals your fears online", PRNewswire, 28 jan 2011; disponível em: http://techcrunch.com/2011/01/28/karp-tumblr-quarter-billion-impressions-week/.
83. "Report finds internet users worry more about snooping companies than spying Big Brother", Associated Press, 2 jun 2011; disponível em: http://www.washingtonpost.com/business/technology/report-finds-internet-users-worry-more-about-snooping-companies-than-spying-big-brother/2011/06/03/AG7CyeHH_story.html.

4. Vertigem digital (p.95-115)

1. Martin Scorsese, "Introdução", in Dan Auiler, *Vertigo, The Making of a Hitchcock Classic*, St Martin's, 2000, p.xiii.
2. Filmado na segunda metade de outubro de 1957, no Palco 5 da Paramount Studios, em Bel Air.
3. O roteiro escrito por Alec Coppell, Samuel Taylor e pelo próprio Hitchcock foi adaptado do romance francês de 1954 *D'Entre les morts*, de Pierre Boileau e Thomas Narcejac.
4. A espiral é o motivo central do filme. Ver, por exemplo, os hipnotizadores letreiros retorcidos da abertura, projetados por Saul Bass, antigo colaborador de Hitchcock, os penteados de Madeleine ou as ruas sinuosas de São Francisco.
5. F. Scott Fitzgerald, *Tender Is the Night*.
6. Kevin Starr, *Americans and the California Dream 1850-1915*, Oxford University Press, 1973, p.58.
7. Gray Brechin, *Imperial San Francisco*, University of California Press, 2006, p.32.
8. Ambas interpretadas por Kim Novak. É plenamente reconhecido que este foi o grande papel dela, apesar – ou talvez por causa – de sua antipatia pelo provocador Alfred Hitchcock.
9. Todo o vestuário do filme foi desenhado por Edith Head, outro membro da equipe de antigos colaboradores de Hitchcock.
10. François Truffaut, *Hitchcock Truffaut: The Definitive Study of Alfred Hitchcock*, Touchstone, 1983, p.111.
11. Na relação de 2002 dos maiores filmes de todos os tempos do British Film Institute e da revista *Sight and Sound*, uma pesquisa com um importante grupo de críticos internacionais de cinema, *Um corpo que cai*, de Hitchcock, foi considerado o segundo melhor filme de todos os tempos, depois de *Cidadão Kane*, de Orson Welles; disponível em: http://www.bfi.org.uk/sightandsound/topten/poll/critics.html.
12. DVD da Universal, cap.31, 1:58:27.

13. Ver especialmente o ensaio de 1937 "The nature of the firm", do economista da Universidade de Chicago Ronald Coase, que expõe a necessidade da empresa e seu papel central na economia do século XX.
14. John Hagel III, John Seely Brown e Lang Davidson, *The Power of Pull: How Small Moves, Smartly Made, Can Set Big Things in Motion*, Basic, 2010, p.36.
15. William H. Whyte, *The Organization Man*, University of Pennsylvania Press, 2000, p.51.
16. David Halberstam, *The Fifties*, Villiard Books, 1993, p.526-7.
17. A expressão "Vale do Silício" foi cunhada por um empreendedor californiano chamado Ralph Vaerst e popularizada em 1971 pelo jornalista da *Electronic News* Don Hoefler.
18. Há muitas excelentes histórias do computador e da internet, incluindo David Kaplan, *Silicon Boys And Their Valley of Dreams*, Perennial, 1999; Tracy Kidder, *Soul of the New Machine*, Back Bay, 2000; John Naughton, *A Brief History of the Future*, Overlook, 2000; e Robert Cringley, *Accidental Empires*, Harper, 1996.
19. David Kaplan, *Silicon Boys and Their Valley of Dreams*, Perennial, 1990, p.40.
20. Ibid., p.49.
21. Mike Malone os chamou de "a maior coleção de gênios da eletrônica já reunida". Além de Moore e Noyce, incluía Julius Blank, Victor Grinich, Eugene Kleiner, Jean Hoerni, Jay Last e Sheldon Roberts; Mike Malone, *The Big Score*, Doubleday, 1985, p.68-9.
22. Ibid., p.40.
23. Joseph Schumpeter, *Capitalism, Socialism and Democracy*, Nova York: Harper, 1975 [1942], p.82-5.
24. John Markoff, "Searching for Silicon Valley", *The New York Times*, 16 abr 2009.
25. Kelly Kevin (*What Technology Wants*, Viking, 2008) e Nicholas Carr (*The Shallows*, 2008) representam diferentes lados da mesma moeda. Kelly apresenta a tecnologia como nosso cérebro; Carr diz que a tecnologia está destruindo nosso cérebro. Confesso que algumas vezes também caí nessa armadilha, especialmente em meu livro *O culto do amador* (Rio de Janeiro, Zahar, 2009) que simplificou demais a relação causal entre a internet e nossa cultura.
26. Richard Florida, *The Rise of Creative Class*, p.17.
27. Disponível em DVD, *The Complete Monterey Pop Festival*, Criterion Collection, Blu-Ray, 2009.
28. *San Francisco Oracle*, v.1, n.5, p.2.
29. Todd Gitlin, *The Sixties: Years of Hope, Days of Rage*, Bantam, 1993, p.203.
30. Publicado por Malcolm Cowley na Viking Press. Ver David Halberstram, *The Fifties*, Villiard Books, 1993, cap.21, p.306.
31. Theodore Roszak, *The Making of the Counter Culture*, Doubleday, 1968, p.184.
32. Mark Andrejevic, *Reality TV: The Work of Being Watched*, Rowman & Littlefield, 2004, p.26.
33. "Passions of the Renaissance", *A History of Private Life*, v.III, Harvard, 1989, p.376.
34. Idem.

35. Karl Marx, *The 18th Brumaire of Louis Bonaparte*, in David McLellan (org.), *Karl Marx, Selected Writings*, Oxford University Press, 1977, p.300.
36. Theodore Roszak, *The Making of a Counter Culture*, Doubleday, 1968, cap.1. "Por tecnocracia Roszak queria dizer: 'aquela forma social na qual uma sociedade industrial chega ao auge de sua integração organizacional. É o sentido habitual a ter em mente quando eles falam em modernizar, atualizar, racionalizar, planejar.'"
37. Para uma crítica cultural incisiva de nosso culto contemporâneo da autenticidade, ver Andrew Potter, *The Authenticity Hoax: How We Get Lost Finding Ourselves*, Harper Collins, 2010. Ver também "Public and private", meu ensaio sobre J.S. Salinger, *The Barnes & Noble Review*, 22 mar 2010; disponível em: http://bnreview.barnesandnoble.com/t5/Reviews-Essays/Public-and-Private/ba-p/2322.
38. Richard Sennett, *The Fall of Public Man*, p.220 (trad. bras., *O declínio do homem público*, São Paulo, Companhia das Letras, 1993).
39. Christopher Lasch, *The Culture of Narcissism: American Life in an Age of Diminishing Expectations*, Norton, 1991, p.10.
40. Alvin Toffler, *Future Shock*, Random House, 1970, p.284.
41. Katharine Viner, "Adam Curtis: have computers taken away our power?", *The Guardian*, 6 mai 2011; disponível em: http://www.guardian.co.uk/tv-and-radio/2011/may/06/adam-curtis-computers-documentary.

5. O culto do social (p.116-29)

1. Patrick McGilligan, *Alfred Hitchcock: A Life in Darkness and Light*, ReganBooks, 2003, p.159.
2. *The Power of Pull*, p.42. Para saber mais sobre a teoria de Hagel e Seely Brown da "grande mudança" de uma economia industrial para uma digital, ver minha entrevista com eles no programa Keen On, Techcrunch.tv, set 2010; disponível em: http://techcrunch.com/2010/09/08/keen-on-power-of-pull-tctv/.
3. Ross Douthat, "The online looking glass," *The New York Times*, 12 jun 2011.
4. John Markoff, *What the Dormouse Said: How the 60s Counterculture Shaped the Personal Computer Industry*, Viking, 2005.
5. Fred Turner, *From Counterculture to Cyberculture: Stewart Brand, The Whole Earth Network, and the Rise of Digital Utopianism*, Chicago University Press, 2006.
6. James Harkin, *Cyburbia, The Dangerous Idea That's Changing How We Live and Who We Are*, Little Brown, 2009.
7. Tim Wu, *The Master Switch: The Life and Death of Information Empires*, Knopf, 2010 (trad. bras., *Impérios da comunicação*, Rio de Janeiro, Zahar, 2012).
8. Ibid., p.169.
9. Tim Berners-Lee, *Weaving The Web: The Original Design and Ultimate Destiny of the World Wide Web*, Harper Business, 2000.
10. Ibid., p.201.

11. Ibid., p.172.
12. Turner, op.cit., p.14.
13. David Brooks, *Bobos in Paradise: The New Upper Class and How They Got There*, Touchstone, 2000.
14. Thomas Frank, *The Conquest of Cool: Business Culture, Counterculture, and the Rise of Hip Consumerism*, University of Chicago, 1997.
15. A icônica campanha de marketing da Apple baseada em "Pense diferente" foi produzida pela empresa da Madison Avenue TBWA/Chiat/Day, que também produziu o anúncio igualmente icônico do Super Bowl de 1984 para o computador pessoal Apple Macintosh.
16. David Kirkpatrick, "Social power and the coming corporate revolution", *Forbes*, 7 set 2011; disponível em: http://www.forbes.com/sites/techonomy/2011/09/07/social-power-and-the-coming-corporate-revolution/.
17. Peter Drucker, "The challenge ahead", in *The Essential Drucker*, Harper Business, 2001, p.347.
18. Ibid., p.348.
19. Ibid., p.348.
20. Daniel Pink, *Free Agent Nation: The Future of Working for Yourself*, Warner Business Books, 2001.
21. "While we weren't paying attention the industrial age just ended", Techcrunch.tv, 7 fev 2011; disponível em: http://techcrunch.com/2011/02/07/keen-on-seth-godin-while-we-werent-paying-attention-the-industrial-age-just-ended-tctv/.
22. Seth Godin, *Linchpin: Are You Indispensable?*, Portfolio, 2010.
23. Hugh McLeod, *Ignore Everybody: and 39 Other Keys to Creativity*, Portfolio, 2009.
24. Gary Vaynerchuck, *Crush It: Why Now Is the Time to Cash In On Your Passion*, Harper Studio, 2009.
25. Reid Hoffman e Ben Casnocha, *The Start-Up of You: An Entrepreneurial Approach to Building a Killer Career*, Crown, 2012.
26. Thomas L. Friedman, "The start-up of you", *The New York Times*, 12 jul 2011; disponível em: http://www.nytimes.com/2011/07/13/opinion/13friedman.html.
27. Kevin Kelly, *Out of Control: The Biology of Machines, Social Systems, & the World*, Perseus, 1994.
28. Para saber mais sobre a visão de Kelly do futuro conectado, ver minha entrevista com ele em Keen On, Techcrunch.tv, 18 jan 2011; disponível em: http://techcrunch.com/2011/01/18/keen-on-kevin-kelly-what-does-kevin-kelly-want-tctv/.
29. Turner, op.cit., p.174.
30. Harkin, op.cit.
31. Kirkpatrick, op.cit., p.332.
32. James Gleick, *The Information: A History, A Theory, A Flood*, Pantheon, 2011, p.48.
33. Michael Malone, *Valley of the Heart's Delight: A Silicon Valley Notebook 1963–2001*, Wiley, 2002.
34. Robert Putnam, *Bowling Alone*, Simon & Schuster, 2000, p.410.

35. Charles Leadbeater, *We-Think: Mass Innovation, Not Mass Production*, Profile, 2008.
36. Yochai Benkler, *The Wealth of Networks: How Social Production Transforms Markets and Freedom*, Yale University Press, 2006.
37. Erik Qualman, *Socialnomics: How Social Media Transforms the Way We Live and Do Business*, Wiley, 2009.
38. Clay Shirky, *Here Comes Everybody: The Power of Organizing Without Organizations*, Penguin, 2008 (trad. bras., *Lá vem todo mundo*, Rio de Janeiro, Zahar, 2012).
39. Charlene Li, *Open Leadership: How Social Technology Can Transform the Way You Lead*. Ver também minha entrevista com Li e Shirky em Keen On, Techcrunch.tv, jul 2010; disponível em: http://techcrunch.com/2010/07/07/techcrunch-tv-keen-on-connectivit/.
40. Mitch Joel, *Six Pixels of Separation: Everyone Is Connected, Connect Your Business to Everyone*, Business Plus, 2009.
41. Simon Mainwaring, *We First: How Brands and Consumers Use Social Media to Build a Better World*, Palgrave Macmillan, 2011.
42. Eric Greenberg e Karl Weber, *Generation We: How Millennial Youth Are Taking Over America and Changing Our World Forever*, Puchatusan, 2008.
43. Nicholas A. Christakis e James H. Fowler, *Connected: The Surprising Power of Our Social Networks and How They Shape Our Lives*, Little Brown, 2009.
44. Jane McGonigal, *Reality Is Broken: Why Games Make Us Better and How They Can Change the World*, Penguin, 2011. Ver especialmente o cap.4, "Stronger social connectivity". Ver também minha entrevista com McGonigal, na qual ela argumenta que "social é tudo", em Keen On, Techcrunch.tv, mar 2011.
45. Lisa Gansky, *The Mesh: Why The Future of Business Is Sharing*, Portfolio, 2010. Ver também minha entrevista com Gansky em Keen On, Techcrunch.tv, set 2010; disponível em: http://techcrunch.com/2010/09/22/keen-on-lisa-gansk/.
46. François Gossieaux, *The Hyper-Social Organization: Eclipse Your Competition by Leveraging Social Media*, McGraw-Hill, 2010.
47. Gleick, *The Information*, p.322. Ver cap. 11, "Into the meme pool", o capítulo lúcido e informativo de Gleick sobre a história do meme como ideia científica e cultural.
48. Adam Penenberg, "Social networking affects brains like falling in love", *Fast Company*, 1º jul 2010.
49. BBC News, 10 ago 2010; disponível em: http://www.bbc.co.uk/news/science-environment-10925841.
50. Harold, o herói ficcional (a Émile criada por Brooks nesse guia rousseauniano para a felicidade no sécuo XXI) de *The Social Animal* e a apoteose da sociabilidade, é conhecido por seus colegas de escola como "o prefeito" – o que talvez, e não coincidentemente, lhe deu o mesmo status dos conectados mais populares do serviço de geolocalização. David Brooks, *The Social Animal: The Hidden Sources of Love, Character and Achievement*, Random House, 2011.
51. David Brooks, "It's not about you", *The New York Times*, 30 mai 2011.

52. Steven Johnson, *Where Good Ideas Come From: The Natural History of Innovation*, Riverhead, 2010.
53. Ibid., p.44.
54. Ibid., p.206.
55. Jaron Lanier, "Digital maoism: the hazards of the new online collectivism", Edge.org, 5 mar 2006; disponível em: http://www.edge.org/3rd_culture/lanier06/lanier06_index.html.
56. *Power of Pull*, p.247.
57. Jeff Jarvis, *Public Parts*, Simon & Schuster, 2011, p.70-1.
58. Clay Shirky, *Cognitive Surplus*, Penguin, 2010. Para saber mais sobre a visão de Shirky de um futuro colaborativo, ver minha entrevista com ele em Keen On, Techcrunch.tv, jul 2010; disponível em: http://techcrunch.com/2010/07/07/techcrunch-tv-keen-on-connectivit/.
59. *Cognitive Surplus*, p.19.
60. Ver Michael Wolff, "Ringside at the web fight", *Vanity Fair*, mar 2010. Como Wolff argumenta, "Clay Shirky … é um homem cujo nome é hoje pronunciado em círculos tecnológicos com o tipo de reverência com que esquerdistas costumavam dizer 'Herbert Marcuse'".
61. Christakis e Fowler, *Connected*, cap.2.
62. *Cognitive Surplus*, p.60.
63. John Tresch, "Gilgamesh to Gaga", *Lapham's Quarterly*, inverno 2011; disponível em: http://www.laphamsquarterly.org/essays/gilgamesh-to-gaga.php?page=7.

6. A era da grande exibição (p.130-52)

1. Christopher Hollis, *The Oxford Union*, Evans Brothers, 1965, p.96.
2. Jan Morris, *Oxford*, Oxford, 1979.
3. Ibid., p.21.
4. Ibid., p.3.
5. Disponível em: http://secondlife.com/whatis/?lang=en-US.
6. Daniel Terdiman, "Fun in following the money", *Wired*, 8 mai 2004; disponível em: http://www.wired.com/gaming/gamingreviews/news/2004/05/63363.
7. Christopher Hollis, *The Oxford Union*, Evans Brothers, 1965, p.106.
8. Além de Rossetti, os outros artistas que pintaram os murais foram Valentine Prinsep, John Hungerford Pollen, William Morris, Edward Burne-Jones, Rodham Spencer Stanhope, Arthur Huges e William e Briton Riviere.
9. Para a melhor introdução ao projeto pré-rafaelita, ver John D. Renton, *The Oxford Union Murals*.
10. Paul Johnson, *Art: A New History*, Harper Collins, 2003, p.533.
11. Christopher Hollis, op.cit., p.209.
12. E.H. Gombrich, *The Story of Art*, Phaidon, 1995, p.384.

13. A.N. Wilson, *The Victorians*, Norton, 2003.
14. Laurence Des Cars, *The Pre-Raphaelites: Romance and Realism*, Discoveries, p.69.
15. *Nothing If Not Critical*, p.115.
16. Ibid., p.116.
17. Paul Johnson, *Art: A New History*, Harper Collins, 2003, p.534.
18. Robert Hughes, *Nothing If Not Critical*, Knopf, 1990, p.116.
19. Herbert Arthur Morrah, *The Oxford Union 1823-1923*, Cassell & Co, 1923, p.175.
20. Jan Morris, *Oxford*, p.219.
21. Christopher Hollis, op.cit.
22. Ibid., p.101.
23. Nos anos 1980, por exemplo, mais de 125 mil libras foram arrecadadas pelo Landmark Trust para ajudar a restaurar o prédio. Ver o folheto da associação, John D. Renton, *The Oxford Union Murals*, p.15-6.
24. Eric Hobsbawn, *The Age of Revolution 1989–1848*, Vintage, 1996, p.168.
25. Michael Leapman, *The World for a Shilling: How the Great Exhibition of 1951 Shaped a Nation*, Headline, 2001.
26. Joel Mokyr, *The Level of Riches: Technological Creativity and Economic Progress*, Oxford University Press, 1990, p.81.
27. Como Bentham observa em *Introduction to the Principles of Morals and Legislation first published in 1798*: "A palavra internacional, é preciso reconhecer, não é nova; contudo, espera-se, é análoga e inteligível o bastante. É calculada para expressar de forma mais significativa o ramo do direito que em geral é conhecido como direito das nações: classificação tão pouco característica que, não fosse pela força do hábito, seria preferível falar em jurisprudência interna." Entre outros neologismos de Bentham estão as palavras "maximizar" e "minimizar", bem como "codificar" e "codificação"; ver John Dinwiddy, *Bentham*, p.47.
28. A natureza industrial da corrida ao ouro de 1849 se reflete no surgimento do engenheiro de minas como nova *aristocrazia* de São Francisco; ver Brechlin, *Imperial San Francisco*, p.53.
29. Eric Hobsbawn, *The Age of Capital: 1848–1875*, Vintage, 1996, p.34 e 63.
30. Eric Hobsbawn, *The Age of Revolution: 1789–1848*, p.168.
31. Karl Marx e Friedrich Engels, *The Communist Manifesto*, Oxford University Press (trad. bras., *O manifesto comunista de Marx e Engels*, Rio de Janeiro, Zahar, 2006).
32. Robert Rhodes James, *Prince Albert: A Biography*, Knopf, 1984, p.190.
33. Idem.
34. A.N. Wilson, *The Victorians*, Norton, 2003.
35. Karl Marx, *German Ideology*, Martino Fine, 2011.
36. Michael Leapman, *The World for a Shilling: How the Great Exhibition of 1851 Shaped a Nation*, Headline, 2011, p.24.
37. Robert Rhodes James, op.cit. p.147.
38. Bill Bryson, *At Home: A Short History of Private Life*, Doubleday, 2010, p.7.
39. Robert Rhodes James, op.cit., p.199.

40. Bill Bryson, op.cit., p.11.
41. Eric Hobsbawn, *The Age of Revolution*, p.186.
42. Robert Rhodes James, op.cit., p.200.
43. Michael Leapman, *The World for a Shilling*, p.59.
44. O excêntrico Babbage e suas ideias ainda mais excêntricas foram um estorvo para muitos vitorianos de destaque. "O que podemos fazer para nos livrar do sr. Babbage e sua máquina de calcular?", escreveu em 1842 o primeiro-ministro britânico Robert Peel; ver Gleick, *The Information*, p.104-5.
45. George Friedman, *The Moral Consequences of Economic Growth*, Knopf, 2005, p.20.
46. J.R. Piggott, *The Palace of the People: The Crystal Palace at Sydenham, 1854-1936*, Hurst, 2004.
47. Ibid., p.61.
48. Ibid., p.207.
49. Ernest Gellner, *Nations and Nationalism*, Cornell, 1983, p.32-3.
50. Aldous Huxley, *Prisons*, Trianon & Grey Falcon Presses, 1949; disponível em: http://www.johncoulthart.com/feuilleton/2006/08/25/aldous-huxley-on-piranesis-prisons/.
51. Charles Fried, "Privacy", *Yale Law Journal*, n.77, 1968, p. 475, 477-8.
52. Walter Kirn, "Little Brother is watching", *The New York Times*, 15 out 2010; disponível em: http://www.nytimes.com/2010/10/17/magazine/17FOB-WWLN-t.html.
53. Sarah Lacy, "So is Web 3.0 already here?", Techrunch, 18 abr 2011; disponível em: http://techcrunch.com/2011/04/18/so-is-web 3-0-already-here-tctv/.
54. Michel Foucault, *Discipline & Punish: The Birth of the Prison*, Vintage, 1995, p.207.

7. A era do grande exibicionismo (p.153-68)

1. Michel Foucault, *Discipline & Punish: The Birth of the Prison*, Vintage, 1995, p.200.
2. Norman Johnson, *Forms of Constraint: A History of Prison Architecture*, University of Illinois Press, 2000, p.56.
3. William Blackburn construiu o prédio da moderna prisão de Oxford motivado pela publicação de uma caricatura grosseira de um detento mostrando o carcereiro do Oxford Castle de pé sobre uma pilha de estrume. Então, em 1786, os administradores da prisão dispensaram o carcereiro e nomearam para seu lugar um reformista penal chamado Daniel Harris.
4. Uma prisão feminina separada foi contruída em 1851, no mesmo ano da Grande Exposição.
5. Jan Morris, *Oxford*, p.35.
6. Em sua representação da vida de luxos do sr. Bridger na prisão, *Um golpe à italiana* inadvertidamente previu o futuro da prisão de Oxford, com suas celas oferecendo as mais refinadas amenidades da vida.
7. *Oxford Castle Unlocked*, guia oficial; disponível em: www.oxfordcastleunlocked.co.uk.

8. Ver publicidade; disponível em: www.malmaison.com.
9. "Sentenced to luxury: Malmaison Oxford Castle Hotel", Fodors.com, 16 fev 2007.
10. Ondi Timoner, documentário *We Live in Public*, 2009.
11. Steven Johnson, "Web privacy: in praise of oversharing", *Time*, 20 mai 2010.
12. O termo Web 2.0 foi inventado e divulgado por Tim O'Reilly, fundador e executivo da O'Reilly Media, em 2004.
13. Gary Shteyngart, *Super Sad True Love Story*, Random House, 2010 (trad. bras., *Uma história de amor real e supertriste*, Rio de Janeiro, Rocco, 2012).
14. "Apparat chic: talking with Gary Shteyngart", Shelfari, 11 ago 2010; disponível em: http://blog.shelfari.com/myweblog/2010/08/apparat-chic-talking-with-gary-shteyngart.html.
15. "Keen On… Gary Shteyngart", Techcrunch, 15 jul 2011; disponível em: http://techcrunch.com/2011/07/15/keen-on-a-super-sad-true-love-story-tctv/.
16. Shteyngart, op.cit., p.209-10.
17. Johnson está convencido de que a visão de Harris não se tornou realidade. "É muito mais fácil instalar web câmeras e partilhar vídeos on-line hoje – graças ao YouTube e à onipresente banda larga de alta velocidade –, e ainda assim quase ninguém escolhe se mostrar de forma tão radical", argumenta ele; ver "Web privacy: in praise of oversharing", loc.cit. Porém, deve-se pensar qual internet Johnson está acompanhando e se ele simplesmente escolhe ignorar as muitas redes autorreveladoras que estão moldando o mundo da Web 3.0.
18. Robert Scoble e Shell Israel, *Naked Conversations: How Blogs Are Changing the Way Businesses Talk with Customers*, Wiley, 2006.
19. "The chief humanizing officer", *The Economist*, 10 fev 2005; disponível em: http://www.economist.com/node/3644293?storyid=3644293.
20. Tim Bradshaw, "The list: five most influential tweeters", *The Financial Times*, 18 mar 2011; disponível em: http://www.ft.com/cms/s/2/01a1dc56-50e3-11e0-8931-00144feab49a.html#axzz1LK2XdH9T. Além de Scoble, os outros quatro principais tuiteiros eram o ator americano Ashton Kutcher (@aplusk), o comediante britânico Stephen Fry (@stephenfry), o estudante blogueiro James Buck (@jamesbuck) e Sarah Brown (@SarahBrownuk), esposa do ex-primeiro-ministro britânico Gordon Brown.
21. Alyson Shontell, "Klout finally explains why Obama is ranked lower than Robert Scoble", *Business Insider*, 2 dez 2011; disponível em: http://articles.businessinsider.com/2011-12-02/tech/30466703_1_social-media-klout-president-obama.
22. Robert Scoble, "Help, I've fallen into a pit of steaming Google+ (what that means for tech blogging)", Scobleizer, 18 ago 2011; disponível em: http://scobleizer.com/2011/08/18/help-ive-fallen-into-a-pit-of-steaminggoogle/.
23. Para um resumo atualizado do uso de mídia social por Scoble, ver seu discurso em Amsterdam, na conferência The Next Web, 29 abr 2011; disponível em: http://thenextweb.com/eu/2011/04/29/robert-scoble-the-next-web-human-reality-virtual-video-tnw2011/.

24. "Much ado about privacy on Facebook (I wish Facebook were MORE OPEN!!!)", Scobleizer.com, 8 mai 2010; disponível em: http://scobleizer.com/2010/05/08/much-ado-about-privacy-on-facebook-are-we-protesting-too-much/.
25. Richard Sennett, *The Fall of Public Man*, Norton, 1974, p.282.
26. Robert Scoble, "Caesar salad @ The Ritz-Carlton, Half Moon Bay"; disponível em: http://www.foodspotting.com/reviews/556332.
27. "Keen On… Are we all becoming Robert Scoble?", Techcrunch, 1º dez 2010.

8. O melhor filme de 2011 (p.169-87)

1. Stanley Weintraub, *Uncrowned King: The Life of Prince Albert*, Free Press, 1997, p.209.
2. Larry Downes, *The Laws of Disruption*, Basic, 2009, p.73.
3. Earl Warren e Louis Brandeis, "The right to privacy", *Harvard Law Review*, v.IV, 15 dez 1890.
4. Lionel Barber, "How a soccer star sparked the freedom debate of our age", *The Financial Times*, 28-29 mai 2011.
5. "Man on trail over Twitter 'affair' claims says case has 'big legal implications'", Press Association, 15 jun 2011; disponível em: http://www.guardian.co.uk/technology/2011/jun/15/twitter-affair-claims-legal-implications.
6. Rebecca Kaplan, "Zuckerberg, Schmidt counter Sarkozy's calls for internet regulation at 'EG8'", NationalJournal, 28 mai 2011; disponível em: http://www.nationaljournal.com/tech/zuckerberg-schmidt-counter-sarkozy-s-calls-for-internet-regulation-at-eg8-20110526.
7. Ben Farmer, "Congress calls on Twitter to block Taliban", *Daily Telegraph*, 25 dez 2011; disponível em: http://www.telegraph.co.uk/technology/twitter/8972884/Congress-calls-on-Twitter-to-block-Taliban.html.
8. Dominic Rushe, "US Court verdict 'Huge Blow' to privacy, says former WikiLeaks aide", *The Guardian*, 11 nov 2011; disponível em: http://www.guardian.co.uk/world/2011/nov/11/us-verdict-privacy-wikileaks-twitter.
9. Lenna Rao, "Google reaches agreement on FTC's accusations of 'deceptive privacy practices' in Buzz Rollout", Techcrunch, 30 mar 2011; disponível em: http://techcrunch.com/2011/03/30/google-reaches-agreement-on-ftcs-accusations-of-deceptive-privacy-practices-in-buzz-rollout/.
10. Shayndi Raice e Julia Angwin, "Facebook 'unfair' on privacy", *The Wall Street Journal*, 30 nov 2011; disponível em: http://online.wsj.com/article/SB10001424052970203441704577068400622644374.html.
11. Bob Sullivan, "Why should I care about digital privacy?", MSNBC, 10 mar 2011; disponível em: http://www.msnbc.msn.com/id/41995926/ns/technologyandscience/.
12. Julia Angwin, "US urges web privacy Bill of Rights", *The Wall Street Journal*, 18 dez 2010; disponível em: http://online.wsj.com/article/SB10001424052748703395204576023521659672058.html.

13. Kashmir Hill, "The White House offers up a national data breach law", *Forbes*, 12 mai 2011; disponível em: http://blogs.forbes.com/kashmirhill/2011/05/12/the-white-house-offers-up-a-national-data-breach-law/.
14. Cecilia Kang, "Sen. Rockefeller introduces 'Do Not Track' bill for internet", *Washington Post*, 9 mai 2011; disponível em: http://www.washingtonpost.com/blogs/post-tech/post/sen-rockefeller-introduces-do-not-track-bill-for-internet/2011/05/09/AFoymjaG_blog.html.
15. Mike Zapler, "Leibowitz pushes Google on privacy", 19 abr 2011; disponível em: http://www.politico.com/news/stories/0411/53440.html.
16. No fim de abril de 2011, o senador Al Franken anunciou sua intenção de convocar audiências no Congresso para debater esse vazamento de informações; ver "Franken sets hearings on Apple Google tracking", *The Wall Street Journal*, MarketWatch, 4 mai 2011; disponível em: http://www.marketwatch.com/story/franken-sets-hearing-on-apple-google-tracking-2011-04-26.
17. Gautham Nagesh, "Sen. Franken wants Apple and Google to require privacy policies for all smartphone apps", *The Hill*, 25 mai 2011; disponível em: http://thehill.com/blogs/hillicon-valley/technology/163293-sen-franken-wants-apple-and-google-to-require-privacy-policies-for-all-smartphone-apps.
18. Charles Leadbeater, "A cloud gathers over our digital freedoms", *The Financial Times*, 6 jun 2011; disponível em: http://www.ft.com/cms/s/0/e7253a6e-9073-11e0-9227-00144feab49a.html#axzz1Pdrwd8fs.
19. Slavoj Žižek, "Corporate rule of cyberspace", Inside Higher Ed, 2 mai 2011; disponível em: http://www.insidehighered.com/views/2011/05/02/slavoj-zizek-essay-on-cloud-computing-and-privacy.
20. Richard H. Thaler, "Show us the data. (It's ours, after all.)", *The New York Times*, 23 abr 2011.
21. Matthew Lasar, "Senators: net privacy law for children in need of overhaul", *Ars Technica*, 30 abr 2010; disponível em: http://arstechnica.com/tech-policy/news/2010/04/senators-net-privacy-law-for-children-in-need-of-overhaul.ars.
22. Kevin J. O'Brien, "Setting boundaries for internet privacy", *The New York Times*, 18 set 2011.
23. Archibald Preuschat, "Google faces new demands in Netherlands over street view data", *Wall Street Journal*, 20 abr 2011; disponível em: http://online.wsj.com/article/SB10001424052748703922504576273151673266520.html.
24. Tim Bradshaw e Maija Palmer, "Apple and Android phones face tighter laws in Europe", *The Financial Times*, 18 mai 2011.
25. Stephanie Bodoni, "Facebook to be probed in EU for facial recognition in photos", *Bloomberg Businessweek*, 8 jun 2011; disponível em: http://www.businessweek.com/news/2011-06-08/facebook-to-be-probed-in-eu-for-facial-recognition-in-photos.html.
26. Vittorio Colao, "Facebook is wrong to back a light touch for the web", 5 jun 2011; disponível em: http://www.ft.com/cms/s/0/e78517f6-8fa9-11e0-954d-00144feab49a.html#axzz1PLSGwcH9.

27. Leigh Phillips, "EU to force social network sites to enhance privacy", *London Guardian*, 16 mar 2011.
28. Paul Duckin, "LinkedIn 'does a Facebook' – your name and photo used in ads by default", NakedSecurity.com, 11 ago 2011; disponível em: http://nakedsecurity.sophos.com/2011/08/11/linkedin-copies-facebook-does-a-privacy-bait-and-switch/.
29. Natasha Singer, "Data privacy, put to the test", *The New York Times*, 30 abr 2011; disponível em: http://www.nytimes.com/2011/05/01/business/01stream.html.
30. Julia Angwin e Emily Steel, "Web's hot new commodity: privacy", *The Wall Street Journal*, 28 fev 2011. Ver também Riva Richmond, "How to fix (or kill) web data about you", *The New York Times*, 13 abr 2011; disponível em: http://www.nytimes.com/2011/04/14/technology/personaltech/14basics.html?_r=1.
31. Ver especialmente minha conversa com Bret Taylor no programa de tecnologia on-line The Gillmor Gang, quando inverto o jogo com o executivo de mídia social e o interrogo sobre a sua identidade; 22 abr 2010; disponível em: http://gillmorgang.techcrunch.com/2010/05/15/gillmor-gang-04-22-10/.
32. Jim Puzzanghera, "Facebook executive takes heat on hearing about privacy", *The Los Angeles Times*, 20 mai 2011; disponível em: http://articles.latimes.com/2011/may/20/business/la-fi-facebook-privacy-20110520.
33. Jenna Wortham, "The Facebook resisters", *The New York Times*, 13 dez 2011; disponível em: http://www.nytimes.com/2011/12/14/technology/shunning-facebook-and-living-to-tell-about-it.html.
34. Mike Arrington, "Nobody goes to Facebook anymore, it's too crowded", *Uncrunched*, 2 jan 2012; disponível em: http://uncrunched.com/2012/01/03/nobody-goes-to-facebook-anymore-its-too-crowded/.
35. Loic Le Meur, "Path is where the A list hangs out, don't tell anyone", Loiclemeur.com, 2 jan 2012; disponível em: http://loiclemeur.com/english/2012/01/path-is-where-the-a-list-hangs-out-dont-tell-anyone.html.
36. Ver o relatório *Social Networking Sites and our Lives*, Pew Internet and American Life Project, 18 jun 2011; disponível em: http://www.pewinternet.org/Reports/2011/Technology-and-social-networks.aspx. Embora esse relatório pareça celebrar o fato de que os usuários do Facebook são mais confiantes que a média, minha conclusão é menos otimista. Considerando o histórico do Facebook em relação à privacidade e seu registro sobre outras questões muito polêmicas, como reconhecimento facial, é difícil não ser cético quanto à inteligência desses usuários "confiantes" do Facebook.
37. Alexia Tsotsis, "The end of Blippy as we know it", Techcrunch, 19 mai 2011; disponível em: http://www.google.com/search?client=safari&rls=en&q="The+end+of+Blippy+as+we+know+it",&ie=UTF-8&oe=UTF-8.
38. Nick Bilton, "Privacy isn't dead. Just ask Google+", *The New York Times*, 18 jul 2011; disponível em: http://bits.blogs.nytimes.com/2011/07/18/privacy-isnt-dead-just-ask-google/.
39. Violet Blue, "Google steps up its privacy game, launches good to know", ZDNet, 18 out 2011; disponível em: http://www.zdnet.com/blog/violetblue/google-steps-up-its-privacy-game-launches-good-to-know/746.

40. Josh Constine, "News outlets preserve privacy by giving users ways to mute Facebook's frictionless sharing", Inside Facebook, 7 out 2011; disponível em: http://www.insidefacebook.com/2011/10/07/news-frictionless-sharing/.
41. Ellis Hamburger, "Spotify adds 'private listening' mode after complaints from Facebook users", *Business Insider*, 29 set 2011; disponível em: http://articles.businessinsider.com/2011-09-29/tech/30216833 1spotify-ceo-facebook-friends-founder-daniel-ek.
42. Paul Sullivan, "Negative online data can be challenged, at a price", *The New York Times*, 10 jun 2011; disponível em: http://www.nytimes.com/2011/06/11/your-money/11wealth.html.
43. Nick Bilton, "Erasing the digital past", *The New York Times*, 1º abr 2011; disponível em: http://www.nytimes.com/2011/04/03/fashion/03reputation.html.
44. Joshua Foer, *Moonwalking with Einstein: The Art and Science of Remembering Everything*, Penguin, 2011, p.21-4.
45. "Web images to get expiration date", BBC Technology News, 20 jan 2011; disponível em: http://www.bbc.co.uk/news/technology-12215921.
46. Joshua Foer, *Moonwalking with Einstein*, cap. 4.
47. "Web 2.0 suicide machine: erase your virtual life", 9 jan 2010; disponível em: http://www.npr.org/templates/story/story.php?storyId=122379695).
48. Disponível em: http://suicidemachine.org/.
49. Bill Keller, "The Twitter trap," *The New York Times*, 18 mai 2011. Keller, cujo período como editor-executivo do *New York Times* foi marcado por várias discussões públicas com Arianna Huffington sobre o verdadeiro valor da mídia social, anunciou sua aposentadoria em junho de 2011.
50. Casey Johnson, "Internet users now have more and closer friends than those offline", *Ars Technica*, 16 jun 2011.
51. Alexia Tsotsis, "Study: you've never met 7% of your Facebook 'friends'", Techcrunch, 16 jun 2011.
52. Keith N. Hampton, Lauren Sessions Goulet, Lee Rainie e Kristen Purcell, "Social networking sites and our lives: how people's trust, personal relationships, and civic and political involvement are connected to their use of social networking sites and other technologies", Pew Internet & American Life Project, 16 jun 2011.
53. Robin Dunbar, *How Many Friends Does One Person Need? Dunbar's Number and Other Evolutionary Quirks*, Harvard University Press, 2010, p.21.
54. Ibid., p.22.
55. Idem.
56. Ibid., p.23.
57. Ibid., p.34.
58. Liz Gannes, "The socialized and appified Oscars", *The Wall Street Journal's All Things D*, 25 fev 2011; disponível em: http://networkeffect.allthingsd.com/20110225/the-socialized-and-appified-oscars/.
59. Alexia Tsotsis, "The Oscars on Twitter: over 1.2 million tweets, 388K users tweeting", Techcrunch, 28 fev 2011; disponível em: http://techcrunch.com/2011/02/28/the-oscars-twitter/.

60. Steven Lukes, *Individualism*, Blackwell, 1973, p.21.
61. Jonathan Franzen, "Liking is for cowards. Go for what hurts", *The New York Times*, 28 mai 2011.
62. Brooks Barnes e Michael Cieply, "Oscar coronation for *The King's Speech*", *The New York Times*, 27 fev 2011; disponível em: http://www.nytimes.com/2011/02/28/movies/awardsseason/28oscars.html?adxnnl=1&pagewanted=print&adxnnlx=1308428523-T2YIxoWp8UZNaTcv/la1PA.

Conclusão: A mulher de azul (p.188-201)

1. O movimento foi fundado na casa dos pais de John Everett Millais, em Gower Street; John foi um dos mais influentes artistas da Irmandade Pré-Rafaelita. Millais não participou do projeto de Rossetti na Associação de Estudantes de Oxford.
2. Richard Reeves, *John Stuart Mill*, p.11.
3. O termo foi cunhado por um colega benthamita, Henry Taylor; ver Reeves, op.cit., p.52.
4. John Stuart Mill, *Autobiography*, cap. 5, Riverside, 1969.
5. Idem.
6. Idem.
7. John Dinwiddy, *Bentham*, Oxford, 1989.
8. John Suart Mill, *On Liberty and Other Writings*, Cambridge, 1989, p.86.
9. Michael Lev-Ram, "Zuckerberg: kids under 13 should be allowed on Facebook", CNNMoney.com, 20 mai 2011.
10. Resenha de *The Social Network* para a *New Yorker*.
11. Jeff Jarvis, *What Would Google Do?*, Collins Business, 2009, p.48.
12. Christine Rosen, "Virtual friendship and the new narcissism", *The New Atlantis*, n.17, 2007, p.15.
13. Idem.
14. Disponível em: www.twitter.com/ajkeen.
15. Richard Reeves, op.cit., p.126.
16. Philip Steadman, *Vermeer's Camera: Uncovering the Truth Behind the Masterpieces*, Oxford, 2001.
17. Tracy Chevalier, *Girl with a Pearl Earring*, Harper Collins, 2000, p.247.
18. Alexia Tsotsis, "Bin Laden announcement has highest sustained tweet rate ever, at 3440 tweets per second", Techcrunch, 2 mai 2011; disponível em: http://techcrunch.com/2011/05/02/bin-laden-announcement-twitter-traffic-spikes-higher-than-the-super-bowl/.
19. Richard Reeves, op.cit., p.15.
20. Michel Foucault, *The Order of Things: An Archeology of the Human Sciences*, Vintage, 1973, p.386-7.

Índice remissivo